재미있는
성공률 30%

재미있는
성공률 30%

야마노이 야스시 지음 강승혁 옮김

하루재클럽

일러두기

1. 본서는 2022년 산과계곡사山と溪谷社에서 발행된『CHRONICLE 山野井泰史 全記錄』을 대본으로 번역한 것이다.

2. 권말의 미주는 역자 주이다.

3. 용어의 국가별 출처를 표시하기 위해 영어를 제외하고 독일은 (D), 프랑스는 (F) 등으로 주에 표기했다.

4. 본서에 등장하는 등반용어, 장비용어는 Mountaineering—The Freedom of the Hills 8th Edition과 정광식이 번역한『마운티니어링—산의 자유를 찾아서 7th Edition』의 한국어 표기를 표준용어로 채택했다. 일본에서 관행적으로 쓰고 있는 등산용어 등은 산과계곡사에서 펴낸『실용 등산용어 데이터 북』과『산악장비대전山岳裝備大全』을 참조했으며 기타 등반 속어 등은 대형 등산 커뮤니티인 YamaReco와 백과사전 등을 참고했다.

5. 일본어 표기는 대부분 국립국어원의 규칙을 따랐다. 다만 大가 장음인 경우 예외로 했다.

[편집 주] 이 책은 저서『수직의 기억—바위와 눈의 7장垂直の記憶—岩と雪の7章』에 실리지 않은 수기를 연대순으로 편집한 것이다. 히말라야 이전의 등반여행 시대(I장)의 수기는 주로『바위와 눈岩と雪』(산과계곡사 간행. 95년 휴간),『CLIMBING JOURNAL』(白山書房 간행. 91년 휴간)에서, 그 이후의 수기는『산과 계곡山と溪谷』『ROCK & SNOW』(모두 산과계곡사 간행),『Coyote』(Switch Publishing 간행)에 발표되었던 것으로, 각 글 말미에 게재 연도와 월 호수를 적었다. 출전의 기재가 없는 글(주로 II~III장)은『山と溪谷』2006년 3월호 특집「야마노이 야스시 수직의 기억」및 EVERNEW「야마노이 통신」(블로그)에 발표했던 글을 적절히 편집해서 싣고 있다.

상어가 헤엄치지 않고서 생명을 유지할 수 없듯이

나는 오르지 않고서는 살아갈 수 없다.

『수직의 기억垂直の記憶』에서

차례

I 젊은 날의 산

II 히말라야의 날들

CHRONICLE

Ⅲ 재기의 산

IV 대담·인터뷰

V 등반 연보

알프스
87년 에귀 뒤 드류 서벽
94년 마터호른 북벽

티베트
94년 초오유 남서벽
97년 가우리샹카르
02년 갸충캉 북벽
09년 쿠라캉리, 카르장

캐나다
12년 부가부, 스콰미시

키르기스스탄
08년 한텡그리
악수 계곡

중국
05년 푸탈라 북벽

그린란드
07년 오르카

배핀
88년 토르 서벽

콜로라도
85년 블루스 파워
87년 스핑스 크랙
02년 롱스피크

파타고니아
90년 피츠로이 남서릉

카라코람
91년 브로드피크,
발토로 캐시드럴
93년 가셔브룸 IV봉, II봉
95년 부블리 모틴 남서벽
99년 소스분 무명봉
00년 K2 남남동 립
01년 비아체라히 타워
11년 타후라툼

네팔
92년 메라피크 서벽,
아마다블람 서벽
96년 마칼루 서벽
98년 쿠숨캉구루 동벽
98년 마나슬루 북서벽
00년 피리랍체 북벽
16년 아비 북벽

페루 안데스
97년 완도이 동봉
99년 알파마요 남서벽
13년 푸스칸투르파 동봉 남동벽,
트라페시오 남벽

인도
17년 루초 동벽

요세미티
84년 세퍼레이트 리얼리티
85년 테일즈 오브 파워
86년 엘캡 / 조디악, 코스믹 데브리
87년 엘캡 / 러킹 피어
95년 엘캡 / 살라테 월, 로스트 인 아메리카
10년 로드 오브 디 에입스
12년 헤븐

I

Younger Days

젊은 날의 산

빅월이
기다리고
있다

샤모니에서 돌로미테의 등산 들머리
코르티나 Cortina d'Ampezzo를 향해 히치하이킹

1984
첫 요세미티행
First Yosemite

고등학생 시절 아르바이트해서 모은 돈을 쥐고 클라이머에게 성지와도 같은 곳, 미국 요세미티 계곡으로 향했다. 캠프 생활을 되풀이하며 쉬지 않고 매일 약점을 극복해가면서 프리 클라이밍을 즐겼다. 이 자유를 느끼게 해준 땅에는 이후 몇 번이나 찾아가게 된다.

1984년 요세미티

엘캡, 하프돔. 요세미티 계곡을 배경으로

1984

클라이밍 삼매경

요세미티에 머무는 동안 돈을 아끼려고 샤워
는 일주일에 한 번, 밤에는 빈 캔을 주워 재활용
센터에서 돈으로 바꾸고(당시 개당 5센트) 카페
테리아에서 다른 사람이 남긴 음식을 슬쩍 먹
으며 지냈다.

세퍼레이트 리얼리티Separate Reality(5.11d)

크랙—어—고고Crack-a-Go-Go(5.11c)

1985

죠가사키
스콜피온
Scorpion Jogasaki

당시 프리 클라이밍, 특히 크랙 테크닉에는 자신감이 생기기 시작했다. 하루는 죠가사키城ヶ崎 해안의 우키야마바시浮山橋[1]라는 구역에 아직 아무도 오르지 못한 큰 오버행 과제가 있다는 소문을 들었다. 나는 그 매력적인 과제를 며칠 동안의 시도만으로 성공했다. 그리고 크랙의 생김새를 따라 스콜피온Scorpion(5.12b)이라고 이름 붙였다. 열아홉 살, 기념할 만한 아름다운 프리 루트의 초등이었다.

요세미티에서 돌아온 뒤, 죠가사키에서 개척했던 고난도 크랙 루트. 1985년 2월[2]

1985

두 번째 미국

5월, 다시 미국으로 향했다. 콜로라도에서 등반 중 낙석으로 왼쪽 발목이 복잡골절 되었다. 재활에 6개월이 필요했다.

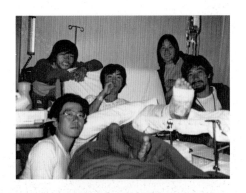

▲▲ 문병 와준 클라이머 동료들 ▲ 목발을 짚고 콜로라도의 엘도라도 캐니언Eldorado Canyon에

귀국 후,
오버행 벽이라면 다리에 부담이 적어서
죠가사키로 다니며 루트를 개척했다
(마리오네트, 5.12a).

1986

코스믹 데브리

세 번째 미국행에서 여행의 시작이 되었던 루트. 70년대 후반, 프리 클라이밍의 난도는 5.13대로 돌입했다. 코스믹 데브리는 그중 한 루트.

우스카부리薄被り 벽을 지나는 아름다운 핑거 크랙

1986-87

세계의
대암벽 순례

Pilgrimage for Big Walls

1986년, 세 번째 미국행. 그때는 LA에서 일하기도 하는 등 1년 5개월에 걸쳐 떠돌며 등반했다. 아마 능력 면에서도 크게 비약했던 여행이었다고 생각한다. 즉 어려운 루트로 유명한 코스믹 데브리며 완벽한 아름다움을 지닌 스핑스 크랙 등의 프리 클라이밍에서 그레이드 5.13을 성공했다. 또한 빅월 클라이밍에서는 빈약한 장비이긴 했지만, 엘 캐피탄 솔로며, 유럽으로 건너간 뒤에는 샤모니의 상징적인 암봉 드류 서벽 솔로에도 성공했다.

요세미티의 상징 엘 캐피탄. 1986년
처음으로 빅월 루트인 조디악을 오르
고, 이어서 솔로로 러킹 피어도 완등
해냈다. 러킹 피어의 루트는 사진 정
면(남서벽)의 왼쪽 끝

1987

5.13을 오를 수 있다면, 몇 해 전부터의 꿈인
세계의 대암벽을 노리는 것이다.
코스믹 데브리, 엘캡, 드류… 1년 5개월의 방랑기

초등학교 6학년 때 TV영화⁵에서 유럽 알프스의 풍경을 본 이후 한눈에 산에 반해버린 나는 어느덧 유럽이며 히말라야의 벽을 꿈꾸게 되었다. 그리고 바로 지금처럼 산 일변도의 무직 생활도 예상했다. 그 무렵 죠가사키城ヶ崎⁶며 시오쓰四方津⁷ 등을 중심으로 활발하게 프리 클라이밍이 행해지고 있었지만 구미가 당기지 않았다. 히말라야와 유럽을 노리고 있었던 나로서는 다니가와谷川⁸며 호타카穗高⁹의 암벽을 오르는 것이 그 꿈을 이어준다고 믿고 있었기 때문이다. 하지만 '딱 한 번만'이라고 마음먹고 갔던 죠가사키에 중독되어서 프리 클라이밍에 열중하게 되어버렸다. 동시에 그 무렵 데시멀 그레이드decimal grade¹⁰의 상한이었던 '5.13까지는 올라보자. 5.13을 오를 수 있게 되고 나서 빅월 등반을 시작해도 늦지 않다.'고 생각하게 되었다.

고등학교 졸업 후에 곧바로 요세미티로 향했다. 그 시점에는 5.11+까

지 밖에 리드하지 못했지만 귀중한 수확을 얻었다. 5.13 루트인 코스믹 데
브리Cosmic Debris(5.13b)[11]를 눈앞에서 보았던 것이다. 반년 후 나는 다시 미
국으로 날아갔다. 이번에는 오로지 데브리를 겨냥한 것이다. 그런데 한 달
도 지나지 않아 등반을 중단해야 하는 사고가 났다. 낙석에 왼쪽 발목을
정통으로 맞아 복잡골절이 되고 말았던 것이다. 콜로라도의 병원에서 수
술했다. 핀을 삽입하고, 이어서 거대한 깁스로 고정했다. 병원에 여러 클라
이머가 문병 와주었는데, 누구 할 것 없이 손이 초크chalk 자국으로 하얘서
그걸 볼 때마다 속상해서 미칠 노릇이었다. 나는 태어나 처음으로 눈물이
나올 만큼 속이 상했다.

　귀국 후 목발을 짚어야 하는 상태였지만 턱걸이를 시작으로 트레이닝,
그리고 톱 로핑top roping으로 등반을 재개했다. 콜로라도에서의 사고로부
터 열 달이 지난 1986년 4월, 목발을 짚지 않고 걸을 수 있게 되었다. 그
리고 5월, 세 번째 미국행 티켓을 손에 넣었다. 그로부터 1년하고도 5개월
에 걸친 해외에서의 등반이 시작되었다.

코스믹 데브리

이번 파트너는 네 살 아래인 히라야마 유지平山裕示 군(현재 이름 유지ユージ, 당
시 17살)이다. 그 친구로 말할 것 같으면 등반도 잘하고, 무엇보다도 활력이
넘친다. 최고의 파트너. 여름이 되니 내가 속해 있는 「일본 등반 클럽」[12]의
멤버도 모여들어 그럴싸한 미국 합숙이 되었다. 하지만 나는 뭔가 하나 불
만이다. 발 상태가 좋지 않아서 루트를 별로 오르지 않았는데도 벌써 가을
이 가까워져 왔기 때문이다. 캘리포니아부터 시작해 콜로라도, 와이오밍,
오리건까지 돌았다. 그리고 마지막인 요세미티에서 코스믹 데브리와 싸워
야 했다. 봄에도 도전했지만 컨디션이 나오지 않아서 결과는 엉망으로 끝
나 있었다.

8월 27일, 데브리의 시작점까지 서둘러 올라간다. "맨 처음은 톱 로핑으로 했으면 좋겠는데."라는 히라야마 군. 지금 내 컨디션이라면 톱 로핑이 타당할 것이다. 오른발에 테이프를 감고 정성껏 초크를 칠한다. 오른발은 신발을 신지 않을 작정이다. 데브리는 왼쪽 위로 뻗어 있는 크랙이라 오른발 발가락으로 재밍이 가능해서 왼발을 쓰지 않고 끝내는 것이 나로서는 최선이다.

톱 로핑으로 홀가분하게 오르기 시작한다. 시작 부분 5미터의 핑거 크랙은 순탄. 그리고 핸드 재밍으로 휴식. 그다음에 첫 번째 마디가 들어갈 만큼의 핑거 재밍이 아랫부분 크랙이 끝나는 곳까지 이어진다. 점점 숨이 거칠어지고 테크닉이 필요해진다. 앞으로 1미터. 오른손을 충분히 뻗었지만 펌핑. 정신을 차려보니 벽에서 몸이 벗어나 있었다. 아무리 해도 크럭스crux인 이 1미터가 해결되지 않는다. 30센티 앞에서 핑거 록finger lock[13]이 먹히면 편해질 텐데….

"2미터 내려줘."

왼손 엄지를 아래로 향하게 잼thumb-down jam을 해서는 오른손이 뻗어지지 않는다. 이번에는 왼손 엄지를 위로 향하게 잼thumb-up jam을 시도, 런지lunge[14] 느낌이긴 했지만 핑거 록을 걸었다. 그대로 윗부분에 있는 왼쪽 크랙으로 옮긴다. 끝나는 지점까지 3미터. 두 손가락 핑거 재밍을 반복하고 맨틀mantel[15]. 마침내 무브move[16]를 파악했다.

8월 29일, 톱 로핑 중에 텐션tension[17] 없이 성공. 드디어 리드lead다.

9월 1일, 일어났을 때부터 벌써 긴장하고 있다. "오늘이 승부!"라고 몇 번이나 입에 담으며 산보. 드디어 5.13의 꿈을 달성할 수 있다. 그리고 내일부터 빅월의 여정이 시작되는 것이다.

부랴부랴 시작점을 향한다. 너트nuts[18]의 배열, 신발의 조임 상태, 오른발의 테이핑까지 전부 신경 쓴다. "부탁해."라고 빌레이 보는 히라야마 군에게 한마디 건네고 차분히 오르기 시작한다. '5미터의 핑거를 쉽게 소화해내고 핸드 재밍으로 휴식'이라고 생각한 순간에 떨어졌다. 아직 펌핑이 오지 않았는데….

30분 휴식 후에 다시 시도, 아랫부분 크랙은 앞으로 2미터. 그리고 크럭스도 어느새 통과, 앞으로 왼쪽 크랙 3미터면 끝난다. 정말이지 흥분되기 시작했다. 중간 크기의 프렌드Friend[19]를 끼워 넣는다. 격한 펌핑. 로프를 추켜올렸지만 클립clip[20] 하지 못한 채로 "추락!"이라고 고함을 지르고 떨어졌다. 바닥까지 내려졌다.

엘캡을 바라보면서 두 시간 정도 쉬고 이번이 마지막 시도라는 마음으로 붙었다. 피투성이 손을 침착하게 크랙에 집어넣는다. '오르고 싶다, 오를 수 있다. 오르고 싶다, 오를 수 있다.' 마음속의 외침이 들린다. 마음을 집중했더니 팔을 끌어당김과 동시에 발이 땅바닥을 벗어난다. "가자! 가자!"라는 외침에 몸이 반응한다. 그리고 마지막에 맨틀링으로 대갚음했다. 나는 코스믹 데브리 5.13a를 넘어섰다. 왼발은 구역질이 날 만큼 아팠지만 그보다는 오를 수 있었다는 감동이 더 컸다. 마침내 3년 동안의 꿈이 이뤄졌다.

신경 쓰이는 소문

그레이드 5.13을 올랐던 나는, 다음의 꿈인 세계의 빅월 등반에 나서기 시작했다. 10월, 같은 클럽의 이와타 겐지岩田堅司를 불러 엘 캐피탄 남동벽의 조디악Zodiac(C3)[21]에 성공했다. 짐 올리기, 주마링jumaring[22], 피톤piton[23] 박기까지 모든 게 즐겁게 느껴졌다.

엘캡 등반 후 마침 돈이 떨어진 나는 LA에서 일을 시작했다. 중국인이 운영하는 중국음식점이었는데 주로 하는 일은 접시 닦기 따위의 잡일이었다. 그 기간 동안 아파트에 세를 들어 있으면 돈을 모을 수 없어서 밤에는 차 안에서 지내며 호텔 화장실에서 몸을 닦는 것으로 샤워를 대신하고 있었다. 밤에는 대개 스토니 포인트Stoney Point라는[24], LA에서 한 시간 정도 걸리는 교외의 볼더링bouldering[25] 구역에서 지내고 있었는데, 거기서 큰 문제가 생겼다.

한번은 밤중에 4인조 강도가 차를 습격해서 배를 칼로 찌르고 등반 장비와 귀중품을 훔쳐갔다. 뭐, 이거야 돈만 있으면 해결된다. 이것보다 더 큰 문제가 있었다. 그것은 스토니 포인트에서 함께 등반하던 현지 클라이머인 친구 존에게서 "데브리가 5.13a에서 5.12d로 그레이드 다운 되었다는 것 같더라."라는 말을 들어버린 것이다. 여기에는 동요했다. 데브리는 5.13으로 있어주어야 한다!

3월 15일, 4,000달러를 모았던 나는 일을 그만두고 콜로라도로 차를 몰았다. 빅월을 하기 위한 것이 아니다. 한사코 5.13에 집착했다. 목표는 스핑스 크랙Sphynx Crack[26]이었다. 이 크랙도 데브리와 마찬가지로 왼쪽 위로 뻗어 있다. 왼발을 쓰지 않고도 오를 수 있다는 이유만으로 캘리포니아에서 콜로라도로 이동했다. 캘리포니아의 클라이머 존과 톱 로핑으로 무브를 파악한 후 나는 4월 1일에 네 차례 로워 다운lower down[27] 끝에 스핑스 크랙의 바위 꼭대기에 섰다. 하지만 데브리 때만큼 뿌듯하지는 않았다. 단지 볼일이 하나 끝났다는 해방감 정도였다. 자주 듣는 "그레이드를 좇는 클라이머는 즐겁지 않다."라는 말이 정말 딱 들어맞게 되어버렸다. 코스믹 데브리는 정말로 오르고 싶었다. 하지만 스핑스는….

엘캡의 외톨이

스핑스 크랙을 허무하게 끝낸 뒤에 요세미티로 되돌아갔다. 이번 여름 유럽 알프스에서 가장 어려운 루트 중 하나라고 하는 아이거 북벽의 피올라길리니 직등 루트Piola-Ghilini Direttissima[28]의 단독등반을 노리고 있었기 때문에 무슨 일이 있어도 엘 캐피탄을 단독으로 등반해 아이거를 위한 트레이닝으로 해두고 싶었다.

4월 21일, 요세미티로 들어간다. 이번으로 요세미티가 몇 번째인가. 삼림지대를 빠져나가자 거대한 엘 캐피탄이 보이기 시작했다. 몇 번을 보아도 감동이다. 실로 화강암의 괴물이다.

22일, 마운틴 숍The Yosemite Mountain Shop에서 프렌드, 너트, 카라비너, 로프 따위를 사들였다. 하지만 그걸로 벌써 돈이 모자라서, 홀백haul bag 대용으로 배낭을 테이프로 감고 침낭 커버 대용으로는 비닐 쓰레기봉투를 검 테이프gummed tape로 이어 붙였다.[29] 우비는 비싸서 결국 못 샀다. 루트를 결정할 즈음에는 이 시기(1월 1일부터 8월 1일 사이) 퍼시픽 오션 월Pacific Ocean Wall[30]부터 탠저린 트립Tangerine Trip[31]까지의 남동벽 일대가 매가 둥지를 트는 때라 등반 금지가 되기 때문에 남서벽 주변으로 했다. 구조대의 이야기로는 러킹 피어Lurking Fear는 단독으로도 별로 등반하지 않는 모양이고, 크랙 자체가 자연스럽고 아름다운 라인이라고 해서 여기로 정했다.

4월 23일, 장비를 잔뜩 넣은 배낭을 메고 가파른 오르막을 한 시간 오르니 러킹 피어(VI/5.10, A3)[32]의 시작점이다. 일본에서는 몇 개쯤 루트를 단독으로 오르긴 했지만 간만에 단독등반이라 긴장된다. 무진장 무거운 기어 슬링gear sling[33]을 양 어깨에 걸고 주마로 로프를 풀어내면서 첫 피치를 오르기 시작한다. 고도를 벌면서 움직여 가자 차츰 마음도 편해지기 시작했다.

15미터쯤 올라갔던 때였나. 프렌드를 설치하고 래더ladder[34]에 발을 살짝 올린 순간 '철커덕' 하고 불쾌한 소리가 났다. 프렌드가 당장이라도 빠질 것 같다. 위험하다, 빨리 아래 래더로 되돌아가지 않으면…. 천천히 앉아 아래 래더로 되돌아간다.

"관둘까?"

무심결에 중얼거렸다. 하지만 이 많은 장비를 보니 도저히 그만둘 수 없다.

'그렇게나 돈을 들여 사버렸지. 게다가 여기서 그만두면 도저히 아이거고 뭐고 올라갈 리가 없잖아.'

프렌드를 바로잡고 나는 다시 전진했다. 그리고 세 시간이 걸려 마침내 첫 피치에 로프를 고정하고 내려왔다.

24일, 2피치에 픽스.

25일, 내일 본격적인 등반을 시도하기로 한다. 식료품을 사고, 물통에 물을 넣고, 배낭을 테이핑. 저녁때 일찌감치 침낭에 들어갔다. 내가 엘캡에서 떨어져 땅바닥으로 내동댕이쳐져서 손발이 산산조각 나버리는 것 따위가 떠올라서 쉽사리 잠이 오지 않았다. 누구라도 단독으로 대암벽에 도전할 때는 이런 기분이 들지 않을까?

4월 26일 오전 4시 침낭에서 기어 나온다. 입안에 라면, 죽까지 마구 밀어넣는다. 하늘은 아직 별로 가득하다. 콜로라도에 가는 도중에 퍼져버려서 이제 차가 없다. 서니사이드Sunnyside[35]부터 삼림지대를 걸어서 시작점으로 향한다. 시작점에 도착했을 때는 벌써 해가 솟아 있었다. 고정 로프에 주마를 걸고 엘 캐피탄의 벽, 이어서 러킹 피어의 등반 라인을 눈으로 훑은 뒤에 주마링을 개시. 드디어 엘 캐피탄과의 싸움이 시작되었다.

27일, 7피치까지.

28일, 10피치까지.

29일, 13피치까지.

30일, 16피치 하고도 절반까지 오른다. 해먹 비박[36]을 계속하다가 오랜만에 테라스terrace[37]에서 비박. 한 피치 반 남았다. 다 오른 것이나 다름없다. 테라스의 아늑함이 너무나 좋았기 때문일까. 바로 잠들어버렸다.

몇 시간쯤 잠들었을까. 바깥 분위기가 이상하다. 얼굴을 내밀어 보니 비가 내리기 시작한다. 침낭 커버를 대신하고 있던 비닐도 이미 구멍투성이어서 여기저기에서 점점 비가 들어왔다. 30분 정도 만에 의류도 흠뻑 젖었다. 몸이 떨리는 것이 멈추지 않는다. 기온은 점점 내려간다. 바람도 강해지기 시작했나 싶더니 마침내 비가 눈으로 바뀌고 말았다.

'지금 대체 몇 시냐?'

시계를 등반 중에 잃어버려서 시간을 알 수 없다. 헤드램프를 끄집어내서 벽을 비춰보니, 벽은 이미 눈이 흠뻑 붙었다. 자고 있던 곳도 눈으로 덮여 있다. 3년 전 히로시마広島 팀이 노즈The Nose[38]의 마지막 피치를 남기고 죽었던 일이 머리에 떠오른다. 하지만 나는 죽지 않을 것이다. 앞으로 한 피치 반. '다 오른 거나 다름없잖아.'라고 스스로를 타이른다.

오전 3시쯤 되었을까, 아직 주변은 어둡고 바람과 눈발이 심하지만 오르기 시작한다. 꽉 끼는 피레Fire[39]는 딱딱하게 얼어붙어 신을 수 없다. 하는 수 없이 운동화로 눈이 붙은 5.8 정도의 페이스에 덤볐다. 하지만 미끄러워서 오를 수가 없다. 스카이훅skyhook, 피시훅fishhook[40] 따위를 써서 눈이 붙은 10미터 페이스를 돌파한다.

나머지는 5.10 한 피치뿐이다. 그곳은 맹렬한 폭포로 변해 있었다. 비가 순식간에 이 피치에 집중되고 있다. 몸이 몹시 추웠지만 20미터 정도 위로는 이제 능선인 모양이다. 정신을 집중해 폭포 안으로 파고든다. 얼음물을 맞아가면서 프렌드를 갈아끼우며 전진. 능선까지 앞으로 5미터. 그때 갑자기 메인 로프가 올라오지 않는다. 젠장, 주워서 머리가 놀아버릴 것 같다!

필사적으로 메인 로프를 떼어내고 백 로프back rope[41]로만 눈이 붙은 벽을 오른다. 정신을 차려보니 수직의 세계를 빠져나와 손을 놓아도 안전한 능선에 도착해 있었다. 나는 엉겁결에 멋쩍게 씩 웃어버렸다.

드류 서벽

엘 캐피탄을 단독으로 성공했던 나는 바로 LA를 거쳐 유럽으로 날아갔다. 5월, 런던에서 도버해협을 건너 프랑스 샤모니로 들어갔다.

5, 6월까지 샤모니 주변의 산에서 트레이닝. 그리고 7월, 아이거 북벽의 피올라-길리니 직등 루트를 위한 최종 트레이닝으로 드류 서벽 프렌치 디레티시마French Direttissima 단독등반을 택했다. 이 루트는 1982년에 크리스토프 프로피Christophe Profit 등에 의해 초등되었던 새 루트인데, 에이드 그레이드Aid Grades는 A3, 프리 클라이밍은 6b로 어지간히 까다롭다. 게다가 아직 단독으로는 등반되지 않았다.[42]

6월 28일, 30킬로그램 가까이 짐을 지고 시작점을 향한다. 오늘은 짐 올리기뿐이어서 마음은 편했지만 워낙 어프로치가 길다. 몽탕베르부터 6시간을 걸어 간신히 보나티 쿨르와르Bonatti Couloir[43]에 도착. 쿨르와르를 200미터 정도 올라 많은 양의 장비를 데포dépôt[44] 한다.

7월 1일, 날씨도 좋을 것 같아서 내일 도전하기로 한다. 크램폰이며 피켈을 갈고, 식료품을 정리하고, 의류에는 방수 스프레이를 뿌린다. 준비가 진행됨에 따라 점점 긴장되기 시작한다. 나 같은 경우 시도하는 당일은 그 정도까지는 아니지만, 오히려 전날이 견딜 수 없다. 동료에게 워크맨WalkMan[45]을 빌려 록 스타일 음악을 들으며 드류의 등반 라인을 눈으로 훑는다. 그렇게 해서 스스로 기분을 고조시켜 가는 것이다. 노래가 끝날 무렵 나는 외쳤다. "해치워주마!"

날이 밝아 7월 2일, 최상의 날씨다. 시작점까지는 캠핑사이트에 있는 좋은 동료인 사이토 다다시斉藤直가 동행해준다. 짐을 올렸던 날의 절반의 시간으로 보나티 쿨르와르에 도착. 데포 했던 장비를 회수해서 프렌치 디레티시마의 시작점으로 향한다. 시작점은 멋진 테라스다. 사이토 씨의 배웅을 받으며 등반을 개시했다. 이날은 2피치까지.

샤모니를 상징하는 첨탑, 드류 서벽의 전체 모습

드류 시작점에서 솔로 등반 장비를 장착

드류 서벽, 프렌치 디레티시마 첫 피치

3일, 8피치까지 오르고 6피치 종료점의 테라스에서 비박.

4일, 13피치 중간까지. 토마스 그로스Thomas Gross[46]와 갈라지는 큰 테라스에서 비박.

5일, 지금까지 모든 것이 잘되어가고 있다. 크랙도 자연스러워서 너트를 쓸 수 있고, 크럭스인 4미터 A3 오버행도 어려움 없이 넘었다. 오늘은 드디어 레드 쉴드Red Shield[47] 등반에 매달린다. 손가락 사이즈의 크랙이 200미터 정도 뻗어 있어서 마치 오가와야마小川山의 임진가와ィムジン河[48] 같다. 확실히 흔히 말하는 수직의 여행.

기분 좋게 오르고 있는데, 옆의 아메리칸 디레티시마American Direttissima(6c, A3)를 대단한 기세로 올라오는 '영국인?' 단독 등반자가 있었다. 금세 그와 나는 같은 높이가 되었다. "둘 다 단독 초등이 되겠네." 따위의 이야기가 오갔다. 내 쪽은 종료점이 가까워져 기분도 최고. 이야기도 하는 둥 마는 둥 종료점을 향한다. '저 친구도 움직이기 시작한 것 같네.'라는 순간, 갑자기 비명이 들린다 싶더니 '와장창' 하는 엄청난 소리. 아래를 보니 그가 얼굴이 피범벅이 되어 로프에 축 늘어져 있다. 미끄러졌던 것일까? 무서운 표정으로 벽을 노려보고 있다. "괜찮으냐? 도와줄까?"라는 식으로 이것저것 물어봤다. "괜찮아, 괜찮아. 그래도 난 내려갈게." 그렇게 말하고 그는 필요 없는 장비를 풀어버리더니 하강 자세를 취했다. "힘내, 올라가." 그는 내게 말하고 생긋 웃더니 내려가기 시작했다.

갑자기 생긴 일에 나는 그저 어리둥절할 뿐이었다. 그로부터 얼마나 시간이 지났을까? 나는 다시 올라가기 시작했지만, 머리에서는 조금 전 사고가 떠나지 않는다. 그때였다. 체중을 싣고 있던 피톤이 생각지도 못하게 빠졌다. 중간에 박혀 있던 피톤이며 너트도 터져나간다.

'망했다!'

다행히 추락은 대수롭지 않게 10미터 정도로 끝났다. 좀 전의 사고,

크리스 보닝턴Christian Bonington 흉내를 내서 피톤으로 식사 중

그리고 자신의 추락까지 이어져 나는 점점 마음을 다잡지 못하는 상태가 되어갔다. 그러고는 어떻게 올랐던 걸까. 긴 시간이 흐른 기분이 든다. 그리고 추락 지점에서 두 피치 올라 아메리칸 디레티시마와의 합류점에 다다랐다. 그렇게 프렌치 디레티시마는 끝났다. 하지만 내 몸은 온통 공포에 휩싸여 있었다.

아메리칸 디레티시마에서 목격한 추락, 그리고 나는 나대로 첫 번째 본게임에서 추락을 경험했다. 나로서는 빅월 등반은 무서운 것이라고 느낄 수밖에 없게 되었다. 시내로 내려오고 나서 나는 빅월에 완전히 질려서 아이거를 그만뒀다.

다시 대암벽으로

드루에서 돌아오고 3주가 지나자 다시 열정이 일기 시작했다. 돌로미테Dolomiti에서 몬테 치베타Monte Civetta 북서벽을 사이토 다다시와 완등했

이탈리아 돌로미테 치베타 북서벽. 자그마한 테라스에서 비박

다. 왜 그 정도로 내키지 않던 빅월을 또 시작했던 것인지는 나도 모르겠다. 그저 커다란 암벽을 보면 가슴속이 뜨거워진다.

다음 목표를 파타고니아 단독등반으로 점찍어 놓았던 나는 자금을 마련하기 위해 다시 미국으로 건너가게 되었고, 아테네에서 뉴욕행 티켓을 손에 넣었다. 하지만 공원에서 비행 날짜를 기다리는 동안 운 나쁘게 강도를 맞아버려 1년 5개월의 클라이밍 방랑은 끝났다.

이번 투어에서 전반은 프리 클라이밍에 불타올라 5.13까지 오를 수 있게 되었다. 후반은 엘캡, 그리고 드류를 단독으로 손에 쥐는 커다란 성과를 올릴 수 있었다.

지금 일본으로 돌아와서 드는 생각은 프리 클라이머라면 트레이닝만 하면 누구라도 5.13까지 오를 수 있으리라는 것이다. 나처럼 센스도 없고 큰 부상으로 몸이 말을 듣지 않는데도 도달할 수 있었던 것이기에. 빅월, 그리고 알파인 클라이밍에 대해 생각해보면, 일본인은 완전히 틀려먹었다. 프리 클라이머를 좀 더 본받아 트레이닝을 쌓지 않는다면, 일본인의 이 분야 등반은 끝나고 마는 것이 아닐까?

물론 나 스스로도 아직 배워야 할 것이 산더미 같다. 앞으로도 일본에서, 그리고 세계에서, 대암벽의 등반을 향해 가고 싶다.

『岩と雪』125호_1987년 12월

생각만 해도 두근거리는 느낌이 없으면,
가봤자 소용없어. 죽기밖에 더 하냐고.

[편집부] 프리 클라이밍에서 빅월로, '5.13까지 오른다면'이라고 목표를 세우고 있던 그는 올해 봄 스핑스 크랙을 마무리하고 대암벽 솔로를 노렸다. 우선 엘 캐피탄의 러킹 피어(5.10, A3)를 오르고 여세를 몰아 드류 서벽 프렌치 디레티시마(6b, A3)에서도 성공했다.

● **왜 빅월 솔로를?**

아이스 클라이밍, 프리 클라이밍, 빅월 클라이밍 등 여러 가지가 있지만, 빅월 솔로라는 게 가장 위험하잖아요. 위험한 분야라서 가장 좋아하는 거죠. 계속해서 어려운 문제가 나오는 부분을 혼자 해결해가는 것이 제일 재미있어요. 둘이서 하면 간단하잖아요, 부담도 없고. 혼자라면 가기 전부터 엄청난 두려움도 있고 말이죠. 그런 만큼 보람도 있죠.

● **등반을 시작한 것은?**

중학생 때 바위를 오르기 시작했는데, 지바千葉에 있는 노코기리야마鋸山에 혼자 가서 10미터 정도 떨어져 크게 다쳤어요. 피투성이가 돼서 집에 돌아왔더니 부모님이 엄청나게 화를 내시고는 어디라도 배울 수 있는 클럽에 들어가라고 해서. 그래서 하는 수 없이 일본 등반 클럽에 들어갔죠. 결국 아무것도 배울 수 없었지만.

● **프리 클라이밍은?**

맨 처음엔 정통적인 등반을 했지만, 프리는 당시부터 인기가 있었어요. 그 무렵에는 '빅월을 하려면 (프리의 실력이) 필요한 게 아닐까?' 하고 생각했죠. 그래서 프리를 하게 됐는데, 그만 열중하게 되어버렸네요. '이다음엔 5.13까지 해버릴까?'라나 뭐라나. 세계 최고가 5.13이었기 때문에.

● **프리의 경험은 빅월에 도움이 되고 있나?**

이번에 러킹 피어에서 5.10 피치가 있었는데 젖어 있었어요. 게다가 엄청난 장비를 짊어지고 있었잖아요, 10킬로그램 이상. 그런데도 프리로 텐션 안 걸고 엄청나게 빨리 오를 수 있었기 때문에, 프리를 하고 있어서 다행이라고 생각하고 있어요. 뭐, 앞으로 프리는 빅월에 질렸을 때라도 할 정도일지도 모르겠네요. 그래도 이왕 실력을 기르자고 생각해서 했기 때문에 실력만큼은 떨어뜨리고 싶지 않네요.

● **돈구리야마노카이どんぐり山の숲의 아오누마 마사히데青沼雅秀 씨 등에게 영향을 받았나?**

엄청나게 존경했었죠. 프리도 잘하고 에이드도 잘해서 굉장하다고 생각했어요. 각오가 대단하구나 하고. 그런데 말이죠…. 내가 하고 있는 게 아직은 별것 아니에요. 왜냐하면 레나토 카사로토Renato Casarotto도 그렇고 니콜라 제제Nicolas Jaeger도 죽긴 했지만, 혼자서 히말라야의 빅월에 도전했으니까 말이죠. 그런 걸 언젠가는 해보고 싶어요. 5년 내로 승부를 보고 싶어요.

● **일본에서는 오를 마음이 없나?**

아무래도 국내라면 트레이닝이 돼버리는 기분이 들어서. 어쨌든 해외에 있으면서 여러 나라에서 빅월을 하고 싶어요. 되도록이면 사람 없는 곳에서. 남극이라든가 그린란드라든가, 그런 데서 혼자 빅월을 오를 수 있으면 최고라고 생각해요.

● **이번처럼 아르바이트해 가면서 외국에 있는 쪽이 좋은가?**

외국은 매일 자극이 있어서 그게 즐거워요. 사람들 모두 개성도 있고요.

미국 같은 곳은 그래서 좋아해요. 일본이란 데는 왠지 모르게 모두들 똑같 잖아요. 생활에서도 산에서도 자극이 있는 게 최고라고 생각해요.

● **지금은 알파인 클라이밍보다 프리 쪽이 튀어 보이는 것 같은데, 그런 건 어떻게 생각하나?**

솔직히 말해서 프리 쪽이 광장한 걸 하고 있잖아요. 트레이닝을 비교하더 라도 전혀 상대가 안 돼요. '일본의 알파인 클라이머는 트레이닝하고 있는 가?'라고 물으면 절대 아니죠. 프리 클라이머가 매일 턱걸이를 하고 웨이트 트레이닝을 안 하면 안 되는 시대잖아요. 튀어 보이는 건 당연한 거죠. 알 프스만 해도 크리스토프 프로피Christophe Profit도 그렇고. 그런 사람들은 엄청난 트레이닝을 하고 있으니까.

● **일본인들은 게으름을 피우고 있나?**

알파인 클라이머도 프리 클라이머만큼 트레이닝하면 좀 더 엄청난 등반을 할 수 있을 거예요. 좀 프리 클라이머를 보고 배워야 돼요, 일본의 알파인 클라이머는. 경쟁의식이 없을 테지만요.

● **유럽은 있나?**

있겠죠? 아마.

● **미국은?**

경쟁의식은 없을지 몰라도, 미국 애들은 엄청 감각이 좋아요. 일본의 알파 인 클라이머는 칙칙해요, 솔직히 말해서.

● **미국인들은 다들 명랑한가?**

빅월에서 에이드 따위를 하고 있는 녀석들은 좀 바보 같은 구석이 있어요. 나도 그렇고. 자기들이 그렇게 생각하고 있거든요. 벽 가운데로 무지막지 한 카세트 라디오를 가지고 간다거나 말이죠. 조디악을 올랐을 때 처음으 로 저런 등반을 해서, 짐을 올려도 포타레지portaledge에서 자도 기분이 최 고였죠. '며칠 있어도 좋네, 뭐 정상까지 빠져나가지 않아도 좋겠다.'고 생각했어요. '한두 달 엘캡의 벽에서 살아도 좋겠네.'라고 정말 그렇게 생각했어요.

● **작년 미국에서 쭉 히라야마 유지**平山ユージ **군과 함께했다고? 그 친구에게 자극 따위를 받았나?**

자극이 있었죠. 역시 끝내주게 능숙하고, 활력 있고. 일본의 프리 클라이머 중에서는 어려운 루트에 붙은 횟수가 제일 많을걸요.

● **그 친구는 루트를 공략하는 방법도 능숙하지.**

네 맞아요. 읽고 있어요. 생각하고 있어요. 어지간히. 무브라든지 엄청나게 생각하고 있어요. 사람의 움직임도 절대 놓치질 않아요. 잘 보고 있어요. 좀 좋은 움직임이었던 건 다음에는 따라하고 있거든요. '와, 잘하네.'라고 생각했어요. 시도도 기죽지 않고 몇 번이나 하고.

● **그 친구는 좀 더 발전하겠네.**

그래서 말이죠, 일본에도 좀 더 많은 5.13이 생겼으면 좋겠어요. 나는 당분간 프리는 안 할 거지만.

● **그럼 앞으로는 빅월만?**

파타고니아 같은 곳쯤이요. 그래도 아직 아무것도 정해진 건 없어요. '어디어디 올라볼까?' 하고 생각만 해도 두근거리는 느낌이 없으면 좀 그렇잖아요. 마음이 충만하지 않으면 가봤자 소용없어요. 죽기밖에 더 하겠어요? 이상하게 발을 들여버리면 안 되잖아요. '오르고 싶다, 오르고 싶다.' 하는 생각이 들 때 오르는 쪽이 언제나 안전하다고 생각해요.

● **그런 기분은 프리 클라이밍에서도 있을 거고?**

그럼요. 그래서 코스믹 데브리를 올랐을 때는 되게 기뻤어요. 다쳤던 해부터 노리고 있었거든요. 모두에게 말하진 않았지만, 그때부터 '데브리에 손을 대고 싶다.'라고 생각하고 있었어요. 거기라면 '오를 수 있지 않을까?' 하는 마음이 있었기 때문에. 결국 다쳐버렸지만요. 그래서 다음 해에 올라갔어요. 부상 후에 트레이닝은 최고로 했고. 거기에 비하면 스핑스 크랙은 별로 재미없었어요.

● 이유는?

결국은 말이죠, '데브리가 5.12 대로 떨어졌다.'고 들어서 5.13 루트를 찾았던 거죠. 그래서 '유명한 스핑스를 할까?' 해서. 본 적도 전혀 없는데. 그래서 일이라고나 할까, 의무적이라는 느낌이 있어서 그만큼 감동은 적었어요. 데브리는 1년 이상 계속 생각했으니까 감동했지만, 스핑스는 좀 허무한 느낌이었어요.

● 그래서, 어쨌든 5.13을 해낸 이상은 빅월을…?

당분간 빅월에 전념하려고요. 그래서 러킹 피어는 정말 최고로 뿌듯했어요. 첫 피치부터 '글렀나?' 하는 마음도 들었어요. 역시나 어려웠어요, 그만큼 무지막지한 벽이기도 하고. 그런데 말이죠, 내가 샀던 장비를 보니까 '돈을 이만큼 들였으니 어쩔 수 없잖아.'라고, '앞으로 세계의 빅월을 솔로로 할 건데, 엘캡 정도를 혼자 오르지 못해서야.' 하고 생각했어요.

『岩と雪』125호_1987년 12월

극한의
솔로

북극권의 황량한 대지에 높이 1,400미터에 달하는 오버행 절벽이 솟아 있다.

1988

배핀 아일랜드 토르 서벽

Mount Thor West Face
Baffin Island

스물세 살 때, 세계적으로 손꼽을 만한 빅월인 북극권 배핀섬의 토르 서벽 단독등반에 성공했다. 당시 돈이 없어서 아주 낡은 장비를 쓰고 있긴 했지만 마음은 충만해 있어서 이 대담한 모험에 집중하고 있었다. 무엇보다 악착같이 했다. 연일 15시간 이상 등반했기 때문에 몸은 피폐해졌지만 표고차 1,400미터나 되는 암벽을 8일 동안에 다 올랐다. 이 등반으로 솔로에 대한 자신감이 깊어졌다고 생각한다.

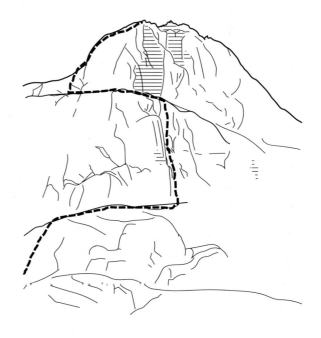

◀ 시작점에서 올려다본 거대한 토르 서벽

▲ 팽너텅에서 피오르 헤드까지는 스노모빌로
▶ 제3밴드 직전을 등반하는 중.
30킬로그램에 달하는 홀백을 끌어올리고 있다.

등반 5일째, 포타레지에서 바라다보는 풍경

토르 등반을 마치고

1988

"그럼 이만." 나는 그쯤 말하고 걷기 시작했다.
시작점까지 한 시간의 그 긴장감은
평생 잊을 수 없을 것이다.

어떻게든 단독으로

5월 18일, 배핀섬 프로비셔 베이Probisher Bay에 도착. 배핀섬은 그린란드의 바로 서쪽에 위치하고, 섬의 대부분이 북극권에 속해 있다. 이 혹한의 섬에 온 목적은 단 하나, 배핀섬에서 가장 크다는 토르 서벽을 솔로로 오르기 위해서이다.

나에게는 이 배핀섬 원정을 실행하기 전에 두 가지 계획이 있었다. 하나는 뉴기니의 암벽이었는데, 이에 관한 자료를 모아감에 따라 암벽까지 정글을 혼자서 돌파할 수 있을 것 같지 않아서 중지. 또 하나는 카라코람의 트랑고 타워Trango Tower 남동벽 원정대에 초대 받았던 것이다. 트랑고 타워는 예전부터 올라보고 싶은 대상이어서, 이 제안에 무척 신이 났다. 처음에는 마음이 내키던 이 제안도 시간이 지남에 따라 어떻게든 단독으로 오른다는 마음을 바꾸지 못했다. 작년에 엘 캐피탄과 드류를 단독으로 성공했던 나는 좀 더 커다란, 그리고 좀 더 까다로운 벽에서 자신의 능력을 시험해보고 싶어져서 트랑고 타워 제안은 사양했다.

토르 서벽을 처음으로 알게 된 것은 1984년이다. 일본 등반 클럽의 선배인 요네이 데루지米井輝治 팀이 서벽 중앙부를 처음으로 완등해서 토르 서벽의 존재를 알았다. 하지만 그 무렵은 빅월에 관심이 없었기에 별로 마음에 두지 않았다. 1986년에 콜로라도주의 등산 용품점에서 미국 팀의 「다이렉트 라인 30일의 기록」[50]을 슬라이드로 볼 기회를 가졌다. 그들은 요네이 팀이 등반한 그 이듬해에 헤드월headwall[51]을 직등하는 라인을 열었던 것이다. 그 슬라이드는 매우 박력 있는 것이어서, 오버행을 넘어가는 클라이머, 수직의 암벽에서 포타레지를 써서 잠을 자고 있는 사진 등 어느 것을 보더라도 흥분되었다. 그 이후 언젠가는 토르를 올라보자고 마음먹고 있었다.

올해 3월에 본격적인 준비에 들어가자 유럽에서 친구가 된 사이토 다다시斉藤直, 그리고 그의 친구인 다카하시 아키히라高橋明平도 동행하게 되었다. 사이토는 경험이 풍부해서 이런 외진 곳에서 절대적 안도감을 가지게 해줄 것이고, 몇 번이나 로프를 같이 묶기도 했기에 배핀섬에 기꺼이 함께 가기로 결정했다. 사이토의 친구 다카하시는 결코 나약한 소리를 하지 않아서 우리들 사이에서 가장 듬직한 존재가 되었다. 나는 토르 서벽을 솔로로, 사이토와 다카하시는 아스가드Asgard[52]를 오른다는 각자의 목표를 가시고 5월 16일에 일본을 출발했다.

내 자신을 걸 만한 가치가

5월 19일 프로비셔 베이에서 경비행기를 타고 팽너텅Pangnirtung으로, 공원 사무실[53]에서 우리의 계획을 이야기하자 토르를 솔로로 오르는 것은 매우 위험하다고 했다. 하지만 나는 예사로 들었다. 왜냐하면 그런 위험한 짓을 하려고 멀리 일본에서 찾아왔기 때문이다.

식료품을 부랴부랴 사고, 현지 에스키모가 두껍게 얼어붙은 바다를 스노모빌로 피오르 헤드fjord head[54]까지 데려다준다. 20일, 21일은 지금까지의 여독을 풀기 위해 쉬기로 했다. 5월 22일 카라반 개시. 1인당 80킬로그램 가까운 짐을 세 번에 나눠 6킬로미터 앞까지 운반. 23일, 글레이셔 레이크Glacier Lake까지 짐 올리기. 24일은 윈디 레이크Windy Lake까지. 이 윈디 레이크에 도착하니 갑자기 언덕 사이에서 우미보즈海坊主[55]같이 왠지 기분 나쁜 토르의 헤드월이 나타났다. 나는 토르의 전체 모습을 보고 싶어서 짐 올리기의 피곤함도 잊고 언덕을 달려 올라갔다. 숨을 헐떡였던 나에게 '토르는 미소 지어줄까?'라는 아련한 기대는 보기 좋게 산산조각 났다. 상태가 너무나 나쁘다. 벽에 너무 많은 눈이 들러붙어 있다. 특히 제1암벽은 눈이 덕지덕지하다. 생각 이상으로 토르의 스케일에 압도당했다. 정말로 혼자서 저 거대한 암벽을 오를 수 있을까, 살아서 일본으로 돌아갈 수나 있을까…?

피오르 헤드에서 카라반을 개시한 지 10일째인 5월 29일, 서벽까지 불과 한 시간 거리에 겨우 베이스캠프를 설치할 수 있었다. 베이스캠프에서 보는 토르 서벽의 압도적인 기세는 무시무시하다. 1,400미터의 암벽이 위에서 덮어버릴 듯이 서 있다. 나는 이제 실감했다. 내 자신을 걸 만한 가치가 있는 빅월이라고.

5월 30일. 이날부터 날씨가 불안정해져서 눈이 내리거나 강한 바람이 거세게 불었다. 다음 날, 본격적인 등반을 하기 전 컨디션 조절과 서벽 정찰을 겸해 맨 아래 부분까지 짐을 올린다. 한 번에 밀어붙이는 요세미티 스타일로 이번 등반을 생각하고 있는 나로서는 가장 고민되는 것이 장비의 무게였다. 언제 무시무시한 폭풍이 찾아올지 모르는 배핀의 날씨 속에서 스피디하게 올라야 한다.

일단 이번의 등반 장비를 소개해본다. 로프 2동, 카라비너 50개, 프렌드 2세트, 너트 3세트, 피톤 25개, 스카이훅, 코퍼헤드copperhead, 아이스 해머Eis Hammer[56], 아이스 바일Eis Beil[57], 크램폰crampons[58], 러버 솔rubber sole[59], 그 밖에 식료품, 가스통Gasbombe[60], 침낭, 포타레지 등의 생활용품을 합하니, 홀백은 30킬로그램 이상이나 나간다.

지금이야말로 기회다

6월 19일, 오랜만에 기압계가 서서히 상승하기 시작했다. 매일 강풍 속에서 이어지는 식사와 수면뿐인 생활, 이것과도 슬슬 이별이다. 혹시라도 내일 아침에 날씨가 좋으면 출발한다고 사이토와 다카하시에게 말했다. 이튿날 일어나 보니 또다시 눈. 오늘도 등반할 수 없을 것이라는 초조함도 있지만 웬일인지 마음이 놓인다. 긴장한 나머지 한숨도 못 잤기에 다시 침낭에 들어간다.

몇 시간 후, 햇빛이 텐트에 스미고 있다. 밖으로 나가니 웬걸 푸른 하늘이 펼쳐지고 있다. 지금이야말로 기회다. 두 친구는 나를 위해 버터를 듬뿍 얹은 핫케이크를 만들어주었다. 둘은 아무 말도 하지 않았고, 나도 "그럼 이만." 그쯤 말하고 걷기 시작했다. 시작점까지 한 시간의 그 긴장감은 평생 잊을 수 없을 것이다.

시작점 근처는 바위 상태가 너무 나빠서 맨 처음에 생각했던 라인을 그만두고 왼쪽의 쿨르와르부터 공략하기로 했다. 처음부터 새 루트다. 서툰 아이스 클라이밍으로 고도를 벌어가며, 예정대로 제1밴드band[61] 부근에서 비박한다. 암벽용 침대인 포타레지는 비싸긴 하지만 편하다. 밤이 되니 몇 번이나 낙석 소리가 메아리친다.

여기까지 와서 기껏 거대한 암벽에 오직 홀로 있는 것이 사무쳐왔다. 나는 그날 일기에 '앞으로 며칠을 혼자여야만 하나, 며칠을 긴장해야 하나,

하지만 완등할 때까지 절대로 내려가선 안 돼. 파이팅이다, 야스시!'라고
썼다.

2일째, 드디어 본게임이다. 여기부터 화강암 암벽은 단숨에 정상까
지 치솟아 있다. 처음부터 어렵다. 까다로운 에이드 클라이밍을 하고 있자
니 바로 위기가 찾아왔다. 20미터 정도 나아갔을 즈음에 나이프 블레이드
Knife Blade가 빠져, 나는 휙 날아갔다. 완전히 아웃이라고 생각한 순간, 왼
쪽 무릎이 격심한 통증으로 욱신거린다. 추락은 6미터 정도였지만, 무릎과
왼손에서 피가 흐르고 있다. 나는 '이걸로 내려갈 핑계가 생겼다.'고 한순간
생각했지만, 베이스캠프에 있는 두 사람의 얼굴을 떠올려보니 간단히 되돌
아갈 기분이 들지 않는다. 상처를 처치한 후 다시 오르기 시작했다. 그리
고 15시간 이상 악전고투 끝에 제2밴드를 빠져나왔다.

'해냈잖아, 다음은 제3암벽이다.'

3일째, 밴드를 오른쪽 위로 올라가자 1973년 시즈오카静岡 등반 클럽
의 시등 흔적이 있었다. 그곳에는 빛바랜 고정 로프가 축 늘어져 있었다.
그리고 로프 왼쪽으로는 군데군데 뽑혀 있는 볼트 래더bolt ladder[62]가 이어
져 있었다. 나는 그 볼트 래더에 줄사다리를 걸고 단숨에 넘어갔다. 볼트
래더에서 오른쪽에 있는 플레이크flake[63]로 깊숙이 파고들자 쾌적한 화강암
등반은 끝나고 다시 눈과 얼음이 크랙에 가득 차기 시작했다. 나는 러버
솔을 신은 채로 눈의 표면을 차 넣어 갔다.[64] 올라가면서 발밑으로 눈을 돌
리니 아무 것도 없는 서벽 아래까지 직통으로 내려다볼 수 있었다. 수직의
벽을 시간 가는 줄 모르고 오르고 있으니 하늘은 어느샌가 검은 구름으로
뒤덮여왔다. 한 시간쯤 지나자 가랑눈이 조금씩 내리기 시작했다. 오늘도
17시간 넘게 움직였다. 포타레지를 조립해 벽에 매달자 비박 준비가 되었
다. 어디서 젖었는지 침낭이 질척하다. 앞으로의 비박을 생각하니 머리가
아프다.

피로는 극에 달했다

4일째, 여전히 가랑눈이 흩뿌리고 있지만 바위는 딱딱해지고 크랙도 안정되어 갔다. 등반은 5.8 정도 수준이 이어지고 인공등반도 많이 하게 되었다. 한동안 순조롭게 4피치 정도 루트를 뻗어나가자 많은 볼트와 로프가 눈에 띄었다. 시즈오카 팀의 최고 도달점이다. 어디서 조난했던 것일까, 느낌이 좋지 않다. 루트는 오버행 디에드르dièdre[65]로 뻗어 있다. 오늘은 15시간 이상 연속으로 움직이고 있다. 벌써 새벽 1시, 백야 속에서 심야 등반. 날씨는 급속히 나빠져간다. 아침부터 내린 가랑눈에 더해 강풍이 불기 시작한다. 연일 힘든 등반으로 손가락은 상처투성이. 쉬운 람페Rampe[66]를 왼쪽 위로 올라간 곳에서 비박한다. 이날 날씨는 특히 심한 난장판이었다.

5일째, 폭풍은 아침이 되었어도 멈추지 않았다. 포타레지는 삐걱삐걱 소리를 낸다. 피로도 쌓여 있어서 조금 더 자고 싶다. 정오가 조금 지났을 무렵 폭풍이 진정되지 않았지만 등반 개시. 5.9 크랙을 왼쪽 위로 올라간다. 속도가 붙지 않는다. 피로는 극에 달했다. 토르가 '웅 웅'대며 으르렁거리기 시작했다. 날씨는 나에게 덤벼들기 시작한다. 크랙을 세 피치만 오르고 등반을 중지한다. 오늘 비박은 비참 그 자체다. 포타레지는 그네처럼 흔들려 똑바로 식사도 할 수 없다. 자포자기가 되어 비상식량인 그래놀라granola[67]를 모조리 먹어버리고 만다. 내일은 반드시 제3밴드까지 가련다. 제3밴드까지 가면 물에 젖어 엉망이 된 장비를 정리할 수 있다. 게다가 형편없어진 놈노 넉넉히 쉬게 할 수 있나.

6일째, 예상대로 폭풍이다. 아침 6시 등반 개시. 갈 수 밖에 없다. 5.8 정도의 크랙을 너트로 에이드 클라이밍. 래더에 올라타도 날려갈 것 같다. 상처 입은 손가락은 부은 채로 언다. 손가락뿐만이 아니다. 모든 도구가 얼기 시작했다. 단독등반 시스템도 말을 듣지 않기 시작했다. 정말 무섭구나. 10시간 등반해서 제3밴드까지 앞으로 한 피치로 좁힌다. 마지막 디에드르는 밴드에서 쏟아지는 스노 샤워snow shower[68]가 격렬하다. 얼음 밑의 크랙을 더듬어 찾는다. 그리고 로스트 애로Lost Arrow[69]를 힘껏 때려 박아간다. 피로는 극한으로 가고 있다. 토르는 얼마나 나를 괴롭혀야 만족할 것인가. 빌어먹을 토르 녀석! 디에드르에 붙은 지 2시간 후 드디어 밴드에 도착. 이제 비틀비틀한다. 빌레이 포인트를 만드는 데 30분이나 허비했다. 언제나처럼 차가운 침낭으로 들어간다. 오늘은 웬일인지 강렬한 졸음이 덮친다. 이대로 잠들어버리면 영원히 깨어나지 못하는 것 아닐까… 잘 자.

7일째, 눈이 떠졌다, 살아 있다. 눈과 바람은 잦아들었지만 하늘은 두꺼운 구름으로 덮여 있다. 컨디션이 최악이다. 몸이 나른하다. 손가락이 두 배나 부풀어 올라 있고 발의 감각도 없어졌다. 지금 바로 등반하는 것은 무리다. 일단 헤드월의 정찰만이라도 해두자. 무릎까지 잠기는 러셀Russell[70]로 제3밴드를 왼쪽으로 트래버스 해서 간다. 미국 팀의 등반선은 멋지지만, 내게 남은 피톤 20개로는 부족하다. 앞으로 적어도 30개는 필요하다. 더 왼쪽으로 가자 일본 팀의 등반선이다. 이 루트는 침니chimney[71]를 택했기 때문에 얼음이 꽉 차 있다. 지금 상태로는 도저히 무리. 거듭 왼쪽으로 트래버스 해서 가다가 붉은 디에드르를 발견했다. 여기다, 여기라면 나의 테크닉과 장비로 빠져나갈 수 있다. 아마 5피치 정도면 갈 수 있을 것이다. 하루면 벗어날 수 있다. 이것이 마지막 벽이 되겠지.

모든 힘을 쥐어짰다

8일째, 햇살이 비친다. 이날만은 날씨가 내 편이 되어주는 것 같다. 남은 초코볼과 치즈를 입에 털어 넣고 출발. 새벽 2시다.[72] 예정대로 붉은 디에드르로. 이제 전력을 다할 수밖에 없다. 바위는 매우 위험한 상태였다. 언제 무너질지 모르는 이 위험한 바위를 프리로 올라가자 오버행과 맞닥뜨린다. 에이드로 바꾼다. 너트를 때려 박고, 스카이훅을 걸고, 내가 가진 모든 인공등반 기술로 차례차례 오버행을 넘어간다. 베이스캠프로 돌아가서 들었던 이야기로는 오버행을 넘는 내 모습을 쌍안경으로 확인할 수 있었다고 한다.

3피치 올랐을 때였다. 토르에서 두 번째 추락을 해버렸다. 가벼워진 홀백을 등에 지려고 했던 때다. 백이 손에서 미끄러졌다. 나는 본능적으로 백에 달려들어 양 팔꿈치를 바위에 세게 치면서 백과 함께 5미터 정도 추락했다. 백 안에는 침낭, 포타레지 따위가 들어 있었다. 아직도 무슨 일이 일어날지 모르는 벽에서 백을 떨어트리는 일은 곧 죽음이다.

15시간 이상의 연속 등반으로 드디어 능선까지 40미터로 좁혔다. 앞으로 한 피치! 한 피치 앞에서 지금까지의 고생은 모두 보상받는다.

오버행 느낌의 디에드르를 스테밍stemming[73]으로 1미터 1미터 고도를 번다. 아래를 보면 토르 밑의 모레인moraine[74]까지 단숨에 1,000미터 이상 떨어지고 있다. 엄청난 고도감이다. 에이드로 바꿔 10미터 정도 올라가니 이번 토르 서벽의 루트 중에서 가장 까다로운 구간에 직면했다.

붉은 색의 매우 무른 바위가 10미터쯤 이어져 있다. 덤으로 오버행이다. 나는 작은 너트를 신중히 배열해 나간다. 언제 빠져버린대도 이상하지 않은 물건이다. 붉은 벽을 7미터쯤 전진한 나는 결국 더 나아갈 수 없었다. 피톤, 너트가 먹힐 만한 크랙도 없거니와 스카이훅이라도 걸릴 만한 강한 모서리도 없다. 볼트를 쳐도 좋지만 지금 체중을 맡기고 있는 RP 1번[75]은 해머를 휘두르는 충격을 견딜 수 있을 것 같지 않다. 무엇보다도 겁나는 것은 빌레이 포인트로 삼고 있는 나이프 블레이드다. 만일 추락한다면 저 빌레이 포인트는 분명히 깨끗이 사라질 것이다. 퇴각도 불가능하다. 참으로 절체절명의 위기. 신이시여, 부처님이시여, 나를 죽이지 마소서! 얼굴을 바위에 기대 비벼대서 착란 직전의 자신을 되돌리려고 필사적이다. '침착해라, 이제 조금만 하면 끝난다.'

다시 얼굴을 드니 약점이 보이기 시작했다. 조그만 플레이크 두 개가 별안간 세로로 나타난다. 4번 프렌드를 쳐보니 한쪽 캠이 간신히 걸린다. 이제 이것밖에 없다. 만일에 빠지면 프렌드와 함께 모레인에서 산산조각 날 것이 확실하다.

발을 래더에 건다. 눈을 감고 체중을 싣는다. 고정되어 있었다. 바로 가장 상단 발걸이에 올라 러프RURP[76]를 치고 체중을 옮긴다.

'됐다. 살았다.'

정상 능선까지 남은 것은 70도 정도의 설벽뿐이다. 그것도 5, 6미터. 피켈이 없는 나는 두 손을 눈 속으로 처넣으며 전진한다. 로프 무게 때문에 몇 번이나 떨어질 뻔해가며 덮어놓고 오른다. 능선까지 앞으로 2미터, 1미터. 양손을 능선에 걸치고 남아 있는 모든 힘을 쥐어짜서 맨틀링 하듯이 끌어올린다. 가까스로 눈 위를 기어오른다. 모든 힘을 쥐어짰던 나는 일어설 수 없었다. 그저 눈앞으로 내가 모르는 암벽군이 빙하 위로 끝없이, 끝없이 이어져 있었다.

살아 돌아갈 수 있다. 두 사람과 다시 만날 수 있다. '슈퍼 솔로 클라이밍'은 성공했다. 눈 위에 대자로 누우며 가슴이 뜨거워지는 것을 느꼈다.

『岩と雪』131호_1988년 12월

배핀섬의 관문 프로비셔 베이에 있는 조그마한 비행장에서.
왼쪽이 사이토 다다시, 오른쪽이 다카하시 아키히라

1989

극한의 빅월 솔로.
죽으면 끝이라는 걸 알고 있지만
뭐라도 해야지.

무시무시한 고도감, 압도적인 헤드월, 어쨌든 물이 마시고 싶다, 이미 목이 바싹바싹하다… 혼자 엘 캐피탄에 붙긴 했지만, 머릿속은 이미 완등을 포기하고 있었다. 1984년 6월, 엘 캐피탄 실패이다. 아직 10대 시절이었다. 그리고 1988년 6월 북극권인 배핀섬, 고도차 1,400미터의 토르 서벽을 다 올랐다. 프리도 에이드도 어려웠다. 날씨도 나빴다. 하지만 토르 서벽 이상의 자극적인 등반이 아직도 가능하다는 것을 나는 산정에서 느꼈다.

고교 시절부터 시작했던 등반도 7년이 지났지만 이 7년 동안 전부 등반을 중심으로 생활해오고 있다. 어렸을 때부터 스릴 있는 일을 해보고 싶다는 욕구가 강했던 나는 고등학생 때부터 이미 솔로 클라이밍으로 향하게 되었다. 배낭에 단팥빵을 넣고 로프도 매지 않고 이치노쿠라—／沢[77]를 올랐다. 이럴 때부터 나는 어딘가에서 위험을 즐길 수 있게 되었다고 생각한다.

5.13이 오르고 싶어서 긴 루트를 무시하고 짧은 프리만 내달렸던 적도 있다. 그리고 최근 2년 해외에서 빅월을 솔로로 도전하게 되면서 산을 오르기 시작했을 무렵의 즐거웠던 감각이 다시 돌아온 것 같다. 전과 달라진 것은 지금은 완전히 방랑 클라이머가 되었다는 것과 도전하는 벽이 커졌기 때문에 그만큼 더 위험해졌다는 점이랄까? 친구들에게 "제일 먼저 천국에 갈 놈은 너다." 따위의 말을 듣는 처지다. 그렇다고 해서 그만둘 마음도 없다. 오히려 최근에는 차례차례 오르고 싶은 암벽이 나타나서 등반과 아르바이트 생활뿐인 미래의 불안을 해결할 틈도 없다. 완전히 빅월의 마력에 씌어 있는 것이다. 짧은 프리만 하고 있었다면 이렇게까지 클라이밍 중독이 심해지지 않았을 것이다. 왜 빅월인가? 더군다나 왜 솔로인가?

나는 딱히 솔로가 아니면 싫다는 것도 아니다. 그저 동네에서는 게으름뱅이에다 그다지 시원치 않은 내가 혼자 까다로운 암벽과 싸우고 완등하게 됨에 따라 조금은 강해졌다는 느낌에 익숙해진 것이다. 아마 그때만큼은 눈도 반짝이고 있을 것이다. 더욱이 세계의 큰 루트에 눈을 돌려보면, 강력한 클라이머 서너 명이 모인다면 불가능한 암벽은 줄어들기 마련이다. 그런 와중에 어려운 것을 추구해가다 보면 역시 둘, 또는 솔로가 된다. 솔로로 등반하게 됨에 따라 많은 과제가 나타나는 것이다. 하지만 단독등반에 대한 가장 많은 비판은 어느 등산보다도 위험하다는 것이다. 솔로를 집중적으로 했던 유명한 등반가는 모조리 죽었다. 해외에서는 레나도 카사로도Renato Casarotto, 니콜라 제제Nicolas Jaeger. 일본에서는 이오누마 마사히데青沼雅秀, 나카지마 마사히로中嶋正宏까지 차례차례 사라져갔다. 나 자신이 큰 루트를 솔로로 올라왔기 때문에 그들이 생각하고 있었던 것을 조금은 알 것 같다.

자기 관리에 엄격한 사람 같은 말투일지 모르겠지만, '죽으면 끝이라고는 알고 있지만, 뭐라도 해야 한다.' 아마 그렇게 생각하고 있었을 것이다. 하고 싶은 것을 얼버무리지 않았을 것이다. 이 흥미진진한 게임에서 죽지 않도록 실행하려면 먼저 언제라도 자신의 역량과 한계를 자각해 벽과 싸우는 것이 중요하다. 단지 이 정도의 룰이 지금 가장 중요하다고 여겨진다. 하지만 빅월 게임을 하는 클라이머는 줄어드는 것이 사실이고, 매우 서글프다.

나는 어느 쪽이냐 하면 일본에서보다 요세미티에서 등반의 즐거움과 지독함을 체험했고, 요세미티를 드나들 때마다 괴물 엘 캐피탄을 바라보고 있었기 때문에 짧은 프리부터 큰 루트에 적응할 수 있었다고 생각한다. 만일 일본의 경사가 약한 긴 루트에서 우물쭈물 등반을 하고 있었다면 허공을 떠돌아다니는 것 같은 빅월에 쉽게 적응할 수는 없었을 것이다. 처음 접했던 큰 루트인 엘 캐피탄의 조디악에서도, 피톤 한 번 박아본 적 없었던 내가 고생도 없이 오를 수 있었던 것도 요세미티의 짧은 프리를 통해 몸에 익힌 도전 정신과 클라이밍 테크닉 덕분일 것이다. 아무튼 처음 접한 큰 루트인 조디악은 귀중한 체험이었다.

이후 단독으로 올랐던 엘캡 러킹 피어에서는 솔로의 자유로움, 드류 서벽 프렌치 디레티시마에서는 큰 루트의 무서움, 토르 서벽에서는 자연의 힘. 모두 짧은 프리에서는 얻을 수 없는 굉장한 체험이었다. 앞으로도 몇 년은 등반을 계속할 것이다. 히말라야의 벽을 솔로로 마주할지도 모르겠다. 만일 그런 기회를 얻는다면 설벽에서 설벽을 잇는 것 같은 쉬운 루트가 아닌 진짜 등반을 노리고 가고 싶다. 다시 한 번 프리 클라이밍을 가다듬어 나의 클라이밍 그레이드를 향상하면서 큰 루트에 도전해가려고 한다. 이것이야말로 히말라야의 벽에서 진짜 클라이밍, 진짜 6급[78] 루트를 오르는 빠른 길이라고 생각한다. 죠가사키에서 5.10을 오를 수 없는 클라이머는 절대 히말라야에서 5.10의 등반을 할 수 없다.

마지막으로 올해 나의 계획이지만 겨울 파타고니아에 단독으로 도전하려고 하는데, 어디까지나 루트의 내용과 스타일에 신경 써서 가고 싶다. 비록 정상에 오르지 못하더라도 만족하는 등반을 하려고 한다.

『CLIMBING JOURNAL』 40호_1989년 3월_특집 마이 디어 클라이밍 라이프

성공률 30프로 정도라는 게 제일 재미있네

● **파타고니아에 간다죠. 어떤 계획인지 좀 듣고 싶습니다.**

5일 후에 일본을 출발합니다만, 세로토레나 피츠로이, 어디로 할지는 가봐야 해서….

● **네? 안 정했어요?**

아뇨, 전부터 '가야지, 가야지.'라고 생각하고 있었는데, 진지하게 계획한 것은 올해 5월 연휴가 지나고 나서부터라서요. 루트맵과 장비는 양쪽 모두를 준비하고 있어서, 세로토레라고 하면 남동 리지, 피츠로이라면 카사로토Casarotto 루트(북동 버트레스)나 동벽 어디쯤이겠죠. 하지만 이번엔 겨울이잖아요. 확실한 것은 아무것도 모르겠네요.

● **지금까지 겨울에 파타고니아로 들어간 팀은 있습니까?**

이탈리아 팀이 3년 전에 세로토레를 올랐고, 피츠로이도 2년 전에 아르헨티나 팀인가가 올랐다고 기억합니다. 그 외에도 네댓 팀이 들어갔다고 들었는데. 그래도 어쨌든 간에 정보가 거의 없는 것이나 마찬가지라서요. 어프로치가 어떻게 될지, 벽이 어떻게 될지, 어쩌면 베이스까지 도착하지 못할 수도 있어요.

● **게다가 단독이죠? 좀 무모하다는 느낌이 드는데.**

그래요? 나는 베이스까지 들어갈 수 있으면 어떻게든 되지 않을까라는 생각을 하고 있는데….

● 어떤 이유로 또 겨울에 가려고 하죠? 일단 여름에 한번 가보고 나서 같은 건 고려하지 않습니까?

그러면 재미없잖아요. 그래도 배핀에서 만났던 이탈리아 사람 이야기로는 여름만큼 바람이 거세지 않고, 날씨도 의외로 지속되는 것 같아요. 문제는 습기와 추위인데, 이게 어지간하다고는 하네요.

● 성공률은 어느 정도?

30프로 정도 아닐까요.

● 30프로!? 좀 너무 낮은 것 아닙니까?

그래요? 하지만 50프로였다면 안 갈 겁니다, 저라면. 벌써 시시해요.

● 그것 참 대단한 일이기는 한데… 좀 지나치게 무모한 것은 아닌지. 예를 들어 이 기사를 읽고 그런 클라이머가 속출한다면 어쩝니까?

음, 그래도 내 입장이라면 충분히 내려올 수 있는 자신이 있으니까요. 지금까지 경험으로 자신의 한계는 파악하고 있으니까, 로프와 장비만 있으면 반드시 내려올 수 있어요. 혼자라면 물러나기 쉽기도 하고.

● 이번 파타고니아는 어떤 어려움을 예상하고 있습니까?

뭐 수직의 벽에 베르글라verglas가 빽빽하게 붙어 있고, 서쪽에서 실컷 바람에 휩싸이고 있을 것 같은 상황은 머리에 떠오르네요. 다만 벽 자체의 어려움은 지금까지 엘 캐피탄, 드류, 토르까지 올라왔던 것과 그리 다르지 않을 거라고 생각해요. 어느 쪽이냐고 하면 벽을 오르고 있는 것보다도 설동 속에서 꼼짝 않고 기다리고 있는 이미지가 강하게 떠오르네요. 그쪽이 견딜 수 없을 것 같네요.

● 뭔가 특별한 트레이닝 같은 것은?

일상적인 프리 클라이밍과 조깅 정도랄까. 사실 트레이닝이고 뭐고 이번에는 저로서는 모르는 부분이 너무 많으니까요. 설동을 팠던 적도, 설피를 신어본 적도 없고, 아이스 클라이밍도 동계등반도 아주 조금밖에 해보지 않았어요.

● 그런데도 겨울 파타고니아에, 더구나 단독으로 간다? 미숙한 클라이머가 모두 같은 짓을 했다가는 죽는 사람이 끊이지 않겠어요.

그럴 수도 있죠…. 그렇게 말하니 곤란하네요.

● 아무래도 별 생각이 없어 보이니 어쩔 수 없겠지만….

아뇨, 그래도 집에선 제법 자기 관리가 되기도 해요. 방 정리를 한다든지, 야한 책을 버린다든지 해가면서….

● 어이구, 조금은 각오를 다지고 있는 건가?

실은 이번에 동기가 좀 불순해요. 드류며 토르 때는 순수하게 그 루트를 오르고 싶었지만, 이번에는 지난번의 '대단한 기록'이란 게 있어서. 그래서 그럴 거면 '겨울 파타고니아를 솔로로!'라고. 뭐, 말하자면 명예욕에 사로잡혀서죠. 그래서 이번은 좀 위험하려나 하는 예감도 드네요.

● 그런데도 간다?

갈 겁니다. 최초의 동기는 뭐라고 하더라도 지금은 순수하게 오르고 싶기 때문이죠. 하지만 지금 상황(6월에 시작한 폭동 때문에 아르헨티나 전국에 계엄령이 깔렸다)에서는 곤란하려나.

● 부담감이 있어 보이네요.

부담감이랄지 위험을 저는 즐기고 있으니까. 아니, 위험이라기보다 위험을 극복하는 것이랄까. 위험이 없다면 재미가 없겠죠. 그래서 어떤 벽에 갈 때라도 나름대로 부담감이 꼭 있어요. 배핀에 가기 전에는 꽤 엄격한 트레이닝을 했던지라 매주 있었죠. 장을 보고 슈퍼에서 나오든가 하면 바람이 막 차갑게 느껴지거나, 길거리의 음악이 막 크게 들리거나, 있잖아요? 그런 거.

● 이번에도 어지간히….

아뇨, 이번 경우는 아니에요, 아직까지는.

● 그래도 이대로 가면 어디선가 나오지 않을까요? 뭉개버릴 것 같은 놈이. 부에노스아이레스Buenos Aires에서든지, 푼타아레나스Punta Arenas에서든지….

LA도 그렇고요. 아무튼 이번에는 처음부터 완전히 혼자잖아요. 그런 것을 컨트롤하는 게 어렵겠죠. 그래서 나리타공항도 혼자 갈 겁니다. 안녕이란 말 따위를 듣는다면 최악일 테니까요.

다음은 안나푸르나 남벽이려나

● 그런데 야마노이 씨는 지금까지 큰 벽을 몇 개나 오른 셈인데, 빅월에서 가장 필요한 것은 뭐라고 생각합니까?

역시 그거겠죠. 즐기는 것이라고 생각해요, 등반 그 자체를. 예를 들어 40피치의 벽이라면 처음부터 끝까지 40피치라는 스케일에 압도당하지 말고 우선 4피치를 즐기자는 느낌이죠. 실제 오를 때는 휘파람을 불어가며 그런대로 즐기고 있어요, 저는. 그래서 이번 파타고니아도 지독할지는 몰라도 기본적으로는 즐기자는 마음으로 갈 겁니다.

● 그럼 조금은 마음이 놓이네요. 앞으로의 계획은?

뭐, 여행을 좋아하니까. 기본적으로는 '여러 곳의 커다란 벽을 다양하게 오르고 싶다.'라는. 그러니까 히말라야의, 구체적으로 안나푸르나 남벽 등을 고려하고 있어요. 겨울에, 솔로로라든지.

● 대단한 계획이네요.

그래서 이번 파타고니아는 그것을 위한 마지막 계단이라고 생각하고 있거든요.

● 마지막이란 말 따위는 안 하는 편이 좋겠어요.

아니, 어디까지나 단계로서입니다. 하지만 저의 경우, 계단이라면 모험을 하지 않고 착실히 밟아가는 것보다 큰 쪽이 좋아서요. 그쪽이 왈칵하는 감동이 있겠죠?

『CLIMBING JOURNAL』43호_1989년 9월_특집 세계의 빅월

짐을 올리는 중에 피츠로이(중앙)를 배경으로

피츠로이
동계 솔로

'89 7 6

1990

파타고니아 피츠로이

Fitz Roy Patagonia

아르헨티나 파타고니아, 폭풍의 대지로 유명한 이 땅에 감히 엄동기인 7월에 솔로로 도전했다. 1989년은 악천후가 지나갈 때까지 기다렸기 때문에 장기간에 걸친 고독을 견디지 못하고 실패. 그러나 1990년 재도전에서 태풍 같은 강풍과 영하 30도나 되는 추위 속에서 피츠로이 동계 단독 초등에 성공했다. 이 피츠로이에서는 기술적인 면보다 정신적인 면을 고려하게 해서, 또 배웠다는 기분이 든다.

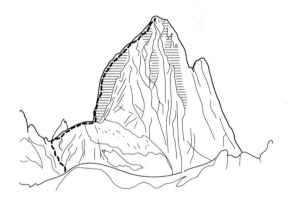

피츠로이 동면 전경.
왼쪽의 설면이 이탈리안 콜.
남서 암릉은 스카이라인
뒤쪽에 있다.

▲▲ 1990년 첫 번째 시도 중에 촬영했던 것. 이후,
두 번째는 솔로로 시작해서 두 번 비박으로 정상에 섰다.
▲ 1990년 첫 번째 시도. 이와타 미쓰히로와 여섯 피치째

1990

호송 차량이 고속도로를 지나가는 것 같은 굉음이
주변을 가득 채운 가운데, 내가 할 수 있는 것은
두 팔에 힘을 주고, 이를 악물고 견디는 것뿐이다.
"바람아, 속이 후련해질 때까지 불어라."

리오가예고스Río Gallegos로 향하는 비행기 안에서 단조로운 풍경을 바라
보며 작년의 등반을 회상하고 있었다.

정확히 1년 전 같은 항공편에 탔던 나는 겨울 피츠로이를 단독으로 해
보려는 커다란 야망을 가슴 가득히 채우고 있었다. 러닝도 충분히 해서 컨
디션을 조절했고 장비도 완벽했다. 하지만 실제로 베이스캠프에 들어가
보니 악천후를 흘려보내기 위한 나날의 기다림에 가슴이 먹먹해지는 것
같은 고독을 느껴, 겨울철의 파타고니아 등반은 예상했던 것 이상으로 힘
든 일이라는 것을 뼈저리게 깨달았다. 결국 빨리 마을로 내려가고 싶다는
생각에 굴복하고 말아서 만족할 만한 등반도 못하고 중지했다.

뜨거운 브라질의 코파카바나 해변에서 바다를 바라보며 맹세했다. '반
드시 되돌아간다, 불모의 대지, 폭풍의 대지 파타고니아로. 다시 겨울에,

그리고 단독으로⋯.'

이탈리안 콜로

1990년 6월 27일. 나는 넌더리내지 않고 피츠로이에 재도전하기 위해 다시 돌아왔다. 리오블랑코Río Blanco[80]의 분위기는 작년과 달라진 게 없었지만, 이번은 혼자가 아니다. 같은 일본 등반 클럽 소속의 이와타 겐지岩田堅司, 이와타 미쓰히로岩田光弘와 함께이다. 두 이와타 씨는 아메리칸 루트를[81], 나는 아르헨티나 루트를 할 계획이다. 작년과 다른 것은 식사가 풍성해진 점이다. 이 멤버라면 베이스캠프 생활도 훌륭히 해나갈 것이다.

6월 28일, 살살 짐 올리기를 한다. 이튿날부터 일주일 동안은 뻔한 악천후였다. 같은 카세트테이프를 몇 번이나 들으며 모닥불을 바라볼 뿐인 나날이다. 7월 14일에는 식료품을 보충하기 위해 아랫마을에 가려고 했지만 눈과 바람으로 길을 놓쳐 물러섰다.

그다음 날 아침 맑게 갠 하늘 아래 셋이서 짐을 올렸다. 암벽 공략을 위한 대량의 등반 도구·식료품·연료를 이탈리안 콜Italian Col까지 올려야 한다. 이날은 겨울치고 이상하게 기온이 높아서 러셀에 애를 먹었다. 어서 벽에 붙어서 두 팔을 펌핑하고 싶다고 생각하는 사이 파소 수페리오르Paso Superior[82]에서 밤이 되었다.

이튿날도 맑게 개었다. 단독등반이 목적이었기 때문에 내 컨디션에 따라서는 두 이와타 씨와는 별도로 행동하게 될 거라고 생각하고 있었지만, 날씨 사정도 있어서 언제나 함께이다. 저녁 무렵이 되어 겨우 이탈리안 콜에 이어진 쿨르와르의 베르그슈른트Bergschrund[83] 아래에 도착했다. 피츠로이 동벽이 눈앞에 있고 카사로토가 올랐던 북릉이 아름답다. 여기에서 보는 피츠로이는 어지간히 요염하다.

이튿날, 겐지 씨와 둘이서 쿨르와르에 로프를 고정하러 간다. 베르그슈른트 앞에서 로프를 함께 묶고 출발했다.

꼬박 하루 걸려 다섯 피치 오르고 로프 깔기를 마쳤을 때 중대한 실수를 알아차렸다. 크나큰 패배감이 들었다. 나 자신의 나약함에 진저리가 났다. 분명히 아직 암벽의 시작점까지는 가지 않았다고 하더라도 '어디까지나 단독으로'라고 고집하고 있었던 내가 다른 사람과 로프를 묶다니.

7월 18일, 대망의 이탈리안 콜로 올라간다. 여기서 비로소 아메리칸 루트, 아르헨티나 루트의 전체 모습이 눈에 들어온다. 루트는 매우 짧고 정상은 몹시 가까워 보인다. 하지만 쓰이타테이와衝立岩[85]보다 작아 보이는 이 피츠로이의 암벽이 실제로는 훨씬 거대하다는 것을 나는 알고 있다.

한동안 멍하니 보고 있는 사이에 날씨가 나빠져갔다. 서쪽부터 구름이 피어오르고 추위가 더해간다. 폭풍이 오는 예감이 든다. 리오블랑코로 일단 돌아가자.

미쓰히로 씨가 먼저 하강하고 있었다. 그때 갑자기 겐지 씨가 "이 이상은 내 실력으로 무리니까 그만둘게요."라고 했다. 나는 그저 "그래요?"라고 억지 웃음을 지으며 대답하는 수밖에 없었다. 몹시 힘든 하산이고 뭔가 처량함이 있는 하산이기도 했다. 파트너가 없어진 미쓰히로 씨와 함께 아메리칸 루트에 가기로 결정했다.

아직 승부는 나지 않았다

7월 20일 차가운 바람이 조용히 부는 밤, 나와 미쓰히로 씨는 다시 이탈리안 콜로 올라가기 위해 출발했다. 식료품도 연료도 충분하다. 이제 정상에 서기 전에 리오블랑코로 돌아갈 생각은 없다.

이튿날은 바람과 눈이 지독해서 대기. 그리고 22일, 처음으로 본격적인 시도를 해볼 시간이 왔다. 이른 아침 식료품을 꾸린 우리는 얼음 동굴氷洞[86]을 뒤로했다.

빙벽을 두 피치 횡단해서 아메리칸 루트로 들어간다. 선등은 맨몸, 후등은 배낭 하나를 메고 주마링 한다. 피치 그레이드는 쉽지만 루트 파인딩이 어렵다. 여섯 피치째에서 루트를 놓쳐 조금 시간을 까먹었지만 이후로는 순조롭게 등반을 진행했다. 크램폰을 부착한 등반이 즐겁게 느껴졌다. 그리고 저녁때, 새로 산 오버트라우저가 너덜너덜해질 것 같은 오프 위드 off width를[87] 올랐던 곳에서 첫 번째 비박을 했다.

이튿날은 눈. 시간이 지남에 따라 날씨는 나빠졌지만 그런 와중에 이어서 여섯 피치를 등반해서 루트를 이어갈 수 있었다. 그레이드는 V급이지만 오르는 것보다 강풍 속에서 빌레이 보는 쪽이 고통스러웠다. 멋진 비박 테라스에 도착한 무렵에는 눈도 뜨지 못할 정도의 바람과 눈으로 바뀌었다.

24일, 날씨가 점점 나빠져서 종일 이 풍동 실험실 같은 테라스에서 꼼짝하지 않기로 결정했다. 기관총으로 쏘는 것같이 바람이 들이친다. 온종일 버티려니 코피가 날 것 같다. 잠시라도 눈을 붙이려 했지만 그런 바람은 이루어지지 않았다.

25일, 바람은 전날보다 수그러들었지만 많은 눈이 계속 내리고 있다. 이 이상 오르는 것은 너무 위험하다. 분하지만 우리는 하강하기로 했다. 지쳐 있는 자신을 의식해가면서 두 피치 하강했더니 천만 뜻밖에도 푸른 하늘이 펼쳐져왔다.

'하지만 이제 먹을 게 없어. 게다가 기력도…. 아, 피티고리아이 날씨는 어쩜 이렇게 변덕스럽단 말이냐.'

이탈리안 콜로 되돌아가자 큰 문제가 생겼다. 미쓰히로 씨의 손가락이 동상으로 파랗게 변해 있다. 그는 같이 내려가 달라고 한다. 하지만 여기로 되돌아와 보니, 확실히 피곤함은 느껴졌지만 그만큼 투지가 솟아나기 시작했다. 단독으로 다시 도전해야 하나. 나의 등반 욕심과 여기부터 정상까지 암벽의 거리를 계산한다. 마음속으로는 아직 피츠로이와의 승부는 나지 않은 것 같다는 기분이 든다. 하지만… 아까부터 갈팡질팡하고 있다. 어쩌지. 어쩌지. 글쎄, 어쩐다.

맹렬한 바람 속의 비박

7월 26일, 단독으로 도전. 미쓰히로 씨는 리오블랑코에서 다시 만나기로 약속하고 내려갔다. 자, 시작은 곧장 치고 나가는 것이 중요하다. 정상적인 빌레이도 취하지 않고 벽을 오른다. 이제 뒤돌아볼 수 없다. 밤을 맞이하기 전까지 먼젓번 최고 도달점까지 단숨에 고도를 벌었다. 이미 세로토레의 꼭대기가 발밑에 있다.

한밤중에 깜빡깜빡 졸고 있는데 갑자기 맹렬한 바람이 덮쳐왔다. 역시 파타고니아는 호락호락하지 않았다. 첼트Zelt[88]를 뒤집어쓰고 있으면 날아갈 것 같아서 눈 딱 감고 첼트를 입는다. 피켈과 바일을 설면에 찔러 넣고 꽉 쥔다. 호송 차량이 고속도로를 지나가는 것 같은 굉음이 주변을 가득 채운 가운데 내가 할 수 있는 것은 두 팔에 힘을 주고 이를 악물고 견디는 것뿐이다.

'바람아, 속이 후련해질 때까지 불어라. 나는 그렇게 가벼운 마음으로 피츠로이를 오르고 있는 게 아니란 말이다.'

이튿날 낮쯤 바람은 수그러들기 시작했다. 이 정도면 갈 수 있다. 한나절 바람과 싸워왔기 때문에 몸이 맥을 못 춘다. 어려운 디에드르로 루트를 뻗어간다. 머리 쪽에서 신중히 행동하라고 명령이 내려오기 때문에 동작은 매우 느릿하다. 반들반들한 화강암에서 발톱이 뭉툭해진 크램폰은 자꾸 미끄러진다. 멋진 고개로 나온 곳에서 로프 두 줄을 고정하고 두 번째 비박을 위해 하강. 몹시 지친 몸을 테라스에 눕혔다.

하늘에 별이 보이기 시작할 무렵 지독한 고독을 느꼈다. 미쓰히로 씨는 무얼 하고 있을까. 아마 리오블랑코의 오두막에서 남미의 가이드북이라도 넘기고 있겠지. 겐지 씨는 어쩌면 어딘가의 마을 레스토랑에서 등심 스테이크라도 먹고 있겠지.

28일, 맑음. 간단히 식사를 마치고 출발했다. 전날 고정해두었던 로프를 주마링 하는데 몸이 심하게 지친 상태라는 걸 느낀다. 하지만 오늘은 분명 좋은 일이 있을 것이다. 등반은 한나절로 끝날 것이 분명하다.

경사가 완만해지고 암릉으로 나오자 정상이 보이기 시작했는데 결코 쉬워 보이지는 않는다. 암탑을 몇 개나 어려운 프리로, 아니면 에이드로 넘는다. 그럭저럭 올해는 내가 이긴 것 같다.

12시 30분, 눈이 하나도 없는 정상에 도착. 생각 이상의 감격은 아니다. 남아 있는 체력과 긴 하강을 고려하면 너무나도 높은 곳까지 올라와버렸다는 느낌이 들어 불안해진다. 이삼 분 만에 정상을 뒤로했다. 조금 내려가 정상을 뒤돌아봤을 때 비로소 "결국 해냈다."라고 나지막한 목소리가 나왔다.

하강은 예상대로 까다로워서 힘을 쓰게 했다. 한밤중에 이탈리안 콜에서 잠시 휴식한 후, 리오블랑코까지 몇 번이나 몇 번이나 굴러가며 계속 내려갔다. 이번은 모험이 조금 지나쳤던 것일까.

29일 16시, 리오블랑코의 오두막 앞으로 왔다. 오두막에서는 모닥불 연기가 피어오르고 있다. 문을 엶과 동시에 나는 쓰러지고 말았다. 부축해줬던 것은 여행을 떠났을 것이 분명했던 겐지 씨였다. 미쓰히로 씨의 건강한 얼굴도 있었다. 먹을 것 따위는 거의 없을 것이라고 생각했던 오두막 안에는 빵, 우유, 비스킷도 산더미처럼 있어서 그것을 봤을 때 나는 '여기라면 죽어도 좋겠는걸.' 하는 마음이 들고 말았다.

*『岩と雪』*143호_1990년 12월

1989년, 이탈리안 콜 바로 앞에서 설동을 파고 일주일 가까이 꼼짝 않고 머물렀다.

히치하이크와 로컬 버스로 브라질에. 이구아수 폭포. 1989년

솔로로 해야 추억으로 남는 등반이 된다

● **작년은 고독에 굴복했다고 했는데?**

베이스캠프에 혼자 있는 것 자체가 정신적으로 고됐어요. 매일 준비 태세로 자지만 일어나 보면 눈. 그래서 또 취침. 기압계의 오르내림에 휘둘리고 있는 것처럼 아무것도 안 하고 대기하고 있는 게 고통이었죠. 라디오의 배터리는 나가버렸지, 대화도 없지. 오르고 있다면 좋을 테지만 작년에는 열흘 기다렸다 하루 움직이는 식의 페이스였으니까요. 그런 생활이 이어지면 힘들어요. 긴장감이 없으니까. 기다리기만 하는 건

● **이번엔 동료도 두 사람 있으니까….**

딱히 파트너가 돼달라고 부탁한 건 아니에요. 올해 한 번 더 간다고 하니, 꼭 파타고니아에 가고 싶다고 한 게 두 사람이니까. 피츠로이에서 제일 쉬운 건 아메리칸 루트니까 그들은 거기를, 나는 아르헨티나 루트를 노리자고.

● **처음엔 같이 오르고 있었죠?**

이번엔 '어디까지나 솔로'라는 데에 연연할 정도는 아니었어요. 작년에 실패했으니까 우선 정상에 꼭 서자고. 만일 셋이서 아메리칸 루트를 올랐다면 그걸로 끝났을지도 모르죠. 정말로 솔로를 하려면 다른 클라이머는 데

리고 가지 않는 게 좋아요. 같이 가면 고작해야 베이스캠프나 지키고 있으려나.

● 과정보다 결과를 중시했다?

그런 건 아니지만, 저는 그때까지 긴 루트라도 노렸다가 실패한 적은 없었어요. 작년이 처음이죠. 2년 연속 실패한다면 알파인 클라이밍에서 은퇴할까도 생각하고 있었어요.

● 그래도 작년은 낙빙으로 로프가 절단됐던 거잖아요.

내가 오르려는 마음이 있었다면 남은 10미터 로프로도 올라갔을 거예요. 그때가 세 번째 시도였는데, 리오블랑코의 오두막을 나설 때 '이게 마지막이다, 성공해도 실패해도 마치면 하산하자.'고 마음먹고 있었으니까요.

● 그것이 고독에 굴복했다는 것?

맞아요. 식료품도 부족했고, '네 번째, 다섯 번째라는 건 이제 그만 하자.' 라는 기분이었어요.

● 애초에 겨울에 파타고니아를 노려보자고 했던 계기는?

전부터 가고 싶다고는 생각하고 있었어요. 피츠로이에서 솔로는 여름에는 있었지만 겨울은 아직 없었으니까, 조금 모험을 해보고 싶어져서. 겨울철은 한 번 등반되었을 뿐이라서 혼자 한다면 가치가 있을 거라 생각했죠. 그래서 『가쿠진岳人』에 나왔던 가와스미 다카아키川澄隆明 씨의 겨울 파타고니아 기사를 읽고 대강 상황을 알게 되니 '이거 갈 수 있겠는걸.' 해서.

● 피츠로이 동계 초등은 아마 86년에 수퍼쿨르와르에서 올랐던 아르헨티나 팀….

그들은 꽤 심한 동상에 당했다고 들었어요. 아마 그때 리더는 재작년(1988)에 세로토레에서 돌아오는 길에 강에서 죽었죠?

● 에두아르도 브레너Eduardo Brenner.

네, 맞아요. 그 사람 부인은 아르헨티나 클라이머인데, 둘이서 피츠로이에 올랐고 세로토레도 정상 머시룸Mushroom 아래까지 올랐다는, 실비아 피츠패트릭Silvia Fitzpatrick이라고 했어요.

● 그런데 87년에 염원하던 5.13을 오르고 나서 엘 캐피탄의 A3, 드류 서벽까지 갔죠? 예를 들어 빅월이라면 A5를 솔로로 가도 이상하지 않을 텐데, 그다음 해에 배핀섬의 토르 서벽, 그리고 피츠로이로 향했던 이유는?

토르가 되었든 피츠로이가 되었든, 혹독한 자연조건 속에서의 등반이겠죠? 주변 풍경이란 것이 꽤나 중요해요. 저는 반쯤은 여행자니까. 사이먼 앤 가펑클Simon & Garfunkel의 「엘 콘도르 파사El Condor Pasa」를 들으면서 광대한 팜파스Pampas를 어프로치 해서 가는 게 뭔가 멋지잖아요. 그런 점이 감성적이거든요. 게다가 원래 내가, 올랐던 산의 컬렉션을 바라보고 뿌듯해하는 타입이라.

● 동계 파타고니아는 무엇이 문제인가요?

바람이죠. 날씨가 나쁘다는 건 하계 기록에도 자주 나오지만, 위쪽이 아니라면 움직이지 못할 정도로 심한 날은 그리 없어요. 바람은 역시 엄청납니다. 등반 중에 백 로프 끝이 항상 머리 위에 있을 정도로 날립니다. 그래서 좀 더 섬세한 프리 클라이밍은 할 수 없어요. 아무래도 인공등반으로 하게 되기 때문에 스피드가 둔하죠.

● 솔로의 장점은?

날씨가 나빠도 돌입하고 싶을 때라든가, 맑게 개었어도 내려가고 싶어질 때가 있죠. 그게 꽤나 빈번하니까 파트너와 이견을 좁혀가는 걸 견딜 수 없는 때가 있어요. 역시 자유롭게 하고 싶으니까요, 내 페이스대로.

● 이전에 그런 일로 고생해서?

예전에 일본의 겨울 산에서. 스스로 만족하려면 솔로가 좋아요. 내 경험으론 여러 가지로 힘들더라도 솔로로 해야 추억으로 남는 등반이 됐어요. 게다가 나는 파트너가 있으면 의지해버리는 편이기도 해서. 내가 가진 것에서 30프로 정도밖에 실력이 안 나와요.

● **그건 지금까지 제대로 실력이 팽팽한 파트너와 오르지 않아서는 아니고?**

음, 히라야마 유지 군이 프리를 그만둔다면 같이 오를지도 (웃음). 지금까지 몇 사람인가 팀을 짜서 올랐지만, 내 쪽이 정신적으로 강하다고 생각했어요. '좀 더 버텼어도 좋지 않나.' 하는 느낌이 들었던 사람이 많았어요. 그래도 그건 지향점이 다른 탓이었을지도 모르죠. 지금 일본의 알파인 클라이밍 상황에선 스스로를 자극해서 계속해 나가기가 꽤나 어려울 겁니다. 해외 등산을 가는 사람은 아주 많지만, 일본인은 좀 더 모험을 해도 좋겠죠? 한 해에 한 번은 큰 등반을 하겠다는 목적의식이 없으면 휩쓸려가 버리죠.

● **같은 수준으로 생각하고 있는 사람이 적은 것이 섭섭한가?**

별로 섭섭하지는 않아요. 저는 다른 사람이 그러건 말건 스스로 모험을 이어갈 거니까요. 설령 이런 일을 하는 사람이 일본에서 나 혼자만 남는다고 해도 해나갈 거예요, 장비만 팔고 있어준다면.

● **구체적인 다음 목표는?**

아직 모르겠네요. 저는 돈이 모이지 않으면 아이디어가 나오질 않거든요. 돈이 없을 때는 생각도 나질 않아요. 절반 정도 모였을 쯤, 『岩と雪』이며 『VERTICAL』 따위도 보고서, '앗, 이거다.'라고 한다든지. 엘캡과 드류 다음에는 배핀섬, 파타고니아라는 목표가 있었지만 지금은 언뜻 생각만 하고 맙니다.

● **트랑고 같은 곳은?**

화강암 빅월은 엘 캐피탄의 연장선이라서 좀 놔두고, 지금은 오히려 해본 적이 없는 것을 시도해보고 싶은 마음이 듭니다.

● **고소 등산?**

글쎄요. 토모 체센Tomo Česen의 로체 남벽 같은 것은 고소를 알고, 거기다가 믹스mix[89]가 불량한 등반을 소화하지 못하면 불가능하죠.[90] 그래서 내년에는 알프스에서 믹스 벽을 오르는 데 좀 더 집중해볼까 하고.

● 고소는?

한번 가보고 싶네요. 노멀 루트라도 좋으니까. 아무튼 저는 6,200미터보다 높은 곳에 가본 적이 없으니까. 한번 가보면 거기가 어떤 곳인지 알 수 있겠죠. 자신이 먹히는지를 알 수 있으면 그걸로 족하죠.

● 지금 몇 살인가?

스물다섯. 딱 전환점이라 프리에도 조금 미련이 남았어요. 레벨업 하려면 지금밖에 없으려나 해서.

● 이것도 하고 저것도 하는 건 어렵죠.

네. 피츠로이에서 돌아오는 길에 리우데자네이루Rio de Janeiro에서 클라이밍을 했는데 저런 생활을 한 뒤라서 높은 그레이드는 힘들었어요. 5.12-까지밖에 못 올랐어요. 리오블랑코에서는 볼더링도 할 수 없었고, 그 주변 나무에서 턱걸이 하는 정도? 나중엔 오두막 안에서 스트레칭만 하고 있었죠. 몸은 아주 유연해져 있었지만. 원래 저는 프리 클라이밍을 소질이 있어서 하고 있었던 게 아니라서 등반하고 있지 않으면 바로 망가져요. 지금은 모두들 레벨업 하고 있으니까 나도 한 번 더,라고 생각하는 게 있어요. 다만 프리만 하고 있으면 정신적인 면에서 알파인 클라이밍에 적합하지 않게 되니까요.

『岩と雪』143호_1990년 12월

파타고니아로 가는 여로

II

Vertical Life

히말라야의 날들

1991

파키스탄
브로드피크

Broad Peak Karakoram

이 브로드피크가 최초의 고소 등산이었던 동시에 처음이자 마지막으로 대규모로 치른 히말라야 등산이기도 했다. 이때 브로드피크의 발토로 빙하 카라반에서는 이후에 도전하기로 한 매력적인 가셔브룸 IV봉이며 K2 등을 아주 가까이서 볼 수 있었다. 이 등산에서는 정상에 섰던 기쁨과 동시에 고소에서 몸이 어떤 식으로 반응하는지를 이해했고 무엇보다도 히말라야, 알파인 스타일, 솔로라는 구체적인 커다란 목표를 가지게 된 것이 기뻤다. 그 뒤 브로드피크의 노멀 루트 등정만으로는 만족하지 못했던 나는, 일본에서 새로 찾아 온 멤버 두 사람과 함께 기나긴 발토로 빙하로 다시 되돌아가 발토로 캐시드럴 Baltoro Cathedrals 남벽의 빅월 클라이밍에 도전했다. 그러나 멤버의 컨디션이 무너졌기 때문에 아쉽게도 물러날 수밖에 없었다.

콩코드에서 바라본 브로드피크

◀ 1991년 여름, 마침내 꿈꾸던 카라코람에
▼ 첫 8,000미터 고봉. 고소에서 먹히는지 자신을 시험해보는 여행

캐시드럴 남벽

메라피크 서벽은 표고차 1,600미터를 직등하는 라인을 취했다.
도중에 검은 구간이 나타나는 5,700미터를 최고 도달점으로

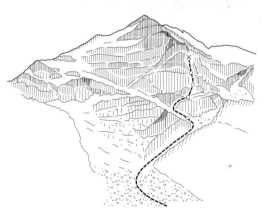

1992

네팔 아마다블람
서벽 솔로

Ama Dablam West Face Himalaya

11월에 메라피크Mera Peak 서봉 서벽에 도전
했지만 실패. 그 뒤 추워지기 시작했던 12월
에 에베레스트에서 그리 멀지 않은 아마다블
람 서벽을, 탈이 나서 컨디션이 나빴음에도 새
루트에서 솔로로 성공했다. 로프를 사용했던
것은 불과 50미터 정도고 그 밖에는 70도에
가까운 빙설의 사면도 확보 없이 돌진했다. 평
소부터 나는 기술, 체력, 정신력 무엇 하나 자
신하지 못했지만 부담감이 있는 상황에서 한
걸음 내디딜 수 있는 용기를 가지고 있던 것이
큰 강점이었을 것이다.

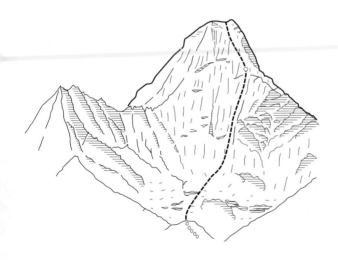

▶ 아마다블람은 야심적인 클라이머를 고무하는 산.
서벽에는 과거 세 줄기의 등반선이 그어져 있었다.

서벽 6,300미터 부근에서 남서릉(노멀 루트)으로 합류했다. 새 루트의 발자국이 보인다.

아마다블람에서 히말라야 최초의 솔로 클라이밍을 마치고

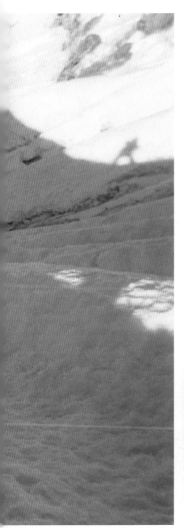

하산 후, 아마다블람 서벽을 배경으로 볶음밥을 먹는다.

고리키

Porter on Mt. Fuji in Winter

1991년부터 시작했던 고리키強力[91] 일은 11년간 이어졌다. 후지산 정상의 기상관측소로 짐을 올렸다. 나무 지게에 식료품 등 30킬로그램의 짐을 동여매서 적설기인 7개월 동안 오른다. 때때로 풍속 30미터, 영하 25도라는 혹심한 상황이 되는 때도 있었지만 히말라야 등반을 위한 좋은 체력 훈련이 되기도 했고, 무엇보다 네팔의 셰르파처럼 희박한 공기에 적응하는 신체로 바꿀 수 있었다. 또한 산꼭대기에서는 엉덩이 글리세이딩으로 하산하는 일이 빈번했지만 이치고메一合目[92]까지 1시간 만에 활강했던 기록이 있다.

8,000미터에는 모자라지만 훌륭한 생김새, 가셔브룸 IV봉. 정면은 남벽, 능선 오른쪽이 동벽

1993

파키스탄
가셔브룸 IV봉, II봉

Gasherbrum IV / II Karakoram

동경했던 가셔브룸 IV봉 동벽에 솔로로 도전했지만 실패
했다. 표고 7,925미터라는 높이, 표고차가 1,500미터
나 되는 미답의 동벽에 막연한 공포를 느껴 정상을 900
미터 남기고 중도에 포기할 수밖에 없었다. 그 후 목표를
바꾼 가셔브룸 II봉(8,035m)은 등산 그 자체는 즐거웠지
만 쉬운 노멀 루트로는 어딘가 부족함을 느끼고 말았다. 역
시 나에게는 어느 정도 기술적인 어려움과 올 수 있을지
없을지 모르는 미지의 요소가 반드시 필요한 것 같다.

II봉 정상에서. 안쪽으로 K2가 떠 있다.

▶ IV봉 동벽을 배경으로. 동벽은 1996년 한국 팀, [93]
2017년 영국 팀 등도 시도했지만,
아직 완등으로 볼 수 없다.
▼ 베이스캠프에서

알프스 마터호른 북벽

Matterhorn North Face Alps

초오유 원정의 트레이닝을 위해 7년 만에 유럽 알프스를 찾았다. 믹스 클라이밍 능력을 연마하고 싶었다. 당초에 그랑드조라스Grandes Jorasses 북벽의 어려운 루트인 롤링 스톤즈 Rolling Stones 단독등반을 고려했지만 기온이 높아 그야말로 낙석의 위험이 커져서 포기했다. 체르마트로 이동한 후 마터호른 북벽 슈미트 Schmid 루트를 올랐다. 어려운 루트는 아니라서 하루 만에 왕복할 예정이었다. 그러나 파트너인 다에코妙子가 어깨에 낙석을 맞아 속도가 떨어지게 되어 북벽 중간에서 하루 비박하고 나서 정상에서 내려왔다.

8,000미터 고봉의 까다로운 벽, 새 루트, 알파인 스타일, 그리고 솔 로라는 최상급의 등반을 마주했다. 국내에서의 트레이닝에도 상당히 시간을 들여 몸 상태는 최고였다. 불과 5킬로그램의 배낭과 함께 출발. 비박은 7,500미터에서 한 번뿐, 등반 중에는 로프를 한 번도 쓰지 않았다. 9월 23일 16시, 표고차 2,200미터의 남서벽을 다 올라 고요한 정상에 섰다. 커다란 꿈 하나가 실현되는 순간이었다. 이 등반은 내가 세 손가락 안에 꼽는 베스트 클라이밍이다.

7,500미터 지점에서 티베트 쪽의 산들을 바라본다.

초오유 남서벽. 9월 21일. 왼쪽의 설벽에서 붙어,
상부의 암벽을 우회해 정상으로 빠졌다.

7,000미터를 넘긴 고소에서 나타나는 믹스 벽의 기나긴 트래버스

저녁 무렵 초오유의 꼭대기.
맞은편으로 에베레스트 북벽

표고차 2,200미터의 믹스
벽을 60시간 만에 다 올랐다.
황혼을 맞이하는 정상에서

야마노이 다에코山野井妙子와
엔도 유카遠藤由加
두 사람은 1990년에
쿠르티카 등이 남서벽에
열었던 루트의 제2등을 달성했다.

초오유의 성공은 출발점이기도 했다.

당시의 수기.

'나는 이제부터 더더욱 크고 어려운 벽에 도전할 것이다.
왜냐하면 그것이 나 자신의 알피니즘이며, 등산이라는 모험을
소중히 여기는 마음의 발로이기도 하기 때문이다.'

요세미티 살라테와 로스트 인 아메리카

The Salathé & Lost in America El Capitan

화강암 빅월, 엘 캐피탄. 지금은 멋진 프리 루트를 여러 클라이머가 꿈꾸지만 당시에는 피톤이며 스카이훅을 구사하는 에이드 루트도 활발하게 도전하고 있었다. 포타레지로 5박해서 올랐다. 그레이드 A5인 로스트 인 아메리카는 볼트에 의존하지 않고 바위의 구조를 주의 깊게 관찰해 필요한 최소한의 에이드 수단으로 오르는 즐거움을 배웠다. 등반 후에는 토드 스키너Todd Skinner[94] 등이 프리화 한 살라테(5.13b VI)[95]에 도전했지만 실력 부족으로 헤드월은 에이드에 의존할 수밖에 없었다.

◀ 살라테 ▲ 로스트 인 아메리카

1995

파키스탄
부블리 모틴 남서벽

Bubli Motin Southwest Face Karakoram

훈자Hunza 지방에 솟아 있는 아름다운 암봉. 별명 레이디핑거Ladyfinger. 손가락같이 가늘고 날카로운 빅월에 다에코, 나카가키 다이사쿠中垣大作와 함께 셋이서 도전했다. 포타레지에서 비박을 거듭하고 100킬로그램 이상의 짐을 올려가며 양질의 화강암에서 12일간 수직의 여행을 즐겼다. 이 등반에서 팀워크 등은 완벽했지만 문제가 하나 생겼다. 식료품이 여유가 없어서 모두 상당히 살이 빠져버렸던 것이다. 그런 이유로 완성했던 루트를 라마단(단식)이라고 이름 붙이기로 했다.

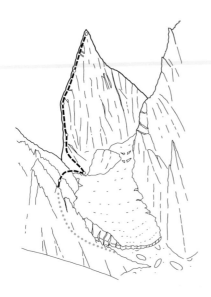

▶ 시작점에서 올려다본 거대한 암벽.
남서벽은 표고차 약 700m, 5.10, A3+,
23피치의 암벽등반

부블리 모틴(6,000m)은 울타르 사르Ultar Sar(7,388m) 지릉 위의 봉우리이다.
암벽 아랫부분까지는 낙석이 많은 쿨르와르를 더듬어 간다.

마침내 정상 바로 아래.
북측에서 등반되었지만 남서벽으로는 처음이다.

압도적인 고도감. 완벽한 팀워크로 수직의 여행을 만끽

캡슐 스타일capsule style [96] 등반.
세 사람이 각자 포타레지를 설치.
저녁밥을 나눠준다.

칼처럼 얇게 벗겨낼 것 같은 꼭대기에서

크랙이 잘 발달하지 않아서
어려운 페이스 등반을 강요했다.

남 알프스 동계종주

Southern Japanese Alps Winter Traverse

마칼루 서벽을 위한 지구력 트레이닝으로 겨울 남 알프스의 전산종주를 계획해서 텐트며 침낭 없이 가벼운 차림으로 도전했다. 구로토오네黑戸尾根[97]부터 시작해서 가이코마가다케甲斐駒ヶ岳, 센죠가다케千丈ヶ岳, 시오미다케塩見岳를 넘었을 때 헤드램프의 배터리가 나가서 하는 수 없이 가시오鹿塩[98]로 하산했다(사진은 시오미다케 북벽). 50시간 정도 걸렸다.

현재까지 히말라야를 상정해서 다양한 지구력 트레이닝을 실시해왔다. 특히 인상 깊었던 것은 북 알프스의 요코오横尾[99]에서 사흘간 카보하이드레이트 로딩carbohydrate loading[100] 후에 스타트해서 눈사태 위험이 높은 뵤부이와屏風岩 이치 룬제ㅡルンゼ[101]를 전력으로 빠져나와 IV봉 정면벽을 올라 마에호타카前穂高[102] 정상에 도달 후, 요코오에 되돌아올 때까지 23시간 만에 일주한 등반이었다.

1996

네팔
마칼루 서벽

Makalu West Face Himalaya

히말라야 최대의 과제로 여러 해 동안 언급되고 또한 여러 우수한 클라이머들을 물리쳤던 서벽에 도전했다. 이는 클라이머인 나로서도 최대의 꿈 중 하나였다. 그러나 결과는 아쉬웠다. 치명적인 실패 요인은 낙석에 맞은 것이었지만, 그 이전에 나는 거대한 서벽을 오를 자격을 갖추고 있지 않았던 데다가 계속해서 산의 기세에 압도당하고 말았다. 가까운 미래에 저 오버행 서벽을 오를 클라이머가 나타날 것이 틀림없고, 그러기를 기원하고 있다.

지금도 미답을 뽐낸다.

표고 7,800미터보다 위쪽에
드러나는 헤드월에 석양이 부딪친다.

1981년, 보이테크 쿠르티카, 알렉스 매킨타이어Alex MacIntyre 등 당시 세계 최강 팀이 도화선이 된 마칼루 서벽에 솔로로 도전. 두 번째 시도에서 머리에 낙석을 맞아 7,500미터가 최고 도달점이 되었다.

프리 솔로

Free Solo

오쿠타마奧多摩[103]에 살고 있었던 당시, 집에서 가까운 고이자와 버트레스越沢バットレス[104]며 히카와 뵤부이와氷川屛風岩[105]에서 가끔 로프를 묶지 않고 혼자 오르곤 했다. 한순간 실수하면 모든 것이 끝장인 프리 솔로이건만, 등반 중에서도 가장 예술성이 높은 분야일 것이다. 또한 오르기를 마친 순간의 안도감은 특별하다. 실제로 이치노쿠라자와一ノ倉沢며 오가와야마小川山에서의 프리 솔로는 지금도 선명히 기억하고 있다. 프리 솔로는 기술 수준이 높은 클라이머라고 해서 누구나 가능한 것이 아니다. 바위를 붙잡은 감각과 스탠스stance에 서 있는 감각을 예민하게 만들고 등반에 모든 것을 집중해야 한다. 또한 추락에 대한 공포심이 있어서는 안 된다. 쿠숨캉구루Kusum Kanguru 동벽을 프리 솔로로 오를 수 있었던 것은 이 집중력이 끊긴 적이 없었던 덕분일 것이다.

▲ 히카와 뵤부이와 토라바가니トラバガニ(5.11b)
▶ 고이자와 버트레스 제1슬랩

베이스캠프에서 쿠숨캉구루 동벽.
하부 600미터는 암벽, 상부 600미터는 빙설벽

이어지는
꿈

1998

네팔 쿠숨캉구루
동벽 솔로

Kusum Kanguru East Face(New Route)
Himalaya

표고차 1,200미터, 미답의 쿠숨캉구루 동벽
을 솔로로 완등했다. 어려운 바위가 몇 구간이
나 나타났지만 로프를 쓰지 않고 프리 솔로로
돌파하고 22시간 연속 등반으로 한밤중에 정
상에 섰다. 나의 방대한 등반 이력 중에서도 가
장 기술적으로 높은 수준의 등반이며, 스스로
의 알파인 클라이밍의 미래로 이어지는 좋은
등반이었다고 생각한다. 그런 의미에서도 만족
도가 컸다. 이 쿠숨캉구루 성공에 의해, 다시 히
말라야에서 커다란 모험을 이어갈 자신감이 돌
아왔다고 생각한다.

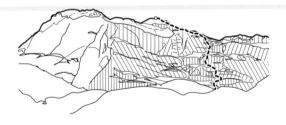

▶ 쿠숨캉구루 동벽은 메라피크 서벽과 마주보
고 있다. 조용한 베이스캠프

1998

2년 연속 실패했던 히말라야 등반에
드디어 종지부를 찍게 되었다.
확실히 실패를 통해 얻을 수 있는 것도 있지만
성공해야만 얻을 수 있는 것도 있다.

1996년 가을, 몇 년 동안이나 마음속에 품고 있던 최대의 목표인 마칼루 서벽은 오르지 못했지만 실패했던 일에 대한 마음을 정리하고 다시 산으로 향하기 시작했다. 오르는 일, 그것이 전부였다.

나에게는 산에 오른다는 행위야말로 인생 그 자체. 웅대한 자연 속에서 바위와 눈, 그리고 얼음에 과감하게 돌진하는 클라이머는 진정 동경의 대상이자 이상적인 모습이다.

* * *

어느 날, 여느 때처럼 다음 산을 찾으려고 뒹굴거리며 집에 있는 상당량의 자료를 뒤지고 있던 중, 『히말라야 알파인 스타일』[106]이라는 책에서 사진 한 장과 짧은 캡션이 얼핏 눈에 띄었다. '이 남봉이 샹카르Shankar, 오른쪽으로 보이는 북봉이 가우리Gauri이다. 이쪽을 마주보는 음지의 벽은 티베트 쪽으로 떨어진 동벽으로, 아직 미등이다.' 여기서 힌트를 얻은 나는 가우리의 티베트 쪽을 맹렬히 알아보게 되었다. 한 달 동안 여러 사람에게 물어보니 거의 사람이 들어가지 않은 땅이었음에도 무려 두세 장의 사진을 입수하는 데 성공했다. 북벽은 언제 무너져도 이상하지 않은 몇 개의 불안한 세락sérac[107]을 가지고 있는 설면, 동면은 물러 보이는 붉은 바위와 눈이 믹스된 퍼즐 같은 복잡한 벽이었다. '가우리 동벽 알파인 스타일 솔로'라는 멋진 계획이 서서히 머릿속으로 떠올랐다. 내가 가우리 동벽을 한다면 다에코는 실력 좋은 클라이머와 북벽에 도전하게 될 것이다. 이것은 항상 필연적인 흐름이었다.

1997년에 해외에서 실시할 구체적인 계획이 완성되었다. 6월은 미국에서 프리 클라이밍 투어, 7월은 페루 안데스에서 빙설 트레이닝, 그리고 9월에 본게임인 가우리샹카르Gauri Shankar[108]로 향한다. 내가 생각해도 어지간히 좋은 계획이라 기대감이 가득했다.

6월, 아메리칸 포크American Fork[109]라는 암장부터 시작한 프리 클라이밍 투어는 렌터카로 여러 주州를 돌며 오랜만에 그레이드 5.13a를 최고로, 몇 루트나 5.12를 올라 내 나름대로 좋은 성과가 있었다고 생각한다. 실제로 약 한 달 동안이나 프리 클라이밍에 집중했던 것은 정말 몇 년 만이라서 행복하고도 행복한 나날이었다. 근육을 잃는 고소 등산과 프리 클라이밍의 양립은 어렵기는 하지만 어떤 분야라도 오르는 일은 즐겁다는 것을 새삼스럽게 통감했다.

페루 안데스는 모든 면에서 기분 좋은 여행이었다. 산기슭에 있는 와라스Huaraz 마을은 너무나 분위기가 좋아서 등산기지로 유명한 프랑스 샤모니보다도 마음에 들었다. 사람들이 상냥한 데다 레스토랑의 식사도 싸고 맛있었다. 산은 피스코Pisco 남벽이며 완도이Huandoy 동봉 남동벽 등의 중급 루트를 즐겼는데, 히말라야를 위한 트레이닝으로는 최고의 장소였다고 생각한다. 또한 스페인어를 못하는 나와 다에코가, 함께 지냈던 요리사와 대화가 안 되는 생활까지도 즐거운 추억을 만들어주었다.

가우리샹카르로

8월 하순, 우리는 가우리샹카르를 목표로 일본을 출발했다. 멤버는 네 명. 내가 동벽을 솔로로, 그리고 다에코와 이와타 미쓰히로가 팀을 이뤄 북면에 도전한다. 거기에 더해 베이스캠프 매니저로 이노우에 사토시井上智司가 참가했다. 준비를 위해 네팔 카트만두의 호텔로 들어갔던 나는 전에 올랐던 산과 마찬가지로 서서히 가우리에 집중하기 시작했다. 8월 25일의 일기에는 '올해는 작년에 실패했던 만큼, 반드시 오르고 싶은 마음이다. 그러나 정말로 오를 수 있는 컨디션일 때 올라야겠지. 자주 확인하는 것이 필요하다.'라고, 또한 27일에는 '약점을 찾아내자. 겁에 질려 있으면 약점도 보이지 않는다. 커다란 벽에는 반드시 약점이 있다. 그리고 운에 맡기지 말자. 자기 자신의 머리와 힘으로 해결하자.'라고 썼다. 그렇게 여기까지는 순조롭게 진행되고 있었다.

소수의 등산 팀밖에 입산한 적이 없는 땅으로의 카라반은 고생이 말도 못했음에도, 9월 4일에는 야크를 방목하고 있는 풀이 많은 4,500미터 지점에 베이스캠프를 만들 수 있었다. 몬순이 끝나지 않은 듯 보였고, 몹시 구름이 많아서 목표인 가우리 동면의 전체 모습이 보이지 않는다. 자료로 가지고 있던 사진보다, 온난화의 영향 때문일까, 약점이 되는 눈이 매우 적은 것이 사실이다. 그러나 나는 '내일부터 산에 집중하자. 올해는 마지막까지 포기하지 않을 테다.'라고 마음을 다잡았다. 하지만 아쉽게도 며칠 후, 동면을 정찰하려고 향했는데 예정하고 있던 루트는 낙석 위험이 너무 많았다. 물러 보이는 붉은 바위 위로는 눈이 비늘처럼 조금 쌓여 있을 뿐이다. 과거의 등반에서는 결국 오르지 못했던 93년의 가셔브룸 IV봉 동면과 비슷하다. 나는 제1목표인 동면을 포기할 수밖에 없었다. 알파인 스타일의 등산에서는 몸은 물론이거니와 산의 상태가 최상일 때 외에는 도전을 중지하는 것이 올바른 선택일 것이다.

카르카의 청년

등산 그 자체는 어지간히 잘 진행되지 않긴 했지만, 베이스캠프에서의 생활은 이후에도 마음에 남게 된 독특하고 멋진 체험이었다.

우리는 현지의 스태프 없이 멤버 네 사람으로만 생활하고 있었다. 식사는 한 평 반 정도의 갑갑한 키친 텐트 안에서 내가 가지고 온 골동품인 포에부스Phoebus[110] 가솔린 스토브 하나로 조리한다. 안타깝게도 티베트에 들어왔을 때 샀던 연료의 질이 나빴던지, 첫날부터 노즐이 막혀버리기 시작했다. 게다가 며칠 후에는 예열을 해도 불꽃이 일지 않게 되어 늘 쓰레기 따위로 스토브 주변을 둘러싸고 그것을 태워가며 마치 텐트 안에서 캠

네팔 롤왈링Rolwaling의 명봉 가우리샹카르는 티베트 쪽의 정보가 거의 없다.

프파이어 하듯이 하지 않으면 스토브 본체에 불꽃이 일지 않았다.

어느 날 예열을 하기 위한 쓰레기도 떨어져 난감했을 때 다에코에게 좋은 아이디어가 떠올랐다. 베이스캠프 주변에는 야크 똥이 얼마든지 있다. 우리는 곧바로 부지런히 새로 싼 부드러운 야크 똥을 모아서는 티베트 사람들이 하듯이 돌 위에다 말렸다. 그 똥을 스토브 주변에서 태우면서 조리하자는 아이디어였다. 연기는 엄청나다. 하지만 좁은 텐트 안에서 숨 막히는 야크 똥 연기 속에 눈물을 흘려가며 먹는 밥은 현대인인 우리에게 잊을 수 없는 즐거운 추억이 되었다.

또 어느 날은 근처에서 방목하고 있던 티베트 청년이 베이스캠프에 찾아왔다. 그는 텐트 출입구로 나와 있는 인스턴트 라면 봉지를 가리키더니 끊임없이 뭔가를 말한다. 우리는 난처했다. 물론 무얼 말하고 있는지는 알 수가 없다. 맨 처음에는 '라면을 원하는 건가?'라고 생각했지만 그게 아니었다. 인스턴트 라면 봉지가 갖고 싶었던 것이다. 말은 통하지 않았지만 뜻은 통하는 것이다. 어느 나라에 가더라도 이것은 똑같다. 그는 싱글벙글하며 우리에게 받은 쓰레기를 방목용 집인 카르카Kharka로 가지고 돌아갔다.

그런 우연한 일이 있은 다음 날부터 그는 매일 베이스캠프에 오게 되었다. 우리에게 답례로 선물을 주려고. 야크 치즈, 그리고 우리가 가장 질색하는 티베트 차를 날라다 주는 것이다. 새콤한 야크 치즈는 아주 소박한데 맛있다. 하지만 세계 어디를 가든 맛있게 먹고 마실 수 있는 나라고 해도 버터와 암염을 섞은 티베트 차만큼은 넘어가지 않는다. 그런데도 그는 하필 앞으로 있을 등산에 꼭 필요한 티타늄 보온병에다 그 차를 듬뿍 넣어주는 것이다. 그것도 매일. 하지만 그의 호의를 거절할 수 없었기에 얼굴을 찡그려가면서도 우리는 고맙게 받았다.

또 어느 날은 티베트 차의 주인공이 나를 카르카에 초대해주었다. 다른 멤버가 때마침 외출해서 심심풀이 삼아 흔쾌히 놀러 갔다. 카르카 안은 생각보다 넓어서 세 평 정도 되어 보인다. 당연히 맨 처음 대접은 티베트 차이다. 세 잔 정도는 맛있는 척해가면서 억지로 잔을 비웠다. 다음으로 그는 15센티미터의 네모난 장난감 같은 녹색 저금통을 가미다나神棚[111] 같은 곳에서 가지고 오더니 공손한 표정으로 내용물을 보여주었다. 뚜껑을 열자 우표 크기만 한 달라이 라마의 너덜너덜해진 사진이 들어 있었다. 대화는 할 수 없었지만 그가 '압니까?'라는 듯한 몸짓을 해서 '물론 압니다.'라는 의미로 싱긋해 보이자, 지금까지 본 적 없는 환한 웃음이 그의 얼굴에 가득했다.

내가 다시 저금통 속을 들여다보니 거기에는 마치 썩어버린 듯한 껄쭉한 갈색 액체가 샌 건전지 세 개가 들어 있었다. 그런 나를 보더니 그는 두꺼운 이불 속에서 낡은 라디오를 소중하게 끄집어내고는 슬픈 듯이 소리가 나지 않는다는 몸짓을 했다. 점검해보려고 배터리를 넣는 뚜껑을 열어보니 거기에도 껄쭉한 누액투성이의 배터리가 들어 있었다. 배터리가 모자란다는 사실을 설명하는 것은 어려운 일이기도 했지만, 심정적으로는 훨씬 괴로운 일이었다. 안타깝게도 우리는 배터리를 딱 세 개만 가지고 와서 그의 라디오에 필요한 단 하나의 배터리가 없었던 것이다.

그 후 한 시간 동안 함께 먹고 마시고 했을 것이다. 이제 슬슬 베이스로 돌아갈까 하고 일어서자, 마지막으로 그는 새콤하고 맛있는 야크 치즈를 선물로 가져가게 했다. 그에게는 아무런 의미도 없는 등산이라는 행위를 하는 나를 그가 어찌 생각하는지는 모르겠지만, 우리에게 조그마한 우정이 싹트고 있었다는 것만은 분명했다.

* * *

등반은 조금씩이나마 진전되어 동면을 포기했던 나는 다에코, 이와타 팀과 함께 눈이 많은 북면을 공략했다. 어프로치는 실소가 나올 것 같은 상

태였다. 겹산철쭉 정글을 배낭이며 야커Windjacke를 걸러가며 돌파하거나 가파른 가레^{ガレ} 골짜기를 겨우 풀을 붙잡아가며 오른다. 북면 빙하의 시작까지는 마치 역사책에 나올 법한 탐험 여행이어서 히말라야 등반이라는 현대적인 말과는 동떨어진 길이었다. 그래도 우리는 나름대로 그 여정을 즐겼다. 북벽 자체는 대단히 위험한 놈이었다. 깊고 부드러운 눈 속에 감춰진 무수한 크레바스며, 우리를 위에서 덮어버릴 듯이 서 있는 언제 무너져도 이상할 것 없는 세락 등. 밤에 자고 있을 때 따위에는 사방팔방에서 기분 나쁜 눈사태 소리가 울렸다. 그리고 9월 20일, 나와 다에코가 마지막으로 도전하기는 했지만 6,100미터 부근을 끝으로 이 러시안 룰렛 같은 가우리샹카르 북벽 등산을 포기할 수밖에 없었다.

나의 심정은 이런 것이었다. '마칼루에 이은 2년 연속 히말라야 등반의 실패. 이런 적은 처음이다. 지금까지도 작았던 자신감이 더 작아져버렸다. 다음은 무엇을 바라야 하나. 무리하게 바라고 있는 것은 아니다. 지금 오르고 싶은 것은 진심이다. 지금 나에게는 음식보다 물보다, 한 줄기 루트가 탐난다. 이대로라면 자신이 망가질 것 같다.' 베이스캠프를 철수할 때 일기에 이런 말들을 남겼다. 거기에 보태 돌아가는 비행기 안에서 쓴 일기에서는 나는 최고가 아니다, 최악이다. 다른 클라이머는 성공하고 있는데 나만 실패하고 있다. 기초가 튼튼하지 않다. 테크닉이 부족하다. 스피드가 없다. 적응력이 없다.'라고. 충격이 상당히 컸다.

자신을 확인하는 등반

1998년 봄, 나는 네팔의 6,000미터 봉우리 중 미답인 쿠숨캉구루 동벽으로 향하고 있었다. '이번에야말로,'라고 절실하게 성공을 바라긴 했지만 결코 쉬운 방법으로 등산할 마음은 없었다. 자신을 확인할 수 있는 등산을 해야 하기 때문이었다.

요 몇 년 알파인 클라이밍의 세계에서는 슬로베니아에서 훌륭한 능력을 갖춘 클라이머들이 많이 등장하고 있었다. 특히 슬라브코 스베티치치 Slavko Svetičič며 파블레 코즈예크Pavle Kozjek 등은 별로 일반에게 유명하지는 않지만 단독으로 민첩하게 까다로운 루트를 성공해 나에게 시대를 앞서가는 듯한 등반을 느끼게 해주었다. 딱히 라이벌로는 생각하지 않지만 자극 받고 있는 것은 사실이다. 그들처럼 등반하고 싶다.

그래서 고른 것이 쿠숨캉구루 동벽이었다.

4월 14일, 등산하러 오는 사람이나 트레커가 찾는 일이 없는 조용하고 기분 좋은 장소에 베이스캠프를 설치했다. 멤버는 결코 쉽다고 할 수 없는 노멀 루트로 향하는 다에코와 이노우에 씨, 그리고 미답의 동벽은 나, 베이스캠프에는 네팔인 쿡 한 명이다. 바위 위에서 뒹굴며 구름 사이로 어른거리는 푸른 하늘을 바라보고 있으면 내 자신이 이 네팔의 산들에 잘 어울린다는 것이 실감난다. 좋은 동료와 조용한 산에 있으면 행복했다. 하지만 날씨는 아쉽게도 엘니뇨의 영향인지 밤에는 눈이 내려 매일같이 텐트를 새하얗게 만들었다. 시도할 기회는 어림도 없어 보여서 낮에는 읽기 좋은 책을 읽든가 밥만 먹는 나날을 보냈다. 수북이 담은 네팔 음식인 달밧 Dal Bhat[114]과 종합 비타민제 덕분인지 우리의 컨디션은 좋았다. 4월 19일 일기에는 이렇게 썼다. '시도 전이라 기분이 조금 들떠 있다. 이 모험을 즐기자는 마음과 미지의 세계를 보려는 욕구에 솔직해지자. 이 산이 마칼루며 가우리에서 실패했던 기분을 덜래줄 것이다. 이 산행은 앞으로 큰 등반으로 나아가는 과정이자 나 자신의 재생을 의미하고 있다.'

나의 생일날인 4월 21일 오전 4시, 홀로 동벽을 향해 출발했다. 이번에도 특별한 전략은 아무것도 없다. 태양의 움직임에 주의하고 장비를 최소한으로 해서 알파인 스타일로 정상을 노릴 뿐. 이 미답의 동벽은 하부 600미터가 암벽, 상부 600미터는 주로 얼음과 눈으로 구성되어 있다. 낙석의 위험을 피하기 위해서라도 스피드를 늦출 수는 없다. 무거운 등산화로 차례차례 기술적으로 어렵고 손 붙일 곳이 부족한 암장을 넘어간다. 무시무시한 고도감이다. 걸리적거리는 돌을 뒤로 던지자 튀어 오르면서 아득히 아래까지 조용히 떨어져간다. 상부의 빙설지대는 눈사태의 위험을 피하기 위해 해가 기울 때까지 테라스에서 쉬다가 기온이 떨어진 저녁때부터 오르기 시작했다. 하지만 밤에는 초승달이라 루트를 잡는 것과 자신이 있는 곳조차 정확히 판단하기도 어려울 정도의 어둠으로 바뀌었다. 하지만 등반의 스피드는 거의 떨어지지 않는다. 자신을 확인하는 등반은 시원한 공포와 함께 서서히 고도를 올려 어느샌가 별이 총총한 하늘 아래서 뒤쪽에 어렴풋이 보이기 시작했던 P43도[115] 바라보는 여유가 생겨났다.

이번은 잘되어간다. 꼭대기까지 고도차 약 200미터의 마지막 오르막은 특별히 감동적인 것은 아니었지만, 차갑고 섬뜩하게 불그스름했던 하늘은 동쪽 상공에서 천둥이 번쩍여, 내 자신이 이 커다란 자연 속에서 몹시 보잘것없는 존재란 것을 충분히 느끼게 해주었다.

정상 직전에서 불필요한 장비를 남겨두고 찬바람 속의 능선으로 나아간다. 몸의 밸런스, 다리의 움직임, 모든 것이 완벽하다. 그리고 마침내 베이스캠프를 나선 지 22시간 뒤인 새벽 2시, 나는 쿠슘캉구루 정상에 천천히 아이스 바일을 꽂아 넣었다. 주위에는 이 꼭대기보다도 높은 산들이 건너다보였지만 마음은 충만해져 있었고, 놀랍게도 몸은 아직도 힘이 넘쳐흐름을 느꼈다.

2년 연속 실패했던 히말라야 등반에 드디어 종지부를 찍게 되었다. 확실히 실패를 통해 얻을 수 있는 것도 있지만 성공해야만 얻을 수 있는 것도 있다.

이렇게 해서 나는 다시 꿈을 이어갈 수 있었다.

『山と渓谷』850호_2006년 3월호

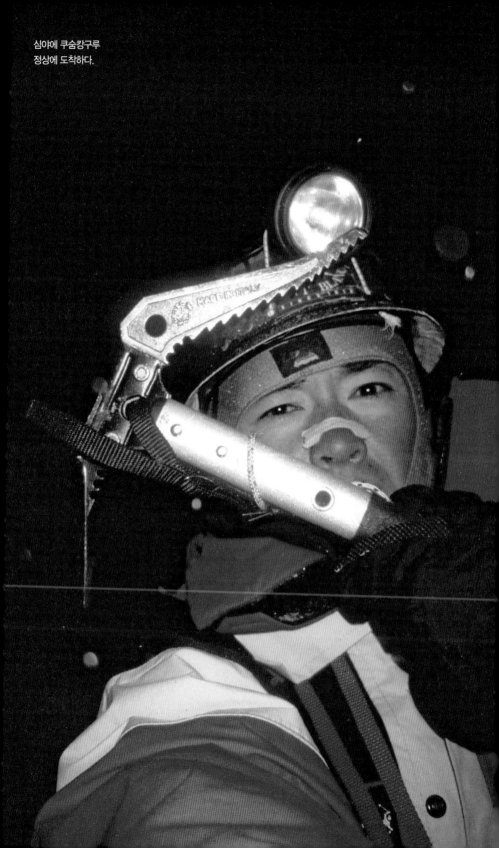

심야에 쿠슘캉구루
정상에 도착하다.

1998

네팔 마나슬루 북서벽

Manaslu Northwest Face
Himalaya

마나슬루의 북서벽을 아는 사람은 거의 없다. 사진 등의 자료도 부족했고, 어프로치 할 때는 덤불을 헤쳐 길을 열어가며 베이스 캠프를 향해 갔다. 베이스캠프에서 올려다보는 마나슬루 북서벽은 매우 불안해 보였고 눈사태가 발생할 가능성이 컸지만 야심 때문이었을까, 도전을 포기하려 들지 않았다. 우리는 거대한 눈 사태에 휩쓸렸다. 300미터는 떨어졌을까. 눈 속에서 빠져나올 수 있었던 것은 기적에 가까웠을지 모른다. 무릎이며 발목을 빼어서 복잡하고 위험한 빙하를 기어서 베이스캠프로 되돌아갈 수밖에 없었다. 당연한 것이지만 위험하다고 느낀다면 물러나는 용기가 필요했다.

무수한 세락을 걸치고 있는
섬뜩한 마나슬루 북서벽

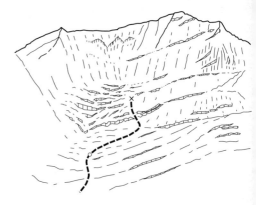

CHRONICLE

마나슬루 북서벽도 정보가 없는 지역.
표고 3,700미터의 베이스캠프에서
갈기갈기 찢긴 빙하를 걸어 정찰을 떠났다.

1999

파키스탄 소스분 무명봉
Sosbun nameless Peak Karakoram

1999년은 표고는 낮더라도 아름다운 미답봉을 목표로 파키스탄과 네팔에서 활동했다. 파키스탄에서는 등산팀이 거의 들어간 적이 없는 소스분 빙하에 있는 소스분 타워라는 미답의 암벽으로. 하지만 밤에 자고 있을 때 포타레지가 부서져버려서 어이없이 하산. 다음으로 노렸던 6,000미터 무명봉은 비박 장비 없이 도전. 상부는 급경사인 데다 바위도 어려웠고, 등반 속도까지 늦어져서 쏟아지는 잠과 싸우면서 해낸 24시간 논스톱 등반이 되었다. 그러나 바인타브락Baintha Brakk이며 라톡Latok 등 동경하는 어려운 봉우리들을 바라보며 하는 상쾌한 등반이기도 했다.[116]

10월에는 존경하는 쿠르티카와 함께 네팔의 도끼라고 불리는, 피라미드처럼 아름다운 미답봉의 북벽에 도전했다.[117] 완등을 놓치기는 했지만 대단히 흥미진진한 등반이기도 했다.

◀ 소스분 타워 실패 후 무거운 홀백을 끌고 하산한다.
▶ 소스분 무명봉 정상 능선에서

인적 드문 빙하 깊숙이 조용히 솟아 있는 소스분 타워

2000

파키스탄
K2 남남동 립 솔로

K2 South-Southeast Rib
Karakoram

세계 제2의 고봉, 8,611미터, 동경하던 K2로 향한다. 첫 번째 목표인 미답의 동면은 쿠르티카와 도전했지만 악천후에 막혀 실패. 그 후 남남동 립을 솔로로 도전. 도중에 허리까지 잠기는 깊은 눈에 시달리기는 했지만 베이스캠프에서 48시간의 스피드 클라이밍으로 정상에 서는 데 성공했다. 기술적으로는 대부분 만족하지 못했지만 초고소라는 저산소 환경에서 스피드를 떨어트리지 않는 운동능력, 특히 심폐기능을 유지하는 집중력에는 나 스스로가 놀랐다.

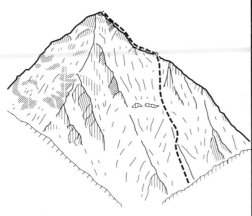

▶ 꼭대기에서 오른쪽으로 뻗은 스카이라인이 노멀 루트, 오른쪽 어깨의 돌기에서 직선에 가깝게 떨어지는 산줄기가 남남동 립. 남남동 립은 남동릉보다 평균 경사가 심하고 난도도 높다.

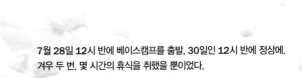

7월 28일 12시 반에 베이스캠프를 출발, 30일인 12시 반에 정상에.
겨우 두 번, 몇 시간의 휴식을 취했을 뿐이었다.

▶ 발밑으로 펼쳐진 중국의
6,000미터 산들
▼ K2 동벽. 중앙 리지에
등로를 찾아 세 차례 시등

2001

파키스탄
비아체라히 타워
중앙봉 남벽

Biacherahi Tower South Pillar
Karakoram

쿠르티카, 다에코, 나, 이렇게 세 사람은 카라
코람 촉토이|Choktoi 빙하에 고층빌딩처럼 솟아
있는 빅월, 비아체라히|Biacherahi [118] 타워 중앙봉
남벽(5,900m 5.10 A2)을 올랐다. 루트 이름을
재패니즈 폴리시 피크닉|Japanese Polish Picnic[119]
이라고 붙일 정도로, 까다로운 암벽은 아니었
지만 정상에서 아름다운 풍경을 보면서 이야기
를 주고받은 우리는 충분히 행복한 기분을 맛
보았다.

▶ 당초에 쿠르티카와 '히말라야 최후의 과제'[120]
라는 라톡 I 봉(7,145m) 북벽을 노렸다(사진 중앙
의 리지). 그러나 연일 강설로 컨디션이 나빠서
단념했다.

촉토이 빙하 깊숙이 솟은
비아체라히 타워 전경

크랙이 발달한 비아체라히 타워
중앙봉 남벽. 1인당 25킬로그램
의 짐을 지고 차근차근 오른다.

버티컬 피크닉을 마치고

쿠르티카와 원정은 세 번째에 달한다.

2002

티베트
갸충캉 북벽

Gyachung Kang North Face
Himalaya

네팔과 티베트의 국경에 요새처
럼 묵직한 자세를 취하고 있는 갸
충캉. 표고 7,952미터. 나와 다
에코는 표고차 2,000미터인 북
벽, 슬로베니아 루트의 제2등을
노리고 여느 때처럼 알파인 스타
일로 덤벼들었다. 결과적으로 등
정하기는 했지만 악천후에 붙들
려 우리는 한계까지 내몰렸다. 위
험한 상태로 비박했고, 아무것도
먹지 못하는 날들, 눈사태, 추락,
동상까지 모든 난관이 덮쳤지만
베이스캠프로 돌아오는 데 성공
했다. 동상으로 손가락을 잃었음
에도 자신이 가지고 있는 지식, 기
술, 체력, 정신력을 모조리 꺼냈던
훌륭한 등반이었다고 생각하며
만족하고 있다. 귀국 후에는 등반
을 계속 이어가는 것을 포기했던
순간이 일시적으로나마 찾아왔
다.

▶ 고소 적응을 향해서

176

CHRONICLE

가충캉 북벽. 당초에는 북동벽 단독등반을 목표로 했으나 눈사태 위험성이 높아서 목표를 바꿨다. 북벽은 1999년, 안드레이 슈트렘펠Andrej Štremfelj 등의 슬로베니아 팀에 의해 알파인 스타일로 초등되었다.

기분 나쁜 눈구름이 걸린 가충캉

슬로베니아 루트의 제2등에 다에코와 함께 도전했다.

처절한 탈출행이 되었다. 서로 찍어준 사진

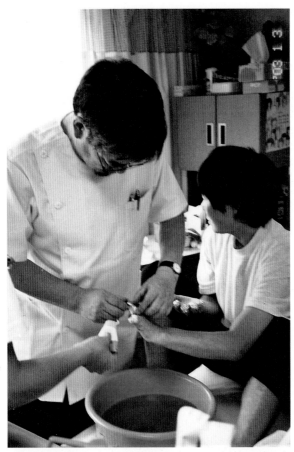

4개월에 걸친 입원 생활. 알루미늄 포일 치료를 하는[121] 의사 가네다 마사키[122]|金田正樹

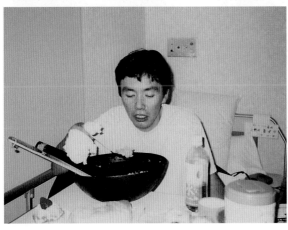

병실에서 지인이 만들어준 볶음밥을 먹는다.

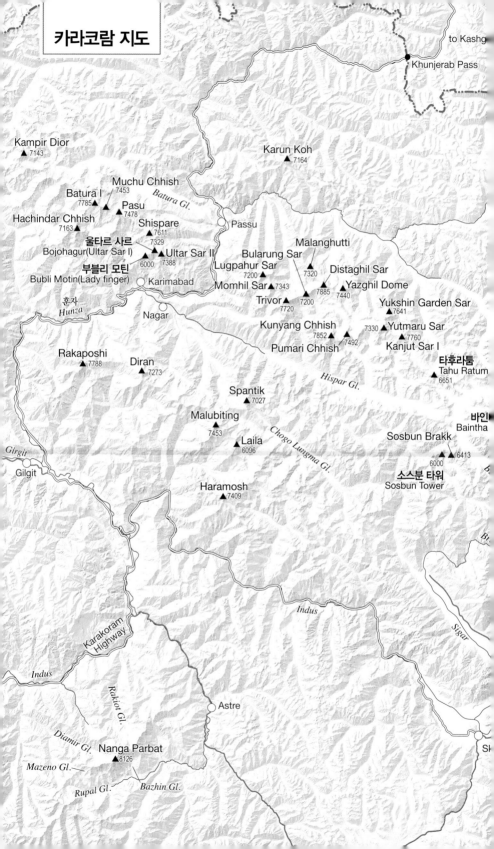

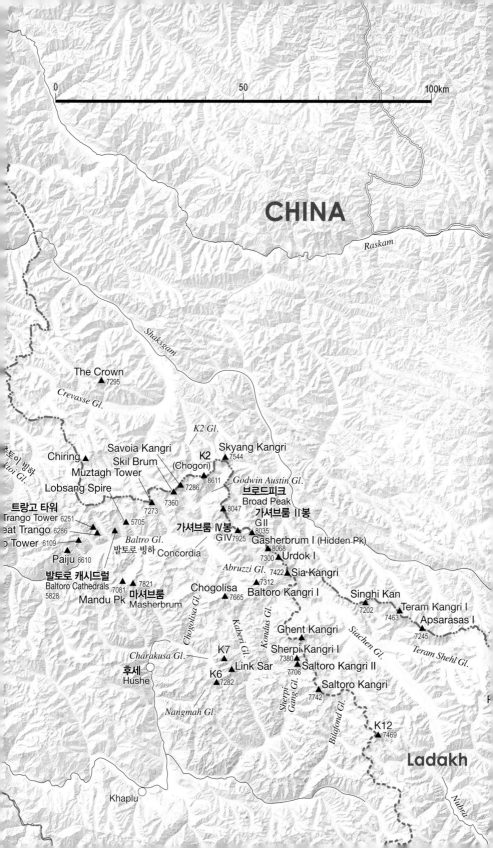

CHINA

Raskam

0 50 100km

Shaksgam

The Crown
▲ 7295

Crevasse Gl.

K2 Gl.

톤토이 빙하
utoi Gl.

Chiring ▲

Savoia Kangri
Skil Brum
Muztagh Tower

K2
(Chogori)
8611

Skyang Kangri
▲ 7544

Lobsang Spire

▲ 7286
▲ 7360
▲ 7273

Godwin Austin Gl.

브로드피크
Broad Peak
▲ 8047

가셔브룸 II봉
G II
8035

트랑고 타워
Trango Tower 6251
eat Trango 6286
o Tower 6109

▲ 5705

Baltro Gl.
발토로 빙하

가셔브룸 IV봉
G IV 7925

Concordia

Gasherbrum I (Hidden Pk)
▲ 8068

Paiju 6610 ▲

Urdok I
▲ 7300

Abruzzi Gl.

Sia Kangri
▲ 7422

Singhi Kan
▲ 7202

발토로 캐시드럴
Baltoro Cathedrals
5828

▲ 7081 ▲ 7821

Mandu Pk 마셔브룸
Masherbrum

Chogolisa
▲ 7665

▲ 7312
Baltoro Kangri I

Teram Kangri I
▲ 7463
Apsarasas I
▲ 7245

Chogolisa Gl.

Kaberi Gl.

Kondus Gl.

Ghent Kangri
▲

Siachen Gl.

Teram Shehl Gl.

후세
Hushe

K7 ▲

Link Sar ▲

Sherpi Kangri I
7380 ▲

Saltoro Kangri II
7706

Sherpi Gang Gl.

Saltoro Kangri
7742 ▲

K6
▲ 7282

Nangmah Gl.

Charakusa Gl.

Bilafond Gl.

K12
▲ 7469

Ladakh

Khaplu ○

Nubra

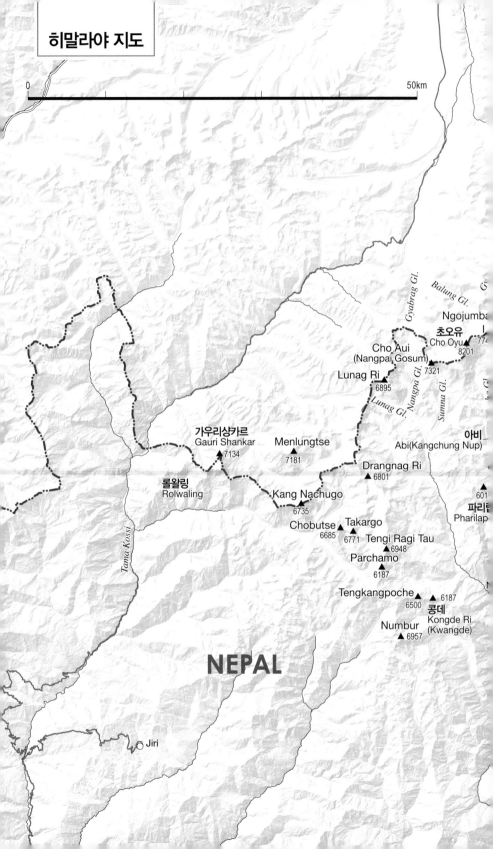

히말라야 지도

0   50km

Gyabrag Gl.

Balung Gl.

Ngojumba

초오유
Cho Oyu
8201
774

Cho Aui
(Nangpai Gosum)
7321

Lunag Ri
6895

Nangpa Gl.

Sumna Gl.

Lunag Gl.

아비
Abi(Kangchung Nup)

가우리샹카르
Gauri Shankar
7134

Menlungtse
7181

Drangnag Ri
▲ 6801

롤왈링
Rolwaling

601
▲
파리l
Pharilap

Kang Nachugo
▲
6735

Chobutse
6685 ▲

Takargo
▲
6771

Tengi Ragi Tau
▲ 6948

Parchamo
▲
6187

Tama Kossi

601

Tengkangpoche
6500 ▲

▲ 6187

콩데
Kongde Ri
(Kwangde)

Numbur
▲ 6957

NEPAL

○ Jiri

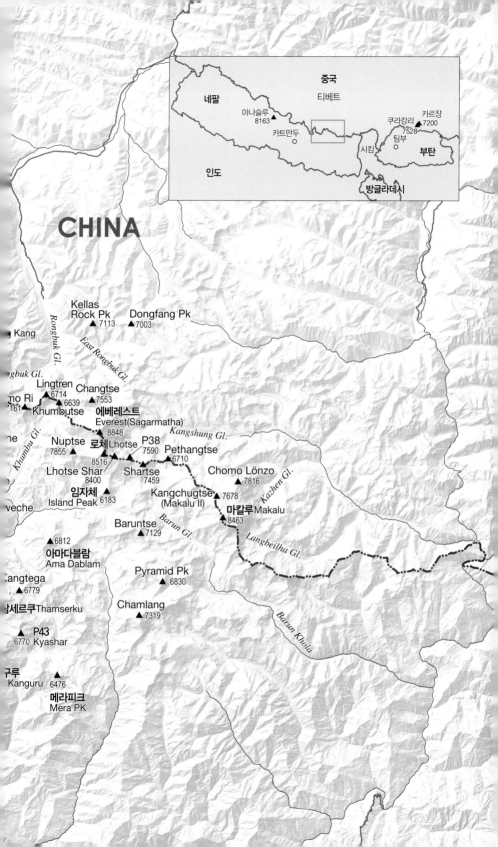

CHINA

네팔
중국
티베트
마나슬루
8163
카트만두
인도
쿠라캉리
7528
카르장
7200
팀부
시킴
부탄
방글라데시

Kellas
Rock Pk
▲ 7113
Dongfang Pk
▲ 7003

Rongbuk Gl.
East Rongbuk Gl.

Kang

buk Gl.
no Ri
161

Lingtren
6714
6639
Khumbutse

Changtse
▲ 7553

에베레스트
Everest(Sagarmatha)
▲ 8848

Kangshung Gl.

Khumbu Gl.

Nuptse
7855 ▲

로체
Lhotse
8516

P38
7590

Pethangtse
6710

Lhotse Shar
8400

Shartse
7459

Chomo Lönzo
▲ 7816

Kazhen Gl.

임자체 ▲
Island Peak 6183

Kangchugtse
(Makalu II)
▲ 7678

마칼루
8463 Makalu

veche

Baruntse
▲ 7129

Barun Gl.

Langbeilha Gl.

▲ 6812
아마다블람
Ama Dablam

Pyramid Pk
▲ 6830

angtega
6779

세르쿠 Thamserku

Chamlang
▲ 7319

Barun Khola

▲ P43
6770 Kyashar

구루
Kanguru 6476 ▲

메라피크
Mera PK

III

A Journey To Recover

재기의 산

◀ 표고차 약 850미터의 빅월.
표고 3,700미터의 아름다운 초원이 베이스캠프

벽에서 맞는 아침. 2004년 푸탈라

올라갈수록 플레이크가 펼쳐져 하루에
한 피치밖에 전진하지 못한 적도 있었다.
바위는 눈이며 얼음으로 뒤덮여 있다.

재기의
등반

2005

중국
푸탈라 북벽
솔로

Putala Shan North Face China

2004년에 도전했던 중국의 대암벽으로
다시 향했다. 날씨와 혹독한 등반으로 육
체는 한계 가까이 내몰렸지만 단 한 번도
포기하려고는 생각하지 않았다. 등반 개
시일로부터 7일째, 마침내 다 올랐다. 짙
은 안개와 정적에 휩싸였지만 클라이머로
서 아직 미래가 남아 있다는 것을 느낀 순
간이었다.

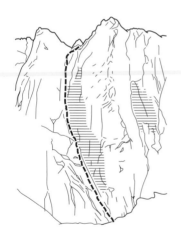

▶ 하루 종일 해가 들지 않는 북벽

2005

클라이머로서
죽지 않았다는 것을
자기 자신에게 증명하다

낙석 소리가 울려 퍼지고, 다시 조금씩 심장의 고동이 빨라진다. 멈추지 않는 비 때문에 다운재킷이며 침낭 등 한기로부터 몸을 지켜줄 물건이 모조리 젖어 차가워져 있다. 게다가 연일 등반으로 몸의 근육은 이제 등까지 걸쳐 비명을 질러대기 시작했다.

여기는 중국 쓰촨성四川省 쓰구냥산四姑娘山 산군에서 그리 멀지 않은 푸탈라布达拉 북벽 중앙부, 포타레지 안이다. 오늘로 몇 번째일까, '올해는 오를 테다.' 마음속으로 조그맣게 중얼거린다.

내가 이 빅월을 발견할 수 있었던 것은 우연이기도 했지만, 운명적이라는 것도 느꼈다. 7년 전쯤 어느 날, 이탈리아의 등산 장비 메이커 그리벨 Grivel[123]에서 나온 사진집을 보고 있었다. 그리고 5페이지에 너무나도 아름다운 암벽이 실려 있는 것을 발견했다.

'이것이야말로 이상적인 빅월이다.'

일반인은 이해하기 어려울 테지만 대암벽을 여러 해에 걸쳐 올라왔던 클라이머라면 분명히 알아차릴 것이다. 거대한 양질의 화강암 안에서 매력적인 라인을 발견할 수 있을 것이다. 하지만 안타깝게도 이 사진의 대암벽이 어디에 있는지 알 수 없었다. 캡션에는 NAO YIU YAI CHINA라고밖에 적혀 있지 않아서 중국 어디라는 것은 알겠지만, 이것만으론 모르는 것이나 마찬가지였다. 그래도 '언젠가는 이 빅월에 도전해야지.'라고 생각하는 나날이 이어졌다.

운명의 벽과 만나다

그 사진을 보고 나서 4년 후인 2002년 가을, 나는 아내 다에코와 함께 갸충캉(7,952m)에서 처절한 체험을 했다. 순조롭게 등정했지만 악천후에 붙들려 능력의 한계까지 내몰렸다. 위험한 자세로 비박했고,[124] 아무것도 먹지 못하는 날들에, 눈사태, 추락, 실명까지 모든 곤란이 덮쳤고, 베이스캠프로 더듬어 왔던 우리는 큰 대가를 치를 수밖에 없었다. 다에코는 양 손가락 전부를, 나는 손가락 5개와 오른쪽 발가락 모두를 동상으로 잃게 되었던 것이다.[125] 클라이머로서 부활하기에는 꽤 절망적인 상황이었다.

그러나 우리는 다시 오르기 시작했다. 갸충캉의 체험 때문에 오르는 것이 싫어지지는 않았던 것이다.

긴 입원 생활을 거쳐 퇴원하고 나서 3개월 후에는 가벼운 하이킹을, 여름에는 2박 정도의 종주도 하고, 가을에는 쉬운 프리 클라이밍도 시도했다. 하지만 모든 것이 순조롭게 회복되었던 것은 아니다. 걸을 때마다 상처 입은 자리에서는 피가 흘러나왔고, 밸런스가 몹시 나빠졌는지 자꾸 넘어지게 되었다. 또한 하이킹 중에는 하이커에게 추월당하기도 했는데 지금까지 그런 경험이 없었던 만큼 충격이었다. 프리 클라이밍에서도 예전 같은 악력은 사라지고 마음먹은 대로 바위를 잡을 수 없어서 애처로울 만큼 옛날 같은 움직임이 나오지 않았다. 그래도 오르는 일은 역시 즐거웠다.

조금씩이긴 하지만 프리 클라이밍으로 5.10을 오를 수 있게 되었던 2003년 10월 하순, 우리는 쓰촨성으로 여행을 나섰다. 프리랜서 작가인 가시와 스미코柏澄子 씨가 권유한 이 트레킹 여행은 이전부터 한 번은 찾아가보고 싶다고 생각해두었던 곳이기도 한 데다, 우리가 향하는 코스는 만일 내가 걸을 수 없게 되더라도 말을 부릴 수가 있어서 매력적이다. 혀가 얼얼한 쓰촨 요리는 조금 난처했지만 그것 말고는 6,000미터의 미답봉을

홋카이도北海道 노보리베츠登別에서 볼더링

바라보면서 하는 여행은 우리를 충분히 즐겁게 해주었다. 게다가 나 자신도 말을 타는 일 없이 예상 이상으로 빠른 속도로 걸을 수 있어서 기분 좋았다. 여행도 후반에 이르렀을 무렵, 중국 가이드에게 사진집 한 권을 보여줬다. 그 빅월이 실려 있는 그리벨의 사진집을 가지고 왔던 것이다.

"이 대암벽을 본 적 있나요?" 하고 묻자, 가이드는 당장 "알아요. 아마 내가 알고 있는 바위일 겁니다. 여기서 차로 이틀 정도면 갈 수 있고, 청두成都로 돌아오는 길로 잡아도 그리 멀리 돌아가는 건 아닙니다."라고 대답해주었다.

"야마노이 씨, 가보고 싶나요?" 가이드가 물어오자 나는 반신반의했다. 이 광대한 중국 안에서 그리 간단히 찾게 될 리가 없다. 하지만 여행 날짜도 며칠이나 남아 있어서 가보기로 결정했다.

이틀에 걸친 긴 운전 끝에 좁은 계곡으로 나아가자, 그곳은 깊은 숲인 데다가 관광 개발이 상당히 진척되어 있는 듯한 포장도로가 나 있었다. 역시 다른 장소란 기분이 든다. 꽤나 의심이 들기 시작했을 때쯤, 양쪽 기슭으로 커다란 폭포가 보이기 시작했다. 깊숙한 쪽으로 눈을 옮기자 설산이 보이기 시작했다. 다시 30분쯤 나아가자 바위가 몇 개나 보이더니 마지막으로 캘리포니아의 요세미티 계곡 같은 빅월이 갑자기 눈앞에 펼쳐졌다. 그리고 정말로 그 빅월도 당당히 솟아 있었던 것이다. 진짜로 만날 수 있을 거라고는 생각조차 못했다. 나는 흥분해서 망원렌즈를 써서 마구 사진을 찍었다. 그리고 어디에 눈이 있고 얼마만큼 크랙이 발달해 있는가, 혹은 며칠이면 오를 수 있을지 등을 쌍안경으로 자세한 부분까지 검토했다. 쌍안경에서 눈을 떼고서 아무도 모르게 "내년, 솔로로 한다."라고 중얼거렸다. 과장해서 말하면 이 빅월을 목표로 하고 있으면 클라이머로서 부활할 수 있을 것이다. 클라이머로서 죽지 않았다는 것을 자기 자신에게 증명하는 일이 될 것이다.

그리고 귀국 후, 집필 중이던 나의 첫 번째 책『수직의 기억』후기에 이 쓰촨성의 빅월에 언젠가는 도전하고 싶다고 적었다.

재기를 향한 여정

2004년 여름을 목표로 계획을 세우고 거기에 맞춘 트레이닝을 진행했다. 실제로 그때까지 몸이 만들어질지 어떨지는 알 수 없다. 그 벽을 오르기 위한 테크닉은 오랜 경험 덕분에 잊어버리지는 않았지만 장기전이 예상되는 등반에서 몸이 견뎌낼지가 걱정이었다. 우선 등반 능력 향상을 위해 프리 클라이밍만 하는 날들을 보냈다. 그 결과 겨울에는 몇 개의 5.11 루트에 성공했고 2월에는 운 좋게 5.12b를 오를 수 있었다.

하지만 안타깝게도 자신 있고 없고가 너무나도 뚜렷해지기 시작했다. 이것은 당초부터 예상하고 있기는 했는데, 바위의 균열을 바탕으로 하는 크랙이라면 잃어버린 손가락에 의한 핸디캡은 적어져서 어느 정도는 오를 수 있다. 하지만 미세한 홀드가 이어지는 페이스가 되면 남은 손가락에 부담이 커져서 5.9라도 못 오르는 경우가 종종 있었다.

4월부터는 지구력을 높이는 트레이닝도 재개했다. 러닝, 그리고 매일 같이 자전거를 탔다. 몸의 밸런스가 나빠서인지 금세 피곤해지고 좀처럼 회복되지 않았다.

5월에는 계획이 서서히 구체화되어 나는 푸탈라 북벽을 솔로로, 다에코, 가시와 스미코, 엔도 유카의 여성 트리오가 니우신샨牛心山 남릉에 도전하기로 결정했다. 내가 동경하고 있던 저 빅월은 티베트 라싸拉薩의 포탈라 궁布达拉宫처럼 듬직해서 푸탈라펑布达拉峰[126]이라고 이름 붙인 것 같다.

가장 고민했던 것은 해외에서 빅월을 오르기 위해 필요한 무거운 등반 장비류의 수송 수단이다. 셀 수 없을 만큼 많은 양의 등반 장비를 사전에 중국으로 날라다 놓지 않으면 출발일에 상당한 액수의 오버차지를 지

불해야 한다. 하지만 그것도 지인의 여행사에 부탁해 7월 중으로 가져다 주겠다는 답을 받아 해결되었다. 그 밖에 국내 트레이닝으로 샤쿠죠다케錫杖岳[127] 전위벽前衛壁[128]이며 니시이즈西伊豆의 우미콘고海金剛[129] 등을 솔로로 올라 테크닉의 확인과 더불어 솔로로 도전할 때의 복잡한 심경을 오랜만에 회상했다.

하지만 지구력에 대해서는 만족스럽게 되어가질 않았다. 고소 적응 트레이닝을 위해 후지산을 고고메五合目부터 올랐는데, 일반 등산지도에 표시된 것의 절반의 시간으로 걸을 수 있기는 했지만 이전의 활기 넘치던 때 같으면 한 시간 조금 더 걸려 올랐을 것을 생각하니 만족할 수 없었고 도전을 위한 체력 면에서도 불안한 마음이 남았다.

도전

2004년 8월 1일, 쓰촨성 청두를 향해 출발했다. 나름대로 분발했고 다시 저 벽을 만날 수 있다는 것이 기뻐서 그날 일기에는 이렇게 적었다.

'출발의 시간은 눈 깜짝할 사이에 찾아왔다. 저 아련한 감각도 되돌아왔다. 불안과 기대, 그리고 그 허전한 마음. 그러나 여느 때보다 이 도전을 향한 들뜬 마음도 있다. 어서 바위의 실물을 보고 싶다. 아름다운 크랙을 마음에 그린다. 박력 있는 오버행을 생각한다. 지금은 정상에 서 있는 자신을 상상할 수 없지만 순조롭게 위를 향하는 내가 보인다.'

이와 같이 내 마음은 나름대로 정리되어 있었다고 본다.

5일 후 3,700미터의 베이스캠프에서 1년 만에 올려다본 푸탈라 북벽은 역시 한마디로 훌륭했다. 특히 생각하고 있었던 루트는 이상적으로 보인다. 아무도 오르지 않고 있었던 것이 이상할 정도다. 몇 군데 부서지기 쉬운 플레이크를 제외하면 아름답게 활 모양으로 커브를 이룬 크랙이 능선으로 솟아올라 오르기에 적당한 라인이란 것을 알 수 있다.

그러나 현실은 만만하지 않았다. 아마 1개월 동안의 체재 기간 중에 비가 오지 않았던 날은 이삼일 뿐이었을 것이다. 어느 정도 예상하고 있었다고 하더라도 지나친 악천후와 저온으로 약점인 손발은 가벼운 동상에 걸려 아프고, 게다가 한 피치 오를 때마다 피로가 격심해서 식사도 할 수 없을 정도였다.

또한 손발을 지켜줘야 할 장비도 완벽하지 못했던 것 같다. 가죽신발을 신었는데, 수분을 머금어 아침결에는 언제나 얼어 있었다.

8월 10일 일기에는 'C1을 마련한다. 벽을 보니 젖어 있다. 부서질 것 같은 위협에 겁에 질렸다. 내려갈 수밖에 없었다. 벽에 붙는 나를 상상할 수 없었다.'고 적혀 있다.

나는 악전고투했고, 한 가지 생각이 때때로 떠올랐다.

'올해 죽는 것은 아깝다. 겨우 갸충캉에서 살아남았으니까 올해 정도는 살아 있고 싶다. 내년이라면 무리해도 좋지만.'

그래도 나는 매일 한계까지 노력해가며 오르고는 있었지만 점점 위로 향하는 것을 주저하기 시작했다. 그리고 8월 20일을 마지막으로 등반을 단념했다. 그 후로도 악천후가 이어져 여성 트리오의 니우신샨도 능선에 가까운 곳까지 오르긴 했지만 물러나서 등반을 마쳤다.

나의 등반은 권투로 비유하면 재기전에 도전했던 복서가 2라운드에서 KO패 한 것이나 다름없다. 거창하게 말하자면 부활의 제물로 삼자고 생각하고 있었건만 벽을 3분의 1도 오르지 못하고 너덜너덜하게 두들겨 맞았다. 쉽사리 올라가게 해주지 않을 거라는 것은 알고 있었지만 일본을 떠날 때까지는 내심 가능성이 적지는 않다고 생각하고 있었는데….

귀국 후에 곧장, 왜 오르지 못했는지, 어디가 잘못되었는지를 검토했다. 그렇게 나는 2005년에 재도전을 결심했다. 이것은 올라야 하는 과제이다. 오르지 않으면 무언가가 시작될 것 같지도 않다. 무엇보다도 그 벽은 매력적이다. 내가 두 번이나 도전했던 산은 해외에서의 많은 경험 중에서도 겨울 파타고니아 피츠로이 이후 처음일 것이다. 그때는 재도전에 성공했지만…

우선 푸탈라 북벽에서는 장비가 나빴다. 손발이 비 등으로 젖는 것을 막아줄 완전방수 장갑과 신발이 필요하다. 몸 상태를 말하자면 악력이 약해져 있어서 볼트 등을 박을 때 몹시 지친다. 좀 더 록 해머를 휘두르는 연습을 해야겠지만 이에 관해서는 겨울에 아이스 클라이밍을 많이 하는 것으로 해결하기로 했다. 나의 경우 새끼손가락도 없기 때문에 피켈 따위를 몇 번이나 휘둘러도 얼음에 임팩트를 주지 못해서 어지간히 박히지 않는다. '보통 사람보다 피켈을 많이 휘둘러야 하는 아이스 루트를 많이 오르면 록 해머도 휘두를 수 있게 되겠지.'라고 생각했다.

또한 프리 클라이밍 능력도 좀 더 높여야 했다. 특히 크랙을 오르는 테크닉을. 푸탈라 북벽에는 침니 등 사이즈가 큰 크랙이 많고, 등반 속도를 올리기 위해서라도 크랙을 열심히 올라야 한다는 것을 통감했다. 또한 하나라도 좋으니 내가 성공할 가능성이 낮은 어려운 크랙 루트를 시도해보기로 했다. 그것을 목표로 함에 따라 전체적인 실력이 향상될 것이고, 성공한다면 여러 부분에서도 커다란 자신감으로 이어질 것이다.

등반 시기도 한 달 빠른 7월로 했다. 벽에 붙을 때까지 어프로치는 경사진 미끄럼틀 같은 빙하를 횡단하는 것이지만 눈이 줄어들면 단단한 얼음이 드러나게 되어 걷기가 어렵고 낙석의 위험도 커지기 때문이다. 또한 이왕 비를 맞을 거라면 가장 따뜻한 시기인 7월이 좋다고 생각했다.

겨울은 기본으로 돌아가 야쓰가다케八ヶ岳[130]를 중심으로 매주 아이스 클라이밍을 하러 나서서 피켈을 계속 휘둘렀다. 그 결과 맨 처음에는 60도 정도의 초보자가 연습하는 곳조차 겁이 나서 만족스럽게 오르지 못했지만, 2005년 3월쯤에는 다이도신 오오타키大同心大滝며 마리시텐 오오타

키摩利支天大滝 등의 중급 루트도 그럭저럭 리드할 수 있을 만큼 숙달되었다.

하지만 예전 같았으면 이 정도 루트라면 로프를 묶지 않고 올랐던 만큼 옛날 생각을 하니 간간이 슬퍼지기도 했다.

프리 클라이밍은 미즈가키야마瑞牆山[131]를 중심으로 침니 등 커다란 크랙을 오르곤 했는데, 비교적 최근에 오를 수 있었던 아라히토가미現人神라는 5.12d 루트에도 밑져야 본전이니 도전해보았다. 지금의 나에게는 불가능에 가까운 그레이드이긴 했지만 악착같이 시도했다. 도전을 시작한 지 사흘째 문득 가능성을 느끼기 시작했다. 이런 감각은 신기한 것이라서 어느 날 갑자기 그때까지 잡지 못했던 바위를 잡을 수 있게 되고 몸도 생각대로 움직이게 된다. 이번 시즌은 바위에서 몇 번씩이나 이런 신기한 체험을 했다. 그리고 아라히토가미를 트라이하기 시작한 지 5일째, 올라버렸다. 종료점에 닿았을 때의 흥분은 지금도 잊을 수 없다. 갸충캉 이후 나의 최고의 퍼포먼스였다고 생각한다. 그레이드로 말하자면 등반을 재개했을 때 5.7에서도 애를 먹고 있었던 걸 생각해보면 현격하게 진보했고, 5.12d라는 그레이드는 두 번 다시 오르지 못할 거라고 단념하고 있었기 때문이다.

푸탈라 북벽을 향한 재도전을 위한 트레이닝은 순조롭게 진행되는 듯이 보였지만 지난 20년을 통틀어 가장 큰 실수를 해서 하마터면 죽을 뻔하기도 했다.

호타카穂高의 뵤부이와屏風岩에 솔로 클라이밍을 연습하러 가서 단독등반의 복잡한 로프 작업을 마치고 하강으로 바꿀 때이다. 하강기에 로프를 확실히 통과시켰다고 생각하고 자기확보를 풀고 체중을 로프에 실으려고 했다. 그때 문득 하강기로 눈을 돌리자 웬일인지 로프가 통과되어 있지 않았다. 그 순간 가까운 바위에 매달린 슬링sling을 얼른 붙잡아 추락을 면했다. 하마터면 200미터 허공으로 날아갈 뻔했다.

나는 여태까지 수백 번이나 이런 작업을 해왔지만 이런 실수는 과거에 한 번도 없었다. 완전히 초보적인 실수는 하지 않는다고 자부하고 있었던 만큼 충격이긴 했지만 오히려 2005년의 푸탈라 북벽에 가지고 가는 수첩 첫 페이지에는 가장 중요한 말 '하나하나를 확실히'라고 적을 수 있었다.

재기의 등반

6월 19일 일기

'나리타공항으로 보낼 짐을 싼다. 장비를 몇 번을 봐도 뭔가 빼먹은 것 같은 기분이 든다. 여느 때보다 집에 있어도 차분해지지 않고 어디에 가 있으면 좋을지도 알 수 없다. 충분히 훈련을 쌓았다고는 볼 수 없지만 작년보다 몸이 만들어져 있다.'

6월 21일 일기

'지바千葉에 있는 본가로 향한다. 작년과 마찬가지로 도쇼道所[132]에 차를 두고 이타고야板小屋[133] 버스 정류장까지 걷는다. 이 과정을 몇 번이나 겪어왔던가.'

이번에는 다에코와 둘뿐이다. 다에코가 밑에서 비디오 촬영 등을 해줄 예정이다.

6월 25일, 작년과 마찬가지로 꽃밭이 펼쳐진 곳에 베이스캠프를 세웠다. 내일부터는 일본에서 생각하고 있던 대로 행동할 것이다.

베이스캠프 도착 이튿날은 휴식 및 등반 장비를 체크. 다음 날은 암벽의 시작점에 있는 산들을 바라다볼 수 있는 전망대 같은 바위 능선의 표고 4,500미터까지 장비를 올리고 텐트 설치. 이틀간 휴식 후, 전망대 텐트에서 머물면서 하부 암벽에 로프를 고정했다. 이 고정 작업에 작년에 남겼던 다섯 피치 분량의 픽스 로프를 올해도 쓸 수 있어서 도움이 되었지만, 그보다도 다에코가 전망대 텐트에 머물며 나를 위해 식사를 준비해주어서 큰 도움을 받았고 정신적으로도 안정되었다.

하지만 등반은 너무나도 어려웠다. 새로 준비했던 50미터 로프 4동을 고정하는 데 하루 휴식을 포함해 일주일이나 걸렸던 것이다. 아마 인공등반 그레이드로 A3 이상 주어도 좋다고 본다. 등반 내내 비를 안 맞은 적이 없었을 정도로 날씨가 나빠서 피로도 배로 늘고 밥도 넘기지 못한 날도 있었다. 게다가 안타깝게도 텐트사이트를 좀 더 좋게 만들려고 땅을 고르고 있던 중에 왼손 중지가 바위에 끼어버려 손톱이 벗겨지고 말았다.

하부 암벽의 고정 작업을 마치고 베이스캠프에서 쉰다. 예정으로는 사흘간이었지만 비가 그치지 않아 엿새 동안 초조한 기다림이 필요했다.

7월 11일 일기

'하루 종일 비. 이만큼 비를 맞았던 곳도 없을 것 같다. 참으로 고통의 예술이다.[134] 나에게는 하려는 의지가 있다. 내년에 한 번 더라고는 생각하지 않는다. 이번에 매듭지을 수밖에 없다.'

7월 12일, 날씨가 회복된 것 같지는 않지만 비가 그쳤기에 출발한다. 이 한 번의 시도로 성공할 작정이다. 등산은 산과 싸우는 것이 아니라고 사람들은 말할 테고, 나도 평소에 그렇게 느끼고 있지만 푸탈라만큼은 사투를 벌이게 될 것이라고 예상했다.

13일에는 안전하고 평탄한 지면과 비디오 촬영을 하는 다에코에게 이별을 고하고 수직의 세계로 옮겨갔다.

아침 일찍부터 많은 양의 짐과 함께 고정 로프를 계속 더듬어 갔다. 포타레지를 암벽에 매달고 몸이 그 속으로 미끄러져 들어갔을 때는 밤이 되어 있었다.

이번 장비는 물 18리터, 식료품 8킬로그램, 가스통 5개, 침낭과 의류, 포타레지, 캠 3세트, 피톤 25개, 볼트 50개, 카라비너 150개, 그 밖에 많은 소품을 합치니 짐은 60킬로그램 가까이 불어나 있었지만 이것으로 열흘 동안은 틀림없이 벽에 끈덕지게 붙어 있을 수 있다. 이 중에서도 특기할 만한 것은 장갑을 여섯 켤레나 준비했던 것이다. 고어텍스 글로브 한 켤레, 플리스fleece[135] 소재로 된 것 세 켤레, 그리고 특별히 공사용으로 쓰는 고무장갑 두 켤레(이건 꽤 많이 썼다)이다.

빗속에 지독한 등반이 매일 이어진다. 등반 중에는 전혀 해가 들지 않아 떨면서 전진한다. 거기에 더해 재킷의 두 팔꿈치가 닳아 찢어져서 흘러들어오는 물이며 눈에 몸이 젖는다. 밤에도 편히 있을 수가 없다. 침낭이며 다운재킷은 이틀째부터 물기를 머금기 시작했고 사흘째에는 얼음덩어리같이 무겁고 차가운 장비로 변해 떨면서 누웠다. 잠이 겨우 드는 때가 있으면 으레 같은 꿈을 꾸었다.

'가까이에 따듯한 욕조에 들어갈 수 있는 곳이 있는데도 거기에 다가갈 수 없다.'

나흘째 되던 밤에는 라디오에서 일본어 방송이 들리게 되었다. 이것은 물론 환청인 것이, 나는 라디오를 가져오지 않았고 1,300미터나 아래의 지상에서 들려올 리도 없다.

크랙에 손을 비틀어 넣고 좋지 않은 자세로 피톤을 연달아 박았다. 육체는 한계 가까이까지 몰려 있었지만 아침이 되면 다시 올랐다. 거의 클라이밍 머신으로 변해 있었다고 본다. 여기서 등반 중의 세세한 상황을 설명하기는 어렵지만 나 스스로도 놀랄 만한 지구력이었다는 것은 확실하다. 스스로 말하기는 부끄럽지만 정신적인 면도 훌륭했다. 이 정도의 상황에서 등반을 이어나갈 수 있는 클라이머는 달리 없을 것이라고 생각할 만큼 끈질겼다.

등반 개시일로부터 7일째. 이 루트 중에서 가장 어려운, 얼음으로 뒤덮인 바위를 피톤을 박지 않고 극복하자 그 앞은 급격히 경사가 완만해져

◀ ▼ 하부는 단단한 화강암.
북벽은 18피치, 5.8, A3+.
찌아요우加油라고 이름 붙였다.

서 쉬워졌다. 나는 스피드를 높였다. '이번엔 오를 수 있다.' 붉은 피라미드 같은 바위를 향해 돌진. 이제 피톤을 박고 있을 여유가 없다. 점점 피로도 느끼지 않게 되어갔다.

14시가 지나 피라미드를 돌아 들어가자 갑자기 능선으로 빠져나왔다. 수직에서 수평의 세계로 옮겨 왔던 탓에 순간 균형 감각이 이상해졌다. 아쉽게도 주변으로는 어둡고 깊은 안개가 끼어 있었지만 마음은 홀가분하게 가라앉는다. "드디어 올랐다." 나는 작게 소리 낸다. 사실 좀 더 높은 곳이 있다는 것을 알고 있었지만 여기는 마치 야쓰가다케의 이오다케硫黄岳처럼 능선이 넓은 데다 이런 안개 속에서는 찾을 수도 없을 것이다. 아름다운 북벽을 올랐던 것만으로 충분히 만족했다. 특별히 지금까지의 길었던 여정도 떠오르지 않았고 감상적으로도 되지 않았다. 푸탈라 북벽의 성공이 나에게 무언가를 건네주는 것은 분명할 것이다. 하지만 지금 드는 생각은 그저 이 고요한 곳에서 언제까지나 머물고 싶다는 묘한 마음뿐이다.

15분은 지났을까, 나는 마지막으로 다시 한 번 아무것도 보이지 않는 경치를 바라보고, 자그마한 피너클pinnacle[136] 모양의 바위에 로프를 건다. 그리고 베이스캠프로 돌아가기 위해 다시 북벽의 수직의 세계로 되돌아갔다.

『山と渓谷』845호_2005년 10월호

2004년의 하산 때.
속상함은 이듬해에 풀었다.

마음 든든한 파트너 기모토 사토시木本哲와 다에코.
헤드월 아랫부분에서

오르카의
꼭대기

2007

그린란드 오르카

Orca Milne Land
Northern East Greenland

1988년 배핀섬에서 등반을 마쳤을 무렵부터 그린란드에서의 등반을 꿈꾸고 있었다. 그러나 기회가 찾아오지 않았다. 20대 전반은 금전적 문제며 정보량이 부족했고, 그 이후 15년 동안은 히말라야의 고산등반에 빠져 있었기 때문이다. 이제 바야흐로 그럴 기회가 왔다.

▲ 빙산이 떠 있는 바다를
모터보트로 어프로치
▶ 세계 최대의 섬 그린란드.
미답의 대암벽이 잠들어 있다.

▲▲ 5월 정찰 때,
그린란드 동부의 밀른섬으로
1,000미터급의 대암벽을 찾아서

오르카의 헤드월에 해가 든다.

2007

지금, 진심으로 올라보고 싶은 곳으로 향한다

정상을 향한 마지막 고비다. 등반도 17일째를 맞는 오늘로 모든 결말에 이를 것이다. 만약 약점이 되는 바위의 균열이 없다면 단념할 수밖에 없는 걸까. 만약 오를 수 없다면….

지금까지 충분히 잘해왔기 때문에 만족할 수 있을까?

그건 안 된다. 어떻게든지 이 산에서는 제대로 결과를 남기고 싶다. 그린란드에서의 등반은 다음을 위해서라도 꼭 성공하고 싶다.

20미터 정도 앞부터 바위 표면은 온통 조그만 산호를 박아 놓은 듯이 꺼칠꺼칠하다. 손은 상처 입어 바위에 군데군데 핏자국을 남기고 있다. 12시간 이상 등반을 이어왔던 몸은 행동식을 든든히 먹지 못해서 공복과 피로를 느끼기 시작했다. 오늘따라 먹구름이 펼쳐진다. 조금 전부터 태양도 숨어 있다. 추위도 느껴졌다.

지금 내가 달라붙어 있는 곳이 보통 사람들 눈에는 어떤 식으로 비춰

질까. 조금 전부터 오버행 바위 밑을 조그만 홀드를 타고 왼쪽을 향해 옆으로 이동하고 있다. 발밑은 빙하까지 1,000미터 이상이나 잘려 나간 수직의 벽. 엄청난 고도감이다. 베이스캠프에서 지켜보고 있는 사람들도 육안으로는 나를 확인할 수 없을 것이다. 이야말로 빅월 클라이밍이란 이름에 걸맞은 장소이다. 히말라야의 고봉을 계속해서 올랐던 것만큼이나 나는 몇 년에 걸쳐 이 수직의 세계에 정열을 기울여왔다. 이 무시무시한 환경이야말로 클라이머로서 자신의 진가를 발휘하고 기쁨을 맛볼 수 있는 장소인 것이다. 그 한복판에서 벌써 한 시간도 전부터 같은 생각을 되풀이하고 있다. '이번은 무슨 일이 있어도 꼭대기까지 오르고 싶다.'고.

클라이머가 된 지 25년 정도 된다. 자그마한 돌담부터 시작해 조난이 많기로 유명한 다니가와다케谷川岳[137]며 호타카穗高의 암벽에서 연습하고 눈이 깊은 산들도 경험했다. 고등학교를 졸업하고 바로 해외로 목표를 정해 차례차례 거물에 도전했다. 다른 일은 거들떠보지도 않고 까다로운 산이며 바위를 혼자서 계속 올랐다. 산 동료들로부터는 "그녀석이 제일 죽을 확률이 높아."라고 구설에 올랐지만 나만큼 오르는 것을 사랑하는 인간도 없을 것이라고 생각하고 있었다.

1991년부터 세계의 지붕이라고 불리는 히말라야를 드나들기 시작했다. 산을 좋아한다는 것만으로는 성에 차지 않는다. 하루라도 산이 머리에서 떠난 적이 없다. 거의 발광하고 있었던 것은 아닐까. 죽음까지도 어느 정도 각오하고 있었을 것이다.

히말라야의 섬뜩할 정도로 짙푸른 하늘, 강풍에 눈보라를 날리는 날카로운 능선, 눈을 짓누르는 듯한 강한 자외선을 반사하는 새하얀 설면, 바닥이 보이지 않는 수많은 크레바스, 피켈도 받아들이지 않는 강철 같은 얼음. 희박한 공기 속에서 심장은 고동 소리가 들릴 정도로 격하게 뛰고 폐는 터질 것처럼 된다. 머리와 몸이 마비되고 움직임은 완만해져 위험이 증대된다. 그런 좁은 시야 속에서도 꼭대기를 똑똑히 쳐다보고 클라이머로서 축적해온 지식과 본능을 총동원해서 나는 계속 올라왔다.

나에게는 살아가는 것에 더해 극한의 세계가 반드시 필요했다. 그것을 경험하려고 살아 있는 듯했다.

10년 동안 20회 가까이 히말라야 등반을 체험했고, 자기 자신의 강점 혹은 약점을 확인해가면서 서서히 등반 능력의 수준을 높였다. 어쩌면 당시는 세계의 제1선에서 활동하고 있었을지도 모른다. 하지만 2002년 7,952미터의 티베트 갸충캉을 경계로 클라이밍 생활을 포함해 모든 것이 변한다. 육체는 한계로 내몰리고 손발가락을 잃는다. 그만큼 가혹한 등반이었다. 지금까지도 그때의 일은 선명하게 기억하고 있다.

"살아 있어?"

바위 뒤에서 침낭도 없이 웅크리고 있는 다에코는 벌써 나흘 동안 음식도 물도 못 먹고 있다. 몸을 떠는 것조차 때때로 멈춰버린다. 나는 그 곁에서 떨면서 위액을 계속 토한다. 내장도 소모되기 시작했다. 양손의 손가락은 이미 보라색으로 변색되어 몇 개를 잃는다는 것은 결정적이었다. 발가락은 보지 않았지만 이틀 전부터 감각이 없어서 이미 죽어 있는 것처럼 느껴졌다.

"베이스캠프까지는 더듬어 갈 수 있을 거야. 근데 내 등산 인생은 끝난 것 같아."

이튿날 얼어붙은 것 같은 몸을 질질 끌다시피 걷기 시작했다. 1시간 후 햇빛이 갑자기 우리 위로 내리쬔다. 그러자 마법처럼 몸이 서서히 가벼워졌다. 다리에 힘이 되살아난다. 넓적다리 근육을 쓸 수 있는 것이 기쁘기까지 했고 균형 감각도 되돌아왔다. '아, 참 상쾌한 기분인걸. 조금 있으면 베이스캠프에도 겨우 다다르겠군.' 정말 좋은 등산이었다. 놀라울 만큼 당당한 산에서 오랫동안 추구했던 능력을 최대한으로 끌어낼 수 있었다.

'하지만 이걸 마지막으로 더 이상 어려운 등산은 할 수 없겠지?' 후련함 속에서 그렇게도 느끼고 있었다.

갸충캉 등반으로부터 10개월 후, 손발가락을 합쳐서 10개나 잃었던 나였지만 다시 오르기 시작했다. 역시 추억만으로는 살아갈 수 없다. 무엇보다도 오르는 것을 잃어버리는 것은 어림없었다.

그렇다고 하더라도 어디를 목표로 하면 좋을까. 답을 알지 못한 채로 다시 시작이다. '단순히 오르는 것만으로도 즐겁다.' '그래도 오랫동안 추구해왔던 히말라야 고봉의 미답벽에는 더 이상 오를 수 없다.' '아무리 애를 써도 제1선으로 되돌아가는 것은 불가능하다.' '그래도 이런 즐거운 짓을 그만둘 수 없다.' 복잡한 심경으로 뒤얽힌 채 목적지는 보이지 않았다.

착실한 트레이닝과 오랜 경험에서 나름대로 실력이 향상되었다. '역시 나는 천재인가.' 하고 한때는 기고만장했던 때마저 있었지만 진심으로 기분이 개운했던 것은 아니었다.

저 등산으로부터 3년 후인 2005년에는 중국에 있는 미답의 대암벽을 혼자서 다 올랐다. 친구들은 '복귀했구나.' 하고 반겨주었고 그런대로 성과도 거두기는 했다. 그래도 등산 방법을 포함해 내용 면으로는 전혀 만족할 수 없었다. 중국에서 등반을 마쳤던 날은 안개가 짙고 시계는 10미터도 되지 않았다. 마치 나 자신의 미래를 보고 있는 듯했다.

2007년 7월 27일 그린란드 동쪽 북위 71도 부근. 어부가 모는 모터보트가 몹시 차가운 공기 속을 맹렬한 속도로 돌진해 간다. 가끔 핸들을 냅다 꺾어서 충돌하면 잠시도 버티지 못할 것 같은 하얀 빙산을 눈앞에서 피해 간다. 몸은 추위로 부들부들 떨리고 있었지만 마음속은 행복으로 가득 찼다.

'드디어 그린란드에서 오를 수 있다.'

빨강, 녹색, 노랑, 갈색. 각양각색의 집들이 흩어져 있는 바닷가의 자그마한 마을 이토코토미잇Ittoqqortoormiit. 어디에서라도 바다를 바라볼 수 있는 아름다운 마을이었다. 그 마을에서 식료품, 등산 장비 따위를 가득 싣고 모터보트로 무인도인 밀른섬[138]으로 향한다. 최근 이삼 년의 막다른 상황을 타개하려고 끊임없이 마음에 두어왔던 세계 등산의 유행을 고려하지 않고, 또한 허세 부리지 않고, 진심으로 올라보고 싶은 곳으로 향하기로 했다. 그것이 히말라야가 아닌 그린란드의 대암벽이었다.

4시간 후 보트는 불쑥 밀른섬에 접안했다. 이름도 모르는 꽃들이 핀 풍성한 초록의 섬에서 느긋하게 지낼 것 같은 예감이 든다. 바로 그때 여름 한랭지의 명물인 엄청난 모기떼의 환영을 받는다.

다시 거기부터 헬기를 전세 내어 단숨에 빙하 위의 목표지를 향한다. 빙하로 깎인 U자곡을 날아간다. 차례차례로 이름 없는 암벽군이 이어진다. 그리고 가장 깊숙한 곳에 내가 오르카Orca라고 이름 붙인 대암벽이 보였다. '아무리 혹독하더라도 마지막까지 포기하지 않고 꼭대기까지 오를 테다.' 상공에서 바위를 바라보며 생각한다. 베이스캠프는 문자 그대로 미답봉으로 둘러싸인, 클라이머에게는 파라다이스 같은 곳에 설치했다. 사어가 되어가고 있는 '비경'이 분명 이곳에는 존재한다.

오르카를 올려다본다. 우리가 고른 빅월이 가장 거대하고 오르는 보람도 있을 것 같다. 게다가 객관적으로 봐도 눈사태며 낙석 등 위험이 적어 보인다. 하부 암벽은 거대한 미끄럼틀 같고 경사는 약하지만 재미있는 슬랩 등반이 가능해 보인다. 상부의 헤드월은 단숨에 기울기가 늘어나서 수직에 가까워진다. 가능한 루트는 중앙에서 약간 오른쪽 크랙, 그곳을 오를 수밖에 없을 것이다. 다시 한 번 높이 1,200미터 이상이라고 여겨지는 빅월의 오를 만한 라인을 눈으로 좇는다. 다소 좌우로 구불구불 올라가고 있지만 약점을 찌르는 이상적인 루트가 되지 않을까. 이 바위를 나는 전력으로 마주해 바위를 오르는 기쁨을 온몸으로 받아들이며 꼭대기에 반드시 서고 싶다.

극지에 와 있다고는 생각되지 않을 정도로 날씨가 좋아 등반도 순조롭게 진행되었다. 부서지기 쉬운 바위를 잡지 않도록, 밸런스를 무너뜨리지 않도록 스피드를 신경 쓰면서 푸른 하늘 속에서 정점을 향해 확실히 올랐다. 여유가 있는 날은 건너편 기슭의 암벽군을 바라보며 다음에 도전하려면 어느 바위를 오를까 따위의 태평스러운 생각을 했다. 버들의 솜털이 상승 기류를 타고 푸른 하늘로 날아간다. 물론 때론 시달리는 것도 있었다. 날카로운 바위에 로프가 잘리지는 않을까 하고 겁을 내거나, 록 해머를 너무 휘둘러서 손의 물집을 터트리거나. 하지만 그런 일은 어쩔 수 없다. 지금 나는 빅월을 오르고 있는 것이니까.

8월도 중반이 되자 오르카 주변의 산꼭대기에 펼쳐진 설면도 서서히 건너다보이게 되었다. 이미 1,000미터 이상의 고도를 벌고 있는 것은 고도계를 보지 않아도 알 수 있게 된다. 깊은 계곡에서는 낙석 소리가 골짜기에 울려 퍼지고 있지만 여기는 이미 안전권이다.

그리고 등반도 2주가 지난 8월 16일, 마지막 날을 맞았다. 되느냐 안 되느냐가 정해지는 날이다. 꼭대기까지 100미터도 남지 않았다.

그 순간 돌파하기 곤란하다고 여겼던 탑 모양의 바위에 반갑게도 약점인 바위 균열이 이어져 있다.

'올라갈 수 있어.'

피로를 느끼면서도 산호초 같은 바위를 빠져나오자 경사는 대번에 완만해져 마지막인 병풍바위가 보이기 시작했다. 벌써 밤 9시를 지나려 하

정상 능선의 마지막 크럭스를 올라가는
기모토와 빌레이 보는 다에코

고 있지만 다시 얼굴을 내민 백야의 햇빛이 우리에게 용기를 북돋아주었다.

'이번엔 몇 년 만에 거물의 꼭대기에 설 수 있을 것 같다.'

나는 조금 떨고 있었다. 차가운 바람과 성공에 대한 확신으로. 손발가락을 잃기 전보다 기술적으로는 못하지만 이만큼 매력적인 산의 누구도 손 댄 적 없는 대암벽을 오를 수 있다니. 클라이머에게 이런 행복은 달리 없을 것이다. 이 등반이 세계 등산사의 중요한 한 페이지를 장식할 만한 것이 아닐 수도 있다. 그래도 나에게는 과거 추억 깊은 몇몇 등산과 같은 정도의, 아니면 그 이상의 행복을 주었다. 이것으로 다시 클라이머로서의 꿈을 이어갈 수 있다.

밤 12시, 붉은 기와를 촘촘히 깔아놓은 것 같은 대지臺地로 빠져나왔다. 오르카의 꼭대기를 바람이 빠져나간다.

'드디어 해냈어.'

오랜만에 순수하게 정상에서의 기쁨을 느꼈다. 베이스캠프를 향해 손을 흔든다. 여기서만 볼 수 있는 절경과 여기서만 느낄 수 있는 깊은 희열을 음미하면서.

『Coyote』24호_2008년 1월

여름 북극권은 엄청난 모기떼의 환영을 받는다.

여러 해 등반을 함께 해온 홀백

알려지지 않은
빅월

괴이한 실루엣을 드러내는 암탑군.
오른쪽이 러시아 타워, 왼쪽이 센트럴 피라미드(북서 카테드랄 리지 라인)

2008

키르기스스탄 악수 계곡

Big Walls in Ak Suu Valley
Kyrgyzstan

중앙아시아에 위치한 키르기스스탄에서 50일에 걸친 등반 여행. 전반은 키르기스스탄의 동쪽 한텡그리Khan Tengri(7,010m)로. 오랜만의 저산소 체험에서 아직 조금은 몸이 말을 듣는 느낌을 받아 다시 히말라야의 벽에 도전하려는 마음도 샘솟았다. 후반은 키르기스스탄의 서쪽에 위치한 카라프신 Karavshin 악수 계곡으로. 일본인에게 생소한 지역에서 빅월 클라이밍을 만끽했다.

▶ 러시아 정교 천주년봉 북동릉.
표고차 1,300미터, 38피치, 5.10을
하루 비박으로 올랐다.

2008

완전한 프리 클라이밍에 충실하기

왕년의 클라이머라면 『岩と雪』146호에 소개되었던 빛으로 반짝이는 대암벽군을 기억하는 분도 계실 것이다. 키르기스스탄 카라프신의 악수 계곡. 여기에는 1,000미터급의 화강암 빅월이 줄지어 서 있다. 지난여름 이 지방에서의 클라이밍은 상상대로 우리를 즐겁게 해주었다.

파타고니아 또는 발토로 같은 곳으로 비유되는 카라프신. 클라이밍 지역으로는 역사가 짧다. 원래 이곳은 예전부터 죄수의 강제 노동 캠프 용도의 땅이었던 모양이다. 현지인과 구소련의 클라이머만 활동할 수 있게 된 것은 1986년. 구소련의 클라이머는 지역이 개방되자마자 차례차례 큰 루트를 개척한다. 이것은 마치 경기대회 같은 기세로 소련식의 특수한 장비를 구사한 에이드 클라이밍이 주를 이뤘다.[140]

외국인에게 개방된 것은 1990년, 지금으로부터 18년 전의 일이다. 그리고 카라프신이라는 이름은 미국의 젊은 클라이머가 납치된 지역으로 세간에 널리 퍼졌다고도 할 수 있을 것이다. (주: 토미 콜드웰Tommy Caldwell, 베스 로든Beth Rodden 등 4명의 클라이머가 게릴라에게 납치되어 결사의 탈출을 시도했다. 그 이야기는 그렉 차일드Greg Child의 책『Over the Edge』에 상세히 나와 있다).[141]

　　그건 그렇고, 카라프신의 정보를 모으기는 쉽지 않았다. 개념도 따위는 존재하지 않고 인터넷을 검색해도 루트 상세를 알 수 없다. 이런 경우는 현지에 가서 누군가를 붙들고 물어보는 수밖에 없다. 설사 그것으로 해결되지 않더라도 그 또한 분명히 재미있을 것이다.

8월 7일, 키르기스스탄의 수도 비슈케크Bishkek에서 소형 버스로 서쪽 밧켄Batken으로 향한다. 적갈색의 단조로운 풍경을 바라보며 가는 1,000킬로미터의 여정이었다. 멤버는 우리 부부, 그리고 차량 렌트비 등이 비싸서 멤버를 찾고 있다고 알렸더니 니시죠슈西上州[142]의 잇폰이와一本岩[143]를 함께 올랐던 오오우치 나오키大内尚樹 씨(『ROCK & SNOW』038호 참조)와 부인 가즈코和子 씨가 곧바로 동행을 신청해주었다. 그리고 오오우치 씨와 팀을 이루게 된 세노오 요시아키妹尾佳明 씨. 세노오 씨는 몇 주 전까지도 스콰미시에서 놀다가 막 돌아온 젊은이다.

　　암장까지의 카라반은 초목이 적어 즐거움이 없는 황량한 여정이고, 과연 이 앞으로 빅월이 있을 것인지 의심스러운 건조한 대지가 이어진다. 기온은 아마 35도를 넘기고 있었을 것이다.

　　이틀째 오후가 되자, 멀리 골짜기 사이로 겨우 암탑이 보이기 시작한다. 악수 계곡으로 들어서서 처음으로 그 전용을 드러냈던 것은 사진 등으로 봐서 기억하고 있는 센트럴 피라미드. 근사하게 솟아 있다. 그 뒤로는 원기둥을 떠올리는 러시안 타워.[144] 다시 나아가면 계곡을 낀 오른쪽으로 요세미티의 캐시드럴Cathedral[145]같이 장중한 표고 4,520미터의 러시아 정교 천주년봉.[146] 그 안쪽으로는 눈이 남아 있는 4,810미터[147] 봉이다.

악수 계곡은 살구의 고장이다.

카라반 이틀째,
목표로 하는 암봉군이
보이기 시작했다.

저녁때가 되어 급속히 기온이 내려갈 때쯤 군데군데 초크 자국이 남아 있는 볼더로 둘러싸인 평지에 베이스캠프를 세웠다. 여기에는 이미 바스크Basque와 폴란드에서 클라이머들이 와 있었다. 그리고 조만간 귀국한다는 폴란드 클라이머로부터 루트에 관한 몇몇 귀중한 정보를 들을 수 있었다. 카라프신 악수 계곡, 나는 규모가 있는 바위에 매료되어 있었지만 어쩌면 상급자에게만 허락되는 지역에 와버린 것은 아닐까 하고 조금 불안해서 겨우 있는 자신감마저 꺾일 것 같았지만, 그럼에도 멋진 빅월들로 둘러싸인 악수 계곡의 분위기는 최고였다.

표고 4,520미터의 러시아 정교 천주년봉의 북동릉은 당초부터 관심이 끌렸던 라인이다. 멀리서 바라볼 수 있는 범위 내에서 갈라진 틈은 분명하지 않았지만 이상적인 리지는 상부에서 경사를 늘여 꼭대기까지 곧바로 뻗어 있다. 우리가 등반에 할애할 수 있는 날은 실질적으로 12일 정도이다.

러시아 정교 천주년봉 북동릉

베이스캠프에 도착하고 나서 이틀 후 나와 다에코는 이번에 최대 목표였던 표고차 1,300미터의 러시아 정교 천주년봉 북동릉에 붙었다. 폴란드 클라이머로부터 얻은 정보는 어지간히 아찔했는데 정상까지 40피치, 그레이드 5.10. 제대로 비박할 수 있는 테라스는 30피치를 오른 곳 한 군데밖에 없다고 한다. 재빨리 움직이기 위해 장비와 식료품은 최소한으로 챙겼다. 첼트와 침낭커버, 행동식 한 움큼, 물 2.6리터. 이것들은 후등이 멘다. 장비는 중형 캠까지 2세트, 너트 1세트. 해머며 래더 등은 가지고 가지 않는다. 하부는 경사가 완만한 페이스며 크랙이 이어진다. 1분이라도 빨리 오르려고 멈춰 서지 않고 주저 없이 로프를 60미터 끝까지 깔아 간다. 한 피치를 선등과 후등을 합쳐서 30분 만에 오르지 못하는 한 어두워지기 전에 테라스에 도착할 수 없다. 정말로 지구력을 시험하는 등반이었다.

오후가 되어 해도 저물 무렵 라인이 분명하지 않게 되었다. 시간을 조금 허비했지만 오르기 시작해서 14시간 30분 후인 밤 8시 30분, 합계 28피치로 기대하던 안정된 테라스에 도착했다. 표고 4,200미터. 이날 밤은 심상찮은 권운卷雲이 하늘에 퍼져 반짝이고 있던 별들을 숨기기 시작했다. 날씨에 대한 불안과 추위로 잠을 이룰 수 없었다. 내일은 날이 개어줄까, 오오우치·세노오 팀의 미싱 마운턴The Missing Mountain[148]은 어떻게 되었을까, 그런 것들을 떠올리며 밤을 보냈다.

이튿날 아침은 안타깝게도 하늘이 온통 검은 구름으로 뒤덮여 있었다. 여기부터 정상까지 고도계가 정확하다면 300미터 남았다. 라인은 일목요연하지만 바위의 경사가 심해져서 오르는 속도가 늦어졌다. 말끔한 코너 크랙에 접어들 무렵에는 눈이 흩날리기 시작했지만 둘 다 내려가자는 말을 꺼내지 못했다. 마치 오가와야마 레이백小川山レイバック[149]이 100미터나 이어져 있는 것 같은 바위. 날씨는 나빠져가기만 했지만 쾌적하게 핸드 잼을 먹여가며 돌진

커다란 오버행을 오른쪽에서 돌아 들어갈 무렵에는 눈보라로 변했다. 소중한 풋 홀드가 젖기 시작했다. 조금 지쳐서 체념할까 망설였던 38피치째인 오후 2시 30분, 우리는 끝내 암벽을 빠져나왔다. 정상에서는 등정의 여운에 잠길 것도 없이 사진 몇 장을 찍은 뒤에 하강으로 옮겼다. 폭포처럼 물이 흐르는 슬랩, 끼어버린 로프, 눈이 들러붙어 차가워진 몸. 하강은 어지간히 필사적이긴 했지만 지상으로 되돌아가기 위한 냉정함을 잃지는 않았다.

센트럴 피라미드 북서 칸테

조금 지쳐 있기는 했지만 우리에게는 남은 날이 얼마 없었다. 다음으로 노

▼ ▶ 센트럴 피라미드 북서 칸테 2피치째.
루트는 핑거finger sized craks, 핸드hand sized craks, 와이드까지 다채로운 크랙이 나타난다.

렸던 것은 센트럴 피라미드(3,850m)의 북서 칸테Kante[150] 루트. 경사가 심하고, 날카로운 칸테의 오른쪽에는 끊어지는 곳 없이 멋진 크랙이 이어져 있다. 저 크랙에 무턱대고 손을 비틀어 넣고 오르고 싶어졌다.

표고차 750미터, 17피치, 최고 그레이드는 6b+. 이번에 후등은 주마로 올라오기로 했다.

첫날 하얗게 벗겨진 바위와 맞닥뜨렸을 때에는 긴장되었지만 예정대로 다섯 피치 올라 안정된 테라스에 도착했다. 이곳은 최고의 전망대로, 아래를 굽어보면 우리의 파랗고 노란 텐트가 강 옆으로 줄지어 있다. 정면으로는 푸른 하늘을 배경으로 거대한 4,810미터 봉의 반들반들한 동벽이, 멀리 바라보면 눈을 걸친 믹스 벽의 산이 펼쳐진다.

이튿날은 계속해서 단단하게 마른 바위를 올랐다. 거의 대부분 쾌적한 크랙이 연속된다. 핑거, 핸드, 때로는 와이드도 등장한다. 여기까지 모두 프리 클라이밍으로 진행했지만 유일하게 14피치째에서 슬로퍼 홀드sloper holds[151]에 애를 먹어서 로프에 매달렸다는 것이 분하기도 했다.

센트럴 피라미드에서는 정식 종료점으로 빠지지 않았다. 능선 직전 3급 40미터 정도를 남기고 있었다. 러시아 정교 때와 마찬가지로 또다시 날씨가 급변했기 때문이었다. 손발에 더 이상 데미지를 주고 싶지 않았던 우리는 하강하기로 했다. 그런데도 기분은 개운했다. 손이 너덜너덜해질 정도로 화강암 빅월을 만끽한 덕분일 것이다.

베이스를 떠나기 전날, 자그마한 볼더에서 놀았다. 세노오 씨는 미싱마운틴의 완등만으로는 만족하지 못한다는 표정이고, 나는 나대로 조금 더 어려운 라인을 시도했어도 좋지 않았을까 하는 미련을 조금 남긴 채…

* * *

그건 그렇고, 개인적으로 지난 몇 년은 이전처럼 히말라야 등반을 하고 싶다고 생각하면서도 피켈을 쥐는 문제며 동상에 대한 걱정에서 필연적으로 마른 바위만 찾아다녔다.

2005년 중국 쓰촨성 푸탈라 북벽은 단독에서의 이어지는 긴장을 견뎌내고 2년째에 완등했다. 하지만 이상적이었던 라인을 많은 에이드, 많은 볼트를 써서 억지로, 너무나도 고전적인 방법으로 올랐다는 것은 틀림없는 사실이다. 2007년 그린란드의 오르카는 논리적인 아름다운 라인이었다고 생각한다. 어쩌면 영상을 통해 우리가 등반에 대해 가지고 있는 마음은 전해졌을 수도 있다. 하지만 완전한 프리 클라이밍을 목표로 했음에도 실력과 대담함이 부족한 나는 몇 번씩이나 줄사다리를 손에 들었다.

그래서 이번 카라프신에서는 어땠을까. 기존 루트라고 하지만 충분히 스피드를 의식할 수 있었다. 어쨌든 프리 클라이밍으로 진행하는 즐거움을 새삼스럽게 깨달은 것은 큰 수확이었다. 언젠가 좀 더 단련해서 강해지면 러시안 타워의 페레스트로이카 크랙Perestroika Crack[152]에 도전하기 위해 다시 악수 계곡으로 되돌아가고 싶다.

또한 언젠가 일본의 강력한 클라이머가 이 땅을 찾아, 멋진 등반을 펼치는 것을 기대해본다.

『ROCK & SNOW』 042호_2008년 12월

쿠라캉리는 중국과 부탄 국경에 위치한 고봉

2009

티베트
쿠라캉리 카르쟝

Kula Kangri Karjiang Tibet

2년 이상 생각하고 있었던 쿠라캉리(7,528m) 북벽은 눈사태의 위험성이 높아서 그 옆으로 날카롭게 솟아 있는 카르쟝(7,200m)에 단독으로 도전했지만 6,300미터를 최고점으로 하강. 지금까지 몇 번씩이나 목표한 고봉에 오르지 못해 서글픈 생각을 하고 있었지만 이번에는 실력을 전부 발휘하지 못했는데도 분한 마음이 거의 들지 않는다. 26살부터 히말라야를 드나들며 정열을 쏟아부었던 마음이 뚝하고 끊어져버렸던 것일까. 산의 상태도 몸 상태도 나빠서 오르지 못했던 것은 하는 수 없다지만 평소와 달리 행동 중에 자신의 능력에 의문을 품고 있었다. 또 이전보다도 산에서 죽는 것이 더 무서워져 무사히 집으로 돌아가고 싶어 하는 나 자신은 예전과는 조금 달라진 것처럼 느껴진다. 히말라야 클라이머로서 끝나버린 것인가. 번아웃 되어버린 것인가. 지금도 올라보고 싶은 프리 루트며, 아프리카와 남극의 암봉이며, 산에 흥미는 있지만 히말라야라고 한다면…. 그렇다고 하더라도 난폭한 빙하, 새파란 하늘, 거대한 산맥, 그것들에게 이별을 고하는 것이 가능할까. 과연 여생을 위험부담이 거의 없는 등반만으로 보낼 수 있을까.

◀ 카르쟝 서면
▼ 카르쟝 하산 후

2010

하이 시에라
투올러미

Tuolumne California

요세미티국립공원에서 한 달 가까이 등반. 맨 처음 찾았던 요세미티 계곡에서는 이전부터 마음이 끌렸던 루트에 도전했지만 실력이 근소하게 모자랐다.

이어서 향했던 투올러미는 표고도 높고 시원해서 몸도 잘 움직였다. 5.12 그레이드의 크랙 루트를 두세 번 시도해보고 오를 수 있었다. 또 멀티 피치 루트인 캐시드럴과 아이콘 피너클Eichorn Pinnacle은 바위가 단단하고 경치도 멋졌다. 손발가락의 핸디캡도 있어서 프리 클라이밍에서 얼마만큼의 가능성이 내게 남아 있는지는 알 수 없지만, 레벨을 올리려고 노력하고 있는 때며 오르고 있는 시간은 즐거워서 견딜 수 없었다. 또한 성공이냐 실패냐의 긴장감도 커다란 산에서 느끼는 것과는 달라서 기분 좋았다.

온 사이트on sight 했던 로드 오브
디 에입스Lord of the Apes(5.12a)

2011

파키스탄 타후라툼

Tahu Ratum Karakoram

파키스탄의 타후라툼(6,651m)에 단독으로 도전했지
만 5,700미터 지점에서 물러났다. 매우 멋진 모습의
산이라 간만에 반해버린 대상이었던 만큼 아쉬웠다.
1991년의 브로드피크 이래로 히말라야며 카라코람
으로의 원정도 20년이 되고 그 사이 스무 곳 이상 고
산의 암벽이며 빙벽을 찾아왔지만, 2년 전 티베트의
산에서 나의 몸과 마음으로는 고산에 대응하는 능력
이 줄어들었다는 것을 느끼고 있었다. 이번에 그것이
결정적인 사실이 된 것 같다. 지금까지 너무 애썼는지
도 모른다. 가혹한 솔로 클라이밍으로 육체가 혹사당
해 회복할 수 없을 만큼 쇠약해져 갔을 수도 있다. 원
래 운동능력이 그 정도로 높지는 않았는데 평생에 몇
번만 끌어낼 수 있을 것 같은 파워를 누누이 발휘해버
렸는지도 모른다. 저 정도로 아름다운 산을 눈앞에 두
고 기회가 조금이라도 남아 있는데 분발할 수 없는 것
은 이전의 나로서는 생각할 수 없는 일이다. 이번은 모
든 면에서 쇠퇴를 확인하는 등산이었다. 그런데도…
대단한 것이 아니라도 좋으니 뭔가를 목표로 하고 싶
다는 마음은 지금도 있다.

표고차 1,500미터의
북서릉(왼쪽의 스카이라인)을 노렸다.

2012

북미 록 트립 ① 요세미티

Yosemite California

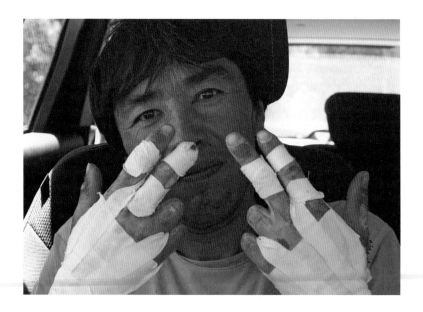

이번 요세미티에서의 목표는 단 하나, 2년 전에 오를 수 없었던 헤븐 Heaven이라는 루트. 루트의 길이는 불과 20미터, 그레이드도 5.12d 로 오늘날에는 고난도라고 할 수 없다. 그래도 어떻게든 올라보고 싶은 루트였다. 꽤 오래전 론 카우크Ron Kauk라는 클라이머가 하프돔을 배경으로 오르고 있는 사진을 보고 동경해서 나도 저 허공 속을 올라가고 싶다고 생각하고 있었다. 2년 전에 나흘 정도 도전했지만 오른손 손가락 두 개로만 전 체중을 힘든 자세로 버텨야 하는 구간에서 계속 떨어졌다. 이번에는 사전에 헤븐에 맞춰 바위며 집에서 트레이닝하고, 또한 체중감량도 했다.

요세미티에 들고 나서 이틀 걸러 도전해서 조금씩 좋은 느낌이 들기 시작했다. 그리고 나서 5일째, 드디어 다 올랐다. 정말 아슬아슬하게 두 번 정도 떨어질 뻔했지만 간신히 버텼다. 성공했던 순간은 너무 숨이 가빠서 기쁨을 폭발시키지 못할 정도로 정말로 혼신을 걸었던 등반이었다. 기록으로서는 결코 훌륭했다고 할 수 없지만 내 안에서는 특별한 하루였다는 것은 분명했다.

오버행인 「헤븐」은 레전드인
론 카우크가 초등한 루트

2012

북미 록 트립②
부가부 / 스콰미시

Bugaboo & Squamish Canada

캐나다에서 한 달 등반. 전반은 부가부 산군으로, 먼저 쉬운 루트를 두 군데 오르고 날씨가 안정되고 나서 목표인 하우저 타워스Howser Towers의 카탈로니언 루트Catalonian Route로 향했다. 기대하고 있었던[153] 눈도 얼음도 없고 목은 바싹바싹 탔지만 커다란 암벽을 조금씩 올라갔다. 당초에 고려했던 완전한 프리 클라이밍으로는 가지 못했지만 두려워하고 있었던 폭풍을 만나지 않고 맑은 하늘 속에 이틀 비박으로 다 올라서 웅대한 풍경을 품은 꼭대기로 빠졌다. 다음으로는 밴쿠버 북쪽의 스콰미시로. 멀리 돌아가게 되었지만 로키산맥을 바라보면서 이틀에 걸쳐 산악 도로를 드라이브. 숲속의 도로와 캠핑장에서는 운 좋게 검은 곰Black Bear도 만날 수 있었다. 스콰미시에서는 좀비 루프Zombie Roof라는 이상한 이름이 붙은 5.13a의 루트를 고생 끝에 다 마쳐서 간만에 조금 흥분했다(손가락을 잃은 때로부터 그레이드 갱신). 사전에 계획했던 목표의 절반에도 늘 못 미쳤지만, 이번 여행에서는 웬일로 70프로 정도 성공했나 하는 기분이다.

▲ 부가부에서
◀ 피터 크로프트Peter Croft가 초등한
루프 크랙 「좀비 루프」

카탈로니언 루트를 톱 아웃top out [5]

와이와시의
여름

베이스 주변에는 한가한 풍경이 펼쳐진다. 이끼의 융단

2013

페루
푸스칸투르파 동봉 남동벽 초등
트라페시오 남벽

Puscanturpa East Pillar Southeast Face
Trapecio South Face
Huayhuash Range Peruvian Andes

2013년 6월, 산악회 후배인 노다 마사루野田
賢[155]를 파트너로 페루의 와이와시 산군Cordillera
Huayhuash을 찾았다. 고소 적응을 겸해 코르
디예라 블랑카Cordillera Blanca의 피라미데
Pirámide 남서벽 다이렉트 루트를 왕복 18시
간 만에 오른 후 3년 전부터 품고 있었던 푸스
칸투르파 동봉 남동벽을 초등. 그러고 나서 트
라페시오Trapecio 남벽도 등반했다.

▲ 트라페시오 남벽의 등반선
▶ 푸스칸투르파 동봉 남동벽

파트너 노다 마사루

먹거리는 알차다.

트라페시오의
베이스캠프에서

당나귀를 부리는
일라리오 아저씨

노다가 정상에서 드높이 주먹을 치켜든다.
푸스칸투르파 동봉

크럭스인 하부 암벽

해질녘을 앞둔 트라페시오의 하강.
불안정한 분설에 시달렸다.

2013

꿈이 현실이 된다.
더 이상 없을 행복한 시간을 지금까지 몇 번 경험했을까.
또 앞으로는 몇 번 경험할 수 있을까.

당나귀를 모는 일라리오를 우리는 매일 '아저씨'라고 부르고 있다. 얼굴은 햇빛에 그을려 깊은 주름이 패어 있고, 육체노동자의 흔적인 두꺼운 손마디는 클라이머처럼 굽어 있다. 움직임으로 보니 아마 허리도 아픈 것이겠지. 베이스캠프에서 식사 준비를 하면서 일라리오의 나이를 물어보았다. "¿Cuántos años tienes?" 지친 얼굴을 한 채, 가는 목소리로 "Cuarenta y ocho."라는 대답이 돌아왔다. 그럼 그렇지, 동갑이네.[156] 왠지 모르게 그런 느낌이 들었다.

긴 등산 활동. 내 몸의 부속은 몇 년 전부터 비명을 지르기 시작했고 몇 군데는 치명적인 상태다. 게다가 리마로 향하는 비행기에서 감기라도 걸렸던 것일까. 와라스Huaraz에 도착하기 전부터 마른기침이 멈추지 않는다. 이젠 마치 8,000미터 고봉에서 혹사당했던 폐처럼 한심한 상태다. 4,300미터인 이 지역에서는 귀국하기 전까지 이 증상이 낫지 않을 것이다.

파트너인 노다 마사루로 말할 것 같으면 보통은 항상 에너지가 남아돌았지만 오늘은 몇 번씩이나 휴지를 쥐고서 휘청거리며 바위 뒤로 향한다. 요 며칠 속이 좋지 않은 모양이다. 과연 이런 두 사람이 도쿄에 완공된 거대한 타워[157]보다 큰 산을 다 오를 수 있을까.

파트너 후보로는 몇 사람의 얼굴이 떠올랐는데, 같은 클럽 소속이고 네팔의 쿠숨캉구루에 혼자 도전했지만 눈사태 사고로 분한 마음을 남기며 하산했을 노다에게 청하기로 했다. 무엇보다도 그 친구가 어딘가의 산에 모든 힘을 쏟아붓고 싶어서 좀이 쑤셔하는 것을 손바닥 보듯 알 수 있어서이다. 그런 우리는 가장 깊숙한 마을 카하탐보Cajatambo에서 조금 준비한 후, 산 깊숙이에서 뭔가를 건설 중인 인부와 무슨 일인지 라이플이며 AK47[158] 같은 것으로 무장한 호위와 함께 4WD 자동차에 올라타서 이틀날 하루 트레킹과 하루 정찰한 뒤에 첫 대면인 산에 도전하러 나가게 되었다.

푸스칸투르파 동봉 남동벽

6월 15일 오전 2시 베이스캠프를 출발했다. 이틀 전 등반 시작점에 케른cairn을 쌓아두었던 덕에 두 시간쯤 걸려 경사가 심해지는 설사면에 도착했다. 말린 빵 조금을 억지로 입에 넣자마자 장비를 장착하고 로프는 묶지 않고 조용히 오르기 시작했다. 날이 샐 무렵에는 믹스 존 바로 앞부터 빌레이 해가며 나아갔다. 크럭스가 될 것 같은 하부 암벽은 냉기에 둘러싸인 이른 아침부터 시작하지 않으면 안 된다. 갑갑한 자세 그대로, '이딴 바위를 한다고 너는 몇 년째 부려먹고 있느냐?'고 묻는 듯한 밑창이 닳은 클라이밍 슈즈로 갈아 신는다. 모든 옷을 입고 있는 데다 작은 배낭을 메고 캠, 너트, 피톤, 피켈 따위를 하네스harness에 걸다 보니 5.10 정도의 크랙 등반이건만 기름 떨어진 로봇처럼 움직일 수조차 없다. 게다가 크랙의 안쪽으로는 많은 눈과 조각나기 쉬운 얼음이 잔뜩 차서 확보물 설치에 애를 먹었다. 몸 상태는 미덥게도 4월의 자이언Zion, 인디언 크릭Indian Creek 클라이밍 투어 덕분에 여유가 있다.

벗겨져 떨어지기 쉬운 플레이크며 보기만 해도 접지 면적이 적은 바위기둥에 정신적으로 괴로워지기 시작했던 12시, 하부 암벽을 벗어나 중간 설면에 겨우 다다랐다. 아무래도 오늘 중으로 등정은 어림없어 보인다. 쉽다고 생각했던 설벽은 슬랩 위로 안데스 특유의 지지력이 전혀 없는 분설로 덮여 있는 데다 상부 록밴드rockband도 결코 쉬워 보이지 않았기 때문이다.

노다는 피켈을 조심스럽게 써가며 차근차근 올라간다. 가끔 "사진 찍어주세요."라고 여유라도 부리는 것처럼 말하고 있지만 목소리에서는 긴장이 묻어났다. 그날 밤은 5,300미터의 자그마한 구덩이에서 코코아 조금에다 매시포테이토 조금으로 떨면서 보내긴 했지만 이 등반의 양념으로는 딱 좋았던 것 같다. 밤하늘에 별이 반짝여서 날씨 걱정은 전혀 없이 마음은 편안했다.

이튿날은 경사가 완만해져 꼭대기로 향한 길도 보이기 시작했지만 바위는 피톤도 받아들이지 못할 정도로 물러지고 분설은 여전했다. 선등이 추락하면 멈추는 것은 거의 불가능할 것이다. 오래된 말이지만 '파트너에게 목숨을 맡긴다는 것은 이런 경우를 말하는 것인가?'라고 생각하는 한편, 그의 믿음직한 움직임에서 남동벽을 다 오를 수 있다는 확신도 이때 생겨나고 있었다.

오전 10시가 못 되어 노다의 팔이 푸스칸트루파 동봉 능선의 가장 높은 곳에서 높이 올라갔다. 60미터나 떨어져 있어서 표정은 알 수 없지만 기쁨은 온몸에서 넘쳐흐르고 있다. 20분 후 나도 정상에 도착했다. 돌아다니면 무너져버릴 것 같은 꼭대기에서 기념 촬영을 하는 틈에 산들을 바라보니 많은 눈을 걸친 예루파하Yerupajá, 그리고 다음 목표인 피라미드처럼 아름다운 산 트라페시오[159]가 눈앞으로 솟아 있었다.

트라페시오 남벽은 1986년에 왼쪽에서 등반되었다. 하지만 그 이름을 여러 클라이머가 알게 된 것은 제프 로우Jeff Lowe의 저서 『Ice World』로부터가 아니었을까. 도중에 하산하기는 했지만[160] 평생 가장 어려운 솔로를 경험했다고 쓰고 있다. 제프 로우의 이 남벽 중앙 라인은 2005년 슬로베니아 팀에 의해 꼭대기까지 완등되었다. 나는 오른쪽의 약점을 통해 남벽 세 번째 루트를 열 수 있지 않을까 하고 일본을 나서기 전부터 생각하고 있었다.[161] 사진을 몇 번이나 뜯어보고 있는 동안 7년 전에 도전했던 네팔의 파리랍체Pharilapche 북벽과도 닮았다는 것을 알아차렸다. 그때는 나의 무기력함 때문에 본격적인 등반을 시작하기도 전에 하강해버리고 말았다. 돌이켜보면 빅월에서는 성과를 내고 있었다고 해도 저 이후 티베트의 쿠라캉리, 파키스탄의 타후라툼까지 표고가 높은 알파인 루트에서는 서글픈 마무리를 하고 있다.

비콩가Viconga 호수에서 잡은 물고기를 먹고 베이스캠프 가까운 곳의 온천에 몸을 담가 푸스칸트루파의 피로를 씻은 우리는 3시간 이동해서 트라페시오 남벽이 정면으로 보이는 자그마한 호수 근처에 새로운 베이스캠프를 세우고 두 번째 산을 위한 준비를 마쳤다.

트라페시오 남벽

6월 23일, 먼젓번과 마찬가지로 오전 2시에 출발했다. 다른 점은 날짜 여유가 전혀 없다는 것이다. 이틀 뒤에는 돌아가는 트레킹을 시작해야 한다. 위안이 되는 것은 컨디션이 좋다는 것과 캠 따위의 장비가 줄어들어 짐이 가벼워졌다는 것이다. 그래도 손바닥 사이즈의 티타늄 코펠에 가스 한 통, 매시포테이토에 코코아, 얇은 첼트에 500그램 정도의 침낭 따위는 챙긴다. 노다가 어둠 속에서 헤드램프의 불빛에만 의지해 첫 번째 얼음을 안정된 움직임으로 오르기 시작했다. 불과 30분 정도 만에 '확보 완료!' 구호가 들렸다. 뒤따르던 내가 선등으로 바꾼다. 여기부터 전부 몇 차례나 교대했던 것일까. 아침 일찍부터 산을 둘러싸고 있었던 안개가 더욱 더 짙어져 시계가 나빴지만, 우리는 마치 야쓰가다케의 입문자 루트라도 즐기듯이 아이스액스를 번갈아 푹푹 찍어 넣으면서 일정한 속도를 유지해가며 등반을 이어갔다.

점심때가 지나서는 크럭스가 될 것이라고 예상하고 있던 깊은 룬제 복판의 수직 빙벽에 벌써 접근했다. 오른쪽 능선에는 거대한 눈 버섯snow mushroom이 불안한 모양으로, 그것도 몇 개씩이나 형성되어 있어서 언제라도 우리를 쳐서 떨어뜨릴 준비가 되어 있는 것처럼 보였다. 무르고 위험한 믹스 벽을 노다가 쥐어짜는 소리를 내어가며 다 올랐던 때는 3시를 넘기고 있었다.

해가 지기까지 남은 3시간. 남은 시간에 꼭대기를 통과하고 복잡한 하강이 예상되는 북면으로 향해야 한다. 우측의 동릉으로 빠져나오자 차가운 바람이 지나가고 있었지만, 빌레이 없이 동시 등반으로[163] 위로, 위로 향했다. 오후 4시 30분, 태양이 힘을 잃기 시작했던 그 시간에 노다는 만면에 미소로 주먹을 치켜들었고, 나도 오랜만에 너무나 기뻐서 우렁차게 외쳤다.

어둠이 몰아치기 시작하고 나서의 불안정하고 가파른 설릉에서의 하강은 서로의 기술을 신뢰하지 않고는 할 수 없는 행동이었다. 동상의 위험도 있어서 되도록이면 하강하려고 마음먹고 있었다. 한번은 '여기겠지.' 하고 예상해서 능선에서 부드러운 눈에 스노바snow bar[164] 하나를 질러 넣고 북면으로 하강했는데, 잘못되었다고 알아차렸을 때는 이미 늦어서 암벽이 크게 오버행 되어 있는 데다 몸은 공중으로 떠 있었다. 게다가 로프 끝이 피너클에 엉켜 끌어올릴 수 없는 위험한 상황에 빠졌다. 그때는 경험만이 장점인 내가 심박수를 올리는 일 없이 냉정히 탈출했다.

밤이 되어서도 계속 움직였지만 결국 빙하의 상태가 나쁠 걸로 예상하고 추운 밤에 설면에 로프로 확보하고 조그만 침낭을 뒤집어쓰기로 했다.

6월 24일. 태양이 솟아 기온이 올라가니 몸이 한층 나른해져서 걸음은 느려졌지만, 고소 적응 후에 올랐던 피라미데 남서벽을 포함해 모두가 잘되어갔던 것에 새삼스럽게 놀라고 있었다. 조금 남은 초코바를 입에 넣고, 우리 쪽을 아주 흥미롭다는 듯이 유심히 쳐다보는 수많은 소들을 피해가며 내려갔다. 멀리 보니 조그만 노란색 텐트 두 동이 나란한 베이스캠프가 보인다. 반가움마저 드는 이끼에 발이 걸려 넘어질 뻔해가며 우리는 앞으로 발걸음을 옮겼다.

마을 사람들로 혼잡한 형편없이 낡고 요동치는 버스 안에서 수면 부족과 등산의 피곤함 때문에 의식이 여러 방향으로 날아다니고 있었다. '리마에서 수북하게 담은 감자튀김을 먹을 수 있을까? 통닭구이도 좋겠어. 과연 망막박리가 되어 라이선스를 박탈당한 다쓰요시 죠이치로辰吉丈一郎는 포기하지 않고 복서를 계속하고 있는 걸까?[165] 유령 마을 같은 파티빌카 Pativilca에서 달달한 빵이 구해질까? 무하마드 알리에게 '올드맨'이란 소리를 들었고 관객 아무도 기대하고 있지 않았던 마흔다섯의 조지 포먼George Foreman은 10라운드에서 챔피언을 쓰러트렸던 순간 무엇을 느꼈을까?[166] 우치야마 다카시内山高志의 살인적인 펀치를 맞고 KO패 했던 미우라 다카시三浦隆司는 은퇴할 거라고 생각했지만 마지막에는 세계 챔피언까지 등극해버렸다.'[167]

소망이 이루어진다. 꿈이 현실이 된다. 더할 나위 없이 행복한 때를 지금까지 몇 번이나 경험했을까? 또 앞으로 몇 번이나 경험할 수 있을까? 창밖을 지나쳐가는 수많은 선인장을 보면서 아련히 생각해보았다.

『ROCK & SNOW』061호_2013년 9월

다시 찾은 산

파트너 후루하타 다카아키와 정상에 서서

2017

인도 히말라야
루초 동벽

Rucho Zanskar Indian Himalaya

가충캉 이후 히말라야에서의 등반은 4 연패 중이었다. 출발 전, 이번에도 오르지 못하는 게 아닐까 하는 두려움이 이어져도 아직 히말라야를 강하게 원하는 내가 있었다. 루초는 조금 더 어려운 라인으로 공략할 수 있었으면 하는 마음도 조금 남았지만 속도감 있는 알파인 스타일로 정상에 섰던 것을 순수하게 기뻐하고 싶다.

▲ 루초라고 이름 붙인 6,000미터 봉의 동벽에 그은 라인
▶ 2년 전에 시도했던 네팔의 아비 북벽

CHRONICLE

키시트와르의 명봉 하그슈Hagshu를 배경으로 볼더링을 신나게

냄비 뚜껑을 거울 대용으로

밤중에 베이스캠프를 출발, 도중 5,700미터 지점에서 아침을 맞는다.
서쪽으로 키시트와르Kishtwar의 산맥

루초의 상부 250미터는 눈과 얼음의 등반

2017

반가운 시간

2016년, 네팔 히말라야의 쿰부Khumbu 지방, 에베레스트 트레킹의 거점으로 유명한 루크라 비행장에 우리 세 사람이 내려섰다. 여기부터 히말라야의 절경을 바라보기 위해 각국의 트레커가 걷기 시작하지만 그들의 미소에 섞여 표정이 굳어지며 긴장하고 있는 사람은 파트너인 후루하타畑와 도오야마遠山뿐인지도 모른다.[168] '죽는 날 받아놓은 꼴'이라는 것은 예전에 친구가 한 말이다. 열흘 후에는 등반 능력을 총동원하고 자신의 몸을 객관적으로 보지 않으면 생명이 위험해지는 등산이 기다리고 있다. 정말로 알파인 클라이밍이란 것은 불가사의한 행위이다. 동경하는 와중에 언제나 가슴을 옥죄는 정도의 공포가 함께한다. 그런 알파인 클라이밍이긴 하지만 거기서 나오는 강렬한 체험은 나에게는 인생 그 자체라고 해도 과언이 아닐 것이다.

트레킹 첫날에는 벌써 표고 6천 미터급으로 히말라야에서는 표고가 낮기는 하지만 난봉으로 알려진 쿠숨캉구루가 빙벽을 걸친 모습을 깊은 골짜기에서 슬쩍 비친다. 이 쿠숨캉구루는 수많이 실행했던 등반 중에서도 걸작 중 하나였다. 연속 20시간 로프도 매지 않고 기술적으로 어려운 암벽을 계속 올라서 별이 반짝이는 깊은 밤 정상에 도달했다. 그 최고점에서 주위의 산들 위로 번개가 떨어지는 감동적인 체험까지 했다. 트레킹 3일째는 상상을 초월하는 거대한 남벽을 가진 로체도 나타난다. 그 앞쪽으로는 '어머니의 목걸이'라고 불리는 아마다블람이 우아한 아름다움으로 솟아 있다. 내가 처음으로 히말라야에서 솔로 클라이밍을 성공했던 산이기도 하다. 추위가 찾아오기 시작하던 1992년 12월, 얼마 안 되는 장비만으로 바위와 얼음의 가파르고 험준한 서벽을 숨을 헐떡이며 뛰어올랐다. 이 등반을 통해 알파인 클라이머로서 미래의 문을 조금 열었던 것 같다.

우리 세 사람은 에베레스트로 가는 길과 갈라져 고쿄 방면으로 향한다. 여기서 트레커 숫자는 확 줄어들어 산길은 조용해진다. 이곳으로 오면 표고 4,000미터를 넘어 옅어진 산소에 몸이 민감하게 반응하기 시작한다. 두 파트너도 출발 전에 후지산에서 고소 적응 트레이닝을 했던 성과가 나타나고 있는 것처럼 보인다. 5일째, 우리의 베이스캠프가 될 고쿄에 도착하기 직전 눈앞으로 초오유가 나타난다. 여기에서 보는 8,201미터의 초오유는 거대한 덩어리다. 산소 부족에 허덕이고 강한 자외선을 뒤집어쓰면서 너무나 어려운 나머지, 바위를 맨손으로 움켜쥐고 체력을 한계까지 쏟아냈던 초오유 남서벽에서의 솔로 클라이밍. 그것은 현재의 수준에 비춰봐도 나쁘지 않은 성과라고 생각한다. 초오유의 왼쪽에는 저 갸충캉이 성벽처럼 잿빛 빙하 위로 서 있다. 멋진 성공에서 완전히 돌변해 아내와 함께 죽을힘을 다한 서바이벌로 인해 우리의 클라이밍 인생은 조금 다른 방향으로 향했다. 하지만 '살아 돌아가는 게 특기'라는 것을 새삼 나 스스로에게 증명할 수 있었다.

실은 2002년의 갸충캉 등반 이후 나의 히말라야 등반은 실패의 연속이었다. 네팔의 파리랍체 북벽, 티베트의 카르장, 카라코람의 타후라툼. 하나같이 어려운 산이긴 했지만 정상은 너무나도 까마득히 멀었다. 그리고 이번으로 네 번째 히말라야 등반으로 선택한 것이 8년 전부터 매력적이라고 생각하고 있었던, 알프스의 아이거 북벽과 닮은 아비Abi[169] 북벽이었다.

네팔, 아비 북벽

과연 한계까지 아비 북벽을 계속 올랐던 것일까. 10월 31일 그날의 일을 나는 카트만두의 후줄근한 숙소 옥상에서 밀크티를 마시며 생각하고 있었다.

그 두 사람은 분명히 북벽에 압도되기 시작했다. 누구도 성공하지 못한 깎아지른 북벽 한가운데에 있다는 사실, 지구력에 대한 자신감을 뺏어버릴 정도로 이어진 빙벽에서 빙벽, 또한 비박사이트도 확실하지 않았다. 그들의 표정은 정신도 육체도 소진하고 있었던 것이 분명했다. 내가 "단념하고 내려가자."라고 말했을 때 두 사람은 눈물을 흘렸다. 주변에 폐를 끼쳐가면서 휴가를 낸 일, 혹은 아비를 위해 트레이닝한 날들을 돌이켜보았던 것일까. 하지만 저대로 등반을 이어갔다가는 심각한 사고를 일으킬 가능성도 있었다고 분명히 말할 수 있다.

옥상의 햇볕은 강해지고 자동차의 경적 소리도 시끄러워졌지만 나는 여전히 이번의 등산, 혹은 앞으로의 일 따위를 몇 번이고 몇 번이고 생각하고 있었다. 전력을 다해서 맞서고 분발했던 것이기에 조금은 만족해야만 하는가. 갸충캉 이후 히말라야 클라이밍 4연패라는 현실을 어떤 식으로 받아들여야 좋을까. 중국 쓰촨성, 그린란드, 안데스까지 조금이나마 만족했던 등반을 억지로 머릿속에 욱여넣어 본다. 그렇다 치더라도… 이제 히말라야 클라이밍에서 발을 빼야 하나? 멀리 아물거리는 히말라야의 봉우리를 멍하니 바라보면서 머릿속은 몇 번이나 결론 없는 생각만 떠오르고는 사라져갔다.

인도 히말라야, 루초 동벽

2017년 7월 23일, 현지인들이 악슈Akshu로 부르고 있는 골짜기의 4,150미터에 베이스캠프를 세웠다. 여기는 인도 히말라야 잔스카르Zanskar. 꽃들이 펼쳐진 언덕 맞은편으로는 아무도 오른 적 없는 날카롭고 뾰족한 미답봉(나중에 루초로 이름 붙였다)[170]이 보인다. 갸충캉 이후로는 5번째 히말라야 등산이 된다. 실패의 연속이라고 하지만 이번에도 안이하게 오를 수 있는 산을 고를 생각은 없었다. 두근두근할 만큼 매력적인 봉우리에 우리답게 아름다운 루트로 정상에 오르고 싶다는 생각은 변함없었다. 파트너는 아비 북벽을 함께 도전했던 후루하타다.

8월 1일 오전 1시 30분, 헤드램프의 불빛에 의지해 하네스, 크램폰을 장착하고 6,000미터 봉우리에 도전하기에는 부족한 장비와 식료품만 가지고 어둠 속에서 출발했다. 기대하고 있던 달빛은 아쉽게도 산줄기가 가로막아 동벽에 닿지 않는다. 이 벽은 예상대로 로프를 묶지 않고서도 전진할 수 있는 경사였지만 에너지를 아끼기 위해 일부러 천천히 올랐다. 정찰했을 때 쌍안경으로 바라봤던 동벽의 기억과 헤드램프 빛에 의지해 어둠 속을 전진해간다. 들리는 것은 자신의 호흡과 크램폰이 설면을 찍는 소리뿐이다.

동쪽 하늘이 밝아오고 산들의 능선이 검게 떠오르기 시작한 오전 5시 30분, 예정보다 빠른 시간에 5,700미터에 다다랐다. 4시간 만에 표고차 700미터를 번 것이 된다. 꼭대기까지 표고차로 300미터 남았고 작은 초콜릿을 먹어가며 장비를 분류한다. 불필요한 장비는 남겨두고 오늘 중으로 여기에서 정상을 왕복하려고 생각했다. 텐트도 침낭도 필요 없다. 식품 대부분도 놓아두련다. 날씨가 급속히 나빠질 것으로도 보이지 않는다. 남은 300미터, 경사도 커지는 데다 얼음도 바위도 어려워지리라고 오랜 등산 경험으로 예상할 수 있었다. 록 피톤, 아이스 스크루, 캠, 그 장비들 전부를 하네스에 장착한다. 파트너인 후루하타는 지치기는 했지만 집중력은 무너지지 않는다. 피켈을 찍어 넣고 신중하게 크램폰을 차 넣으며 다시 출발했다. 즐겁게도 어려움은 정상 근처가 되어감에 따라 늘어간다. 이 직경 8밀리미터짜리 가는 로프로는 추락에 치명적인 결과를 낳겠지만 몸은 리드미컬하게 움직이고 있다. 햇볕으로 데워진 우측 사면에서 엄청난 기세로 돌이 떨어져나간다. 이 등반선이라면 OK라고 믿으며 나아갔다.

꼭대기 비슷한 것이 앞에 보이기 시작했을 무렵부터 서서히 그 반가운 시간이 찾아왔다. '산에 오르는 것이 즐겁다.'라는. 거기에는 이미 오르는 이유 따위는 존재하지 않는다. 호흡은 점점 더 거칠어지지만 마음은 차분해져 있었다. 마지막의 무너질 듯한 바위를 움켜잡고 오르니 오전 9시, 일어설 수도 없을 만큼 좁은 꼭대기에 다다랐다. 밑에서 지켜보고 있던 후루하타에게 "정상에 도착했어."라고 한마디만 건넨다. 여느 때처럼 성공을 거둔 감격은 없었다. 따뜻한 햇살을 전신에 흠뻑 쬐며 멀리 봉우리들을 보고 있자니 평온함을 느낄 뿐이었다.

극단적인 혹독한 체험 뒤에 생기는 행복감, 이것을 몇 번이고 맛보고 싶어서 알파인 클라이밍을 그만두지 못한다고 말하는 사람이 있다. 40년 이상 산을 올라왔던 이유에 그것도 조금은 포함되었을 수도 있다. 그렇다고 해도 많은 친구를 보내고 자신의 손가락을 잃을 때까지 계속한다는 것은… 스릴? 산의 경관? 자연 속에서의 약동?

루초의 꼭대기에서 건너다보였던 키시트와르의 산맥, 상상력을 돋우는 그 봉우리들을 언젠가는 올라보고 싶다.

『Coyote』No.65_2018년 8월

루초(현지어로 '뿔')라는 이름은 산의 생김새에서 따왔다.

2017

미즈가키 볼더

Mizugaki Boulder Yamanashi

미즈가키 오오하시의 루프 크랙 볼더. 아이들의 은신처같이 자그마한 굴처럼 생긴 볼더에 사람이 찾아가는 일은 드물 것이다. 간만에 크래시 패드를 지고 사면을 내려가보니, 괴짜들은 있게 마련인지 군데군데 초크 자국이 남아 있었다. 오래전에 굴의 출구 근처에서 놀았던 적은 있지만 지금은 가장 깊은 곳에서 스타트하면 3단段[171]이라는 그레이드가 붙는다. 나는 지금까지 초단이 최고이다.

신속하게 구멍 안쪽까지 끼어 들어가서 트라이try[172] 개시. 그런데 갑자기 움직일 수 없다. 좁아서 가슴이 막혔다. 넓은 크랙 기술을 구사해서 비비적거리며 3센티미터 나아가고는 힘이 빠져 떨어진다. 세 번 시도해보니 무릎이 까져서 피가 배어 나왔다. 아침 9시부터 15번째 비비적거려서 간신히 피스트 잼fist jam이 먹히는 구간에 이르렀다. 여기서 먹힌다면 성공이나 다름없다고 생각했지만 혹사한 몸으로 마지막 씬 핸즈thin hands[173] 무브가 너무 괴롭다.

오후 4시, 마지막이라고 마음먹고 재차 구멍에 끼어 들어간다. 20번째? 부비적거려서 몸을 올려 피스트 잼을 먹이고 냉정하게 발 처리를 해서 씬 핸즈로. 왜 여기까지 안 떨어졌는지 이상했지만 마지막은 한계 직전. 힘을 주었다가는 왼쪽 팔꿈치를 다치게 할 가능성도 있었지만 포기할 수는 없지 않은가. 바위 머리로 질질 기어올랐던 때에는 숨이 끊어질락 말락 했다.

미즈가키 「오오하시大橋 볼더」

2017년, 또 하나의 회심의 루트.
미에현三重県 다테가사키楯ヶ崎의 「쓰리시釣り師 루프 크랙」[174]

2021
죠가사키 볼더

ogasaki Boulder Shizuoka

오쿠타마에서 이토(伊東)로 이사 간 지 1
년. 근처에 여러 볼더를 개척했지만 최
근 히트작은 죠가사키의 가도와키 남쪽
갯바위(門脇南の磯)[175] 지역 왼쪽에 있는 동
굴의 세 루트. 바탕도 나쁘지 않고 상태
도 비교적 안정되어 있지만 안쪽으로는
조명 없이는 어둡다. 「불꽃의 도화선(炎の
導火線)」[176]은 꽤 오래전에 고생해서 올랐던
기타케(御岳)[177]의 「클라이머 가에시(返し)」에
필적할 정도의 날짜를 필요로 했다. 깊
숙이 있는 핸드 잼부터 스타트하지만 그
다음부터는 연속해서 핑거 잼. 손가락
피부의 소모가 심해서 하루 5번 정도밖
에 손대지 못했다. 총 열흘 이상 트라이
했던 것 같다. 손가락의 굵기, 혹은 손가
락의 개수(나의 경우만?)에 따라 그레이드
가 다르겠지만 수준 이상이라고 생각한
다.

죠가사키 「불꽃의 도화선(炎の導火線)」

IV

Talk

대담·인터뷰

자유를 향한 도전 —
고소 등반에서의 베리에이션과 서바이벌

[편집 주] 1997년 2월, 일본산악협회(현 일본산악·스포츠클라이밍협회) 해외위원회의 초빙으로 일본에 왔던 폴란드 등산가 보이테크 쿠르티카. 쿠르티카는 브로드피크 북봉에서 주봉으로 트래버스, 가셔브룸 IV봉 서벽 등반 등 고소에서 알파인 스타일을 실천하는 선구자로 알려져 있다. 지향하는 바가 통해서 짧은 체재 기간 중에 틈을 내어 대담이 이루어졌고, 고산 등산에서의 등반 스타일과 죽음의 지대에서 생환이라는 테마로 이야기가 진행되었다.

야마노이   일본은 현재 히말라야 등반이 그다지 좋은 방향으로 가고 있다고 보진 않습니다. 노멀 루트에서의 피크 헌팅뿐이라서. 그런 경향을 어떻게 보십니까?

쿠르티카   글쎄요. 방향으로서는 그다지 바람직하지 않겠죠. 지금의 히말라야로는 새로운 스타일을 추구한다는 것이 별로 시대에 맞지 않는다는 것이겠죠? 결국 노멀 루트에서 8,000미터 봉을 수집하는 경향은 확실히 있다고 봅니다. 그리고 과거 일본의 등산가들을 보자면 어찌 됐든 8,000미터 봉을 오른다는 것이 주된 목적이었습니다. 일본에서는 전통적으로 알파인이라든지 솔로로 갔던 것에는 관심을 보이지 않아요.

야마노이   말씀대로입니다만, 특히 일본의 경우 히말라야에 가는 사람과 암벽등반을 하는 사람이 별개인 셈입니다. 저는 매일 등반하고 있습니다만, 프리 클라이밍까지는 아니더라도 크랙 암장에서라도 좋으니 평소에 오르지 않으면 역시 히말라야의 어려운 루트로 가는 것이 불가능할 것이고, 혹시 가려고 하더라도 항상 같은 스타일인 극지법이 되고 말 거라는 생각이 듭니다.

쿠르티카 나로서는 산에 오르는 것 자체가 하나의 정신적인 체험입니다. 자신이 예상치 못한 상황에 빠졌을 때 어떻게 타개해나갈까를 생각해야 되니까요. 그런 때 자신이 창의력을 발휘해서 해결해가는 데에 히말라야의 매력이 있는 게 아닐까요? 그런 의미에서도 나는 자연으로부터 영향을 받고 있습니다.

야마노이, 당신의 등반 이력을 보고 있자면 내 등반 방식과 비슷해서 반가워집니다.

결국 나도 두 가지의 관점에서 히말라야에 도전하고 있습니다. 굳이 겨울에 오르는 것이 하나의 과제이고, 또 한 가지는 고소에서의 도전입니다. 겨울에는 가뜩이나 에너지를 소모하고, 고소는 그 자체로 기온이 낮고 바람도 거세져서 혹독해집니다. 거기에서 스스로 해결책을 찾아내며 갑니다.

야마노이 그야 알고 있습니다만, 단지 나는 클라이머로서 이미 늦은 것이 아닐까? 하고 느끼는 때가 가끔 있습니다. 히말라야에 여러 등산 팀이 가기는 하지만 8,000미터 봉을 몇 개 올랐다더라 하는 투의 이야기뿐이라서요.

쿠르티카 그렇군요. 베이스캠프 등에서는 모두 그런 이야기를 하고 있군요. 8,000미터 봉 수집이랄까, 일종의 레이스처럼 되어 있는 게 사실이군요.

다만 나와 야마노이가 너무 늦었다고는 생각하지 않습니다. 아직도 개척해나갈 루트는 얼마든지 있다고 봅니다. 산을 오르는 것은 자신과 자연과의 관계, 자신과 산과의 관계를 발견해가는 것이라 이만큼 루트가 등반되었다고 해서 끝이라는 것은 아니겠죠. 피크를 모두 오르려는 타입의 사람은 오르고 나면 끝일지 모르겠지만 나는 그런 타입의 등산가는 아닙니다. '이번에는 이 산을 이렇게 올라가볼까?' 하고, 거기에서 자신과 자연과의 조화를 가늠해봅니다. 스스로 창의성을 발휘할 수 있다면 나에게는 언제나 미답봉이 있다고 생각합니다. 산을 오르는 것 자체가 나에게는 독창적인 일이고 종교적인 체험이라고 생각합니다. 실제로도 아직 멋진 루트가 얼마든지 있겠죠.

야마노이　기술적인 것만 말하자면, 벽에서 급진적인radical 루트는 줄어들고 있습니다. 하지만 눈鵰에서 눈으로 연결되는 도전할 만한 루트는 많이 남아 있다고 봅니다. 그리고 고봉에서의 장대한 종주도 매력적인 과제입니다.

쿠르티카　다만 그것이 어떤 의미를 가지는지, 논리적으로 도전하는 보람이 있을지, 의미 있는 도전일지 스스로에게 질문을 던져야 되지 않을까요? 그저 춥기만 한 등반이라든지 의미 없는 것에는 회의적입니다.

야마노이　저도 자주 듣지만 쿠르티카 씨는 누구에게 인정받지 못해도 등산을 계속하실 겁니까? 저도 좀 더 어렸을 때는 등반계에서 자신의 지위 같은 것을 어느 정도 신경 썼습니다. 하지만 지금은 아무도 보고 있지 않다고 해도 비슷한 등반 스타일로 비슷한 산으로 향할 거라고 생각하는데….

쿠르티카　그렇군요. 같은 질문을 다른 형태로 하자면 가령 "어딘가의 별에 가서 거기에 산이 있으면 오를 겁니까?"라고 묻는 것도 가능하겠네요. 실제로는 어딘가의 별에 가 있다는 것은 있을 수 없는 일이고 우리는 사회 속에서 살아가고 있습니다. 누구에게 인정받지 못해도 "생사를 걸 것인가?"라는 질문 자체는 등산가에게 꽤 오래전부터 던져진 것이라고 봅니다.

"사회적인 책임 때문에 하는 것이냐?"라든지, 또는 "자신의 내면에서 분출된 개인적인 욕구에 이끌려 하는 것이냐?"라고 자주 물어보는 편이죠. 나의 경우라면 이 정도는 말할 수 있습니다. 나에게는 등산 자체가 하나의 중요한 성장 과정이란 겁니다. 등산이 나 자신의 성장을 위해, 또 세계 속에서 자신의 진실을 발견하기 위해 대단히 중요한 과정인 셈입니다. 그런 의미에서는 누구에게 인정받지 않아도 그곳에 산이 있다면 나는 의심 없이 오를 겁니다.

예를 들어 1972년에 내가 처음으로 힌두쿠시의 아케르 키오Akher Chioh를 알파인 스타일로 올랐을 때[178] 알파인 스타일이란 단어 자체가 존재하지 않았어요. 결국 아무도 인식하고 있지 않았다고 해도 무방하다는 말이죠. 그래도 나는 자기 자신의 내면의 자연스러운 욕구, 자발적인 필요성에 이끌려 올랐던 겁니다.

야마노이 우리 집 주변에는 큰 바위가 잔뜩 굴러다닙니다. 그래서 본능적으로 거기를 오르고 싶다는 충동이 생겨 올라갑니다. 한 라인을 올라갈 수 있으면 좀 더 어려운 라인에 도전하고 싶어집니다. 그건 등산의 역사며 개인의 기록과는, 더군다나 명성이며 돈 따위와는 전혀 관계없는 일입니다. 저는 언제나 '이 바위를 오르는 감각으로 히말라야를 오를 수 있다면' 하고 생각합니다.

쿠르티카 하지만 사회 속에서 살아가는 인간으로서 칭찬받고 싶다는 욕구는 있는 것이잖아요. 솔직한 얘기로 나 자신도 다른 사람의 반응을 기대하는 때가 있습니다. 예를 들면 등산가로서 사회적 지위라든가…. 그래도 그렇다는 걸 느낄 때마다 부끄럽다는 생각이 듭니다. 결국 사람은 어디까지나 얽매이면 안 됩니다. 100퍼센트 자유라는 것은 없다고 하더라도 사회적인 것에 제한받아 자유가 손상되는 것 자체를 나는 부끄러운 일이라고 여깁니다.

결국 그건 자기 자신의 이기심일 수도 있어요. 그 이기심 때문에 자신의 감정이 지배되어서는 안 된다는 생각이 내 내면에 있을지도 모릅니다. 그러니까 항상 어디까지 자유롭게 있을 수 있을까에 도전해나가고 싶습니다. 물론 나도 질투가 있습니다. 하지만 이기심으로 자유가 제한된다고 한다면, 그건 수치스러운 일로 여깁니다.

야마노이 '8,000미터 봉이며 7대륙 최고봉을 몇 개 올랐다.' 같은 건 전부 타인의 반응을 기대하는 짓 같다는 기분이 들어 견딜 수 없어요. 예를 들어 8,000미터 봉인 가셔브룸 Ⅱ봉보다 8천 미터에 조금 모자란 가셔브룸 Ⅳ봉이 등반 대상으로서는 훨씬 아름답다고 생각하지만, 많은 클라이머는 아마 Ⅱ봉으로 향하겠죠. 난이도 차이도 있다고 봅니다만, 그것도 자연스러운 욕구와는 조금 다르다고 봅니다.

자유를 향한 도전이라든지 자연스러운 욕구로 하고 있다고 말들은 하지만, 그렇게 말하면서도 훌륭한 클라이머들이 많이 죽었죠. 그래도 되는 걸까 하는 생각이 드는 때가 있습니다. 어쩔 수 없는 일이라고 받아들여도 되는 걸까요? 욕구 자체는 인간적으로 그렇다 치더라도 그저 제 친구들도 꽤나 죽고 말아서, 이게 맞는 건지. 올바른 욕구일까요?

쿠르티카 위험에 자신의 신체를 노출하면 그만큼 목숨을 잃을 위험성도 높아지게 됩니다. 그 자체가 자연스럽게 일어나는 예측 불가능한 사건인가, 또는 그 자체를 정당화할 수 있느냐 없느냐는 것입니까?

야마노이 네. 위험한 행위를 정당화할 수 있을까요?

쿠르티카 우리는 산에서 무언가를 추구하고 있다고 생각합니다. 무언가를 찾아 무언가에 도전합니다. 그런 일 자체가 우리에게 만족을 주는 것은 사실이며, 진실을 찾기 위한 하나의 방법인 것도 사실입니다. 그럼 과연 그것을 정당화할 수 있느냐? 대단히 어려운 질문입니다.

야마노이   저의 경우 항상 자신의 한계를 보고 싶다는 욕구가 있습니다. 그건 아마 육체와 정신 양쪽의 한계에 도전해보고 싶다는 것일 테죠. 조금이라도 도전을 멈추면 차분하게 생활할 수 없습니다. 아무리 그것이 죽음으로 향해 있는 것이라고 해도 말이죠. 이건 아주 위험한 생각이지만, 예를 들어 느긋하게 밥을 먹고 있는 때보다도 산으로 향하고 있는 쪽이 몇 배나 행복합니다.

쿠르티카   나 자신의 감각의 경우 감각이 예민해졌다는 것은 자신과 자연이라든지, 특히 산의 자연 속에서의 강렬한 관계, 밀접한 관계가 생겼다는 것 아니겠습니까? 동시에 올라간다는 행위, 바위라든가 빙벽을 오르고 있는 것 자체가 상승의 과정이라는 것, 다시 말해 물리적으로 올라간다는 것뿐만 아니라 심리적으로, 혹은 정신적으로 승화해가는 과정이라고 생각합니다.

이 말은 결국 자신이 '여기가 한계다.'라고 생각하고 있는 곳을 넘어가는 일에서도 있는 셈이지요, 정신적으로 오른다는 것은. 한계를 넘으려고 하는 것 자체가 나에게 만족을 주는 셈입니다. 혹시 그 외에도 방법이 있을지 모르겠지만, 나로서는 이것이 살아가는 방식입니다.

다른 방법이라고 해도 결국 상승을 향한 본능, 시를 짓거나 음악을 작곡하거나 하는 표현 방법을 가진 사람도, 자신은 '이것이 한계다.'라고 해도 역시 그걸 뛰어넘어서라도 표현하고 싶다고 합니다. 이것이 내가 생각하고 있는 것과 같은 상승의 본능이라고 봅니다. 그렇다면 그것이 자기 자신의 이기심인가, 목적을 추구하는 것이 정당화될 수 있는 것인가가 되면 대단히 어려운 문제입니다. 자기 자신을 파괴해가면서까지 그런 것을 해도 괜찮을까 하는.

다만 누구나 한계에 도전할 권리는 가지고 있다고 봅니다. 이 세상에는 신비라는 것이 존재하는 것이라서 그 신비를 찾아보고 싶다, 그 한계에 도전해보고 싶다는 것은 반드시 누구라도 생각하는 거라고 봅니다. 가령 가족을 생각했을 때 가족을 희생해가면서까지 자기 마음속의 이기적인 행위를 추구하는 것이 의미가 있을지 없을지. 나는 이것이 올바른지 그른지 말할 수는 없습니다. 나도 아이가 둘 있어서 명확한 해답은 없습니다.

야마노이　주변에서 계속 죽더라도, 단적으로 말해, 육체도 정신도 위로 향하라고 말씀하고 계시는 것 같습니다.

그런데 저는 예전에 일본에서 제일 위험한 놈이라는 소리를 들었거든요. 너는 천국에 가장 가까운 놈이라고. 그러더니 그랬던 녀석들이 잇따라 죽고 결국 저만 살아남은 셈이라, 죽은 사람들에게는 실례지만, 아마 나에게는 뭔가 몸에 배어 있구나, 살아남는 기술이 몸에 배어 있구나 하고 느끼고 있어요.

쿠르티카 씨는 저보다 더더욱 혹독한 등반을 해오고도 살아남은 셈인지라, 뭔가 스스로 몸에 배어 있구나 하고 느끼는 게 있습니까?

쿠르티카　글쎄요. 나 자신도 대단히 위험한 등반을 폭넓게 해온 셈이죠. 그럼에도 불구하고 조난 사고를 내진 않았어요. 내 파트너가 되어서 다친 사람은 하나도 없었고 정말 조그만 사고도 없었어요. 더그 스콧Doug Scott 이 작은 눈사태로 발목을 접질렸던 정도입니다.[179]

그렇다고 해서 내게 뭔가 특별한 것이 갖춰져 있나 하면 그런 건 아닌 것 같습니다. 나는 운이 좋았던 것이겠죠. 그래도 이 행운의 여신이 언젠가 나를 버릴지도 모릅니다. 분명히 의식하고 오르고 있었던 것은 사실입니다만 그마저도 바뀔 수도 있는 겁니다.

다만 스스로가 대단히 주의 깊었다고는 말할 수 있습니다. 그것도 워낙 겁이 많아서 어디에 잠재적인 위험이 숨어 있는지를 보려는 겁니다. 그래서 머릿속에서 '이 위험의 싹이 더 자라면 어떻게 될까?' 하고 항상 앞을 생각합니다. 그런 의미에서 타산적인 또는 과학적인 예측을 할 수 있는 사람이라는 설명도 되겠죠. 그 때문에 내가 지켜져왔다고.

야마노이   제가 많은 등반을 솔로로 하는 이유 중 하나는 아무리 작은 산이라도 겁을 내서 하는 때가 있는데, 가끔 파트너가 겁이 없기 때문에 대담한 행동을 취해버리는 경우가 있습니다. 솔로로 오르는 쪽이 안전합니다. 그리고 솔로로 하는 쪽이 산을 느낄 수 있고 위험도 눈에 들어오기 시작합니다. 어떤 방법으로 안전한 루트를 빨리 오를 수 있을까에 집중할 수 있기 때문입니다.

쿠르티카   나의 경험을 하나 더 보태자면 어떤 것도 무리해서 하려고 했던 적이 없다는 겁니다. 이게 지금 유행하고 있으니까 이걸 해야 한다고 따랐던 적이 없고, 억지로 그렇게 해보려고 했던 적도 없어요. 예를 들어 8천 미터의 고소 등산에서도 피크 헌팅이 유행하기 시작하고 나니까 뭔가 들뜬 열기에 사로잡힌 것처럼 '어떻게 해서든지 다음 피크를 오르자.'라는 기분이 나지 않았어요. 만약 그랬다면 노멀 루트부터 극지법으로 오르는 팀과 경쟁의식이 생겼을 겁니다. 그러면 그 경쟁 때문에 잠재적인 위험을 올바르게 인식할 수 없게 되어버립니다. 그런 위험을 인지하는 감각이 마비되어버립니다.

나 스스로 아주 작은 팀을 꾸려서 다른 팀과 합류하지 않도록 해왔던 겁니다. 그런 정도가 다르다면 다른 것입니다. 그런데 잘못된 동기부여 때문에 비극이 일어나는 경우는 있겠죠.

야마노이   하지만 실제로는 일본을 제외한 나라의 젊은이들이 히말라야에 가게 되면 얼마간 도움을 청해야 합니다. 그러면 스폰서와 자신의 등산과의 관계가 상당히 미묘해져 간다고 봅니다. '이 등산을 성공해야 한다.'는 생각은 등산 자체에 여유가 없어져서 아주 위험합니다. 스폰서에게 자신의 등산을 확실히 이해시키는 것이 중요하다고 봅니다.

쿠르티카　단지 그저 산에 오르고 싶다는 동기가 아니라 그 외의 동기, 예를 들어 '자신의 등산 경력 중에서 이 산은 꼭 필요하다.', '스폰서를 위해서 이건 반드시 성공해야 한다.' 같은 잘못된 동기는 자신과 산과의 관계가 대단히 거추장스러운 것으로 변해가는 원인이죠. 그와 같은 것은 피해야 합니다.

확실히 나는 살아남아 왔던 셈이지만, 이것도 절대 보장할 수 없는 것이겠죠? 그런 의미에서도 항상 불순한 마음으로 산으로 향해서는 안 된다고 봅니다.

등산의 정수는, 조금 전에도 말했듯이, 대자연 속에서 자신의 한계에 도전하는 것이라고 한다면 참으로 보잘것없는 인간이 계속 고도를 높여가서 공기가 희박해지고 차츰 한계에 가까워져 있는 것이겠죠. 그때 작은 인간을 밀어 올리고 있는 에너지가 있을 테지만 어디까지 가느냐 하는 것은 자연이 정해주는 겁니다. 대자연과 자신의 한계와의 아슬아슬한 싸움이라서 어디서 돌아서야 할지 모르는 사람은 아무리 동기가 순수했다고 해도 그만 돌아오지 않을지도 모릅니다.

야마노이　그와 관련해서 말인데요, 작년에 마칼루 서벽에 갔을 때 TV방송국의 제작진이 따라왔어요. 지금까지는 완전히 혼자 나서서 혼자 시도하려고 떠났었는데, 이번에는 처음으로 주변에 많은 스태프가 있었던 겁니다. 낙석을 머리에 맞아 실패하긴 했지만 아직까지는 큰 등산에서 거의 다치지 않았습니다. 낙석을 맞아버렸던 것은 지금까지와는 다른 사념 같은 것이 있어서 집중하지 못했었나 하는 생각이 방금 말씀을 듣고 보니 듭니다. 만일 또 마칼루 서벽에 솔로로 가게 된다면 늘 하던 스타일로 하고 싶습니다. 저번엔 마칼루 서벽이 잘 보이지 않았기 때문에….[180]

쿠르티카　관객이 있다는 것이 아주 곤란한 일이죠, 산에서는. 예를 들어 시를 쓰고 있을 때 누군가가 있는데 쓸 수 있을지. 음악도 마찬가지라 남이 있는데 작곡할 수 있을지. 결국 자기 자신에게 집중력이 필요할 때 관객은 방해만 될 뿐이죠. 자신과 산과의 관계 속에서 올라가는 것이 정말 바람직한 모습이라고 봅니다. 그런 의미에서는 산을 오르는 것에 대한 사고방식 자체가 하나의 스포츠이기도 하면서 예술 행위라는 것을 생각해야 합니다.

야마노이, 좀 전에 살아남아 왔다는 이야기를 했었는데, 거꾸로 내가 물어보고 싶은데, 지금까지 산에서 취한 행동으로, 예를 들면 어떤 것이 가장 효과적으로 자신을 지켜줬다고 생각합니까?

야마노이　왜 그런지는 모르겠습니다만, 위험에는 그냥 감각이 발달해온 것 같기는 합니다. 예를 들어 산이 아니라 숲에 들어가도 '여기는 위험하구나.'라는 것까지 조금 느끼거든요. 그래서 극단적인 이야기로, 길거리에 있을 때도 다른 사람보다 조금 더 위험이 눈에 띄는 것 같습니다.

저로서는 끊임없이 산에 올라 이게 위험하다는 것을 항상 느끼도록 해야 한다고 생각합니다. 억지로 되지는 않겠지만 그런 감각은 아마 무뎌질 것이라고 봅니다. 그래서 일 년에 한 번 원정을 가는 것만으로는 위험을 감지하는 능력도 무뎌지고 말 거라고. 일부러는 아니지만 마지못해 어느 정도 위험한 짓을 하지 않으면 그런 감지 능력이 무뎌지고 발달하지 않는 게 아닐까 하는 생각이 듭니다.

쿠르티카　그렇군요.

야마노이　일본의 겨울 산에서 눈보라가 치면 모두 하루 이틀 만에 조난해버립니다. 그런 뉴스를 들으면 우리는 일주일 동안 눈보라를 만나도 살아남을 수 있다는 생각이 들잖아요, 좀 극단적인 표현이긴 해도, 그렇게 되는 것은 체력일까요, 정신력일까요? 저 같은 경우를 예로 들면 배가 고프다든가 추운 것이 산에서는 당연한 일이라서 아무렇지도 않고, 오히려 달갑게 받아들여집니다. 잘은 모르겠지만 다른 사람은 순식간에 그게 고통이 되려나 하는 생각이 듭니다만. 그렇게 힘이 빠져버리는 게 아닐까라고도.

쿠르티카　그럴 수도 있죠. 등산이 서툴거나 별로 경험이 없는 사람들은 우선 심리적으로 쇼크 상태에 놓이게 되겠죠, 눈보라를 만난다든지 하면 완전히 미지의 상황에 내몰린 셈이라서 거기서 자신을 지탱해주는 것, 경험이 없다는 말이지만 스스로를 내부로부터 용기를 북돋아줄 자신이 없다고나 할까, '아, 여기서 주저앉고 말았구나.' 하고 심리적으로 버틸 수 없게 되어버립니다. 그런 것이 산에서 빨리 사망하게 되는 원인이라고 생각합니다.

처음으로 그런 눈보라 속에 내몰리는 일 자체가 엄청난 두려움이 갈수록 심해지는 일이기도 해서 패닉 상태에 빠집니다. 거기에서 자신이 살아남을 수 있다는 신념이 사라져 희망이 사라지는 것이라고 봅니다. 다만 나는 내 바로 옆에서 누군가가 죽은 경험이 없어서 그럴 때 실제로 어떤 일이 일어날지 거기까지는 알 수 없지만.

야마노이　쿠르티카 씨는 꽤 일찌감치 로체 남벽이며 마칼루 서벽 등 난도가 높은 루트에 관심을 가지고 계셨죠?

쿠르티카　82년, 83년경에는 아직 로체 남벽으로 가려는 시도 자체가 없었던 셈이죠.[181] 그리고 내가 마칼루 서벽으로 두 번 가서 실패하긴 했지만[182] 그전에 계획에 포함되었던 하나가 로체 남벽이었습니다. 당시에 이게 아주 어려울 거라고는 알 수 있어서요, 아마 시간도 엄청나게 걸리고 위험성도 높을 거라고. 그런 의미에서는 신중하게 해야 한다고 생각했던 겁니다. 그 후에 로체 남벽의 인기가 갑자기 높아져서 많은 사람들이 가려고 했지만, 그렇게 되니까 좀 전에 말한 것 같은 경쟁의 양상을 보였던 겁니다. 그러니까 이번에는 내 자신의 동기부여가 사라져버리더군요. 그런 레이스에는 참가하고 싶지 않고, 오르고 싶은 사람은 오를 수 있으면 족하다는 마음이 되어버렸어요. 다만 나도 확실히 다음 목표로서는 매우 해볼 만한 가치가 있다고 생각합니다.

야마노이 구 동구권의 여러 클라이머는 히말라야뿐만 아니라 유럽에서도 기술적으로 어려운 루트에서 활약하고 있습니다. 폴란드도 그렇고, 왜 그렇게 어려운 등반에 도전하는 사람이 나타나는지요?

쿠르티카 민족성이라는 것도 있다고 생각하고 나라마다 등산의 전통, 스타일이란 것도 있다고 생각합니다만, 역사적인 배경도 깊이 관련되어 왔다고 봅니다. 특히 80년대에는 폴란드에서 새로운 루트, 새로운 원정을 하자는 움직임이 있었던 셈이죠. 그런 와중에 특별히 기대하지 않았던 훌륭한 등산가가 나오기 시작했다는 겁니다.

야마노이 일본도 전쟁 후에 뛰어난 클라이머가 많이 길러졌습니다. 아름다운 라인도 오르고 기술적으로 까다로운 산에도 도전했습니다. 대규모로 오르기는 했지만 지금의 일본 원정대보다는 낫습니다. 저는 가끔씩 고군분투하고 있는 것은 아닌가 하고 생각하는 때가 있습니다. 지금 일본의 많은 클라이머는 헝그리 정신이 없는 건지, 등산 따위는 어차피 취미라고 생각해서 아무것도 추구하려 들지 않습니다. 저는 아직 기대하고 싶습니다만…

쿠르티카 폴란드에서도 역시 정치적인 이유, 역사적인 배경에서 히말라야에 대한 꿈이 사람들 속에서 성장해왔던 겁니다. 특히 제2차 세계대전

전이지만, 1939년 폴란드의 난다 데비Nanda Devi로 일종의 붐이 일어나 전쟁 후에도, 1950, 60년대에도 히말라야로 가려는 커다란 꿈이 폴란드에서 북돋아지고 있었던 겁니다.

다만 히말라야라고 해도 모두가 다 나처럼 오르는 것은 아니라서 일본과 마찬가지로 대규모로 가는 셈입니다. 그 점에서 폴란드와 일본은 등반 방식이 닮았다고 봅니다. 미답봉을 찾으려고 하거나 새로운 루트에서 도전하려고는 하지만 솔로라든지 알파인 스타일은 적은 셈입니다. 그 점에서는 내가 폴란드에서는 유일한 정도입니다.

일본에서도 솔로라든지 알파인 스타일이 거의 주목받지 못했던 무렵에 갑자기 솔로며 알파인 스타일을 하는 사람이 나오기 시작했습니다. 그래서 그것이 왜일까 하고 물어봐도 일괄적으로 대답할 수 없는 것이라서, 그 나라의 경우 거기까지 다양한 경험의 축적이라든지, 창의력으로부터 나오기 시작했다든지, 그런 등산가들의 흐름이란 것들이 만들어지기 시작했다고 생각합니다.

폴란드의 등산이 앞으로 나아가고 있는가를 말하자면 일반적으로는 그렇지만도 않습니다. 미답봉을 찾는 것과 동계등반, 그리고 새로운 루트를 개척한다는 것이 일반적으로 행해지지 않고 있으니까요.

야마노이   저는 앞으로도 알파인 스타일로 아름다운 벽에 루트를 만드는 것을 목표로 오르려고 합니다. 예를 들어 자누Jannu며 마셔브룸Masherbrum 상부 암벽, 그리고 마칼루 서벽 등이 매력 넘치는 과제입니다. 빙벽에서도 콩데Kongde 북벽 같은 루트, 히말라야 이외에도 배핀섬이며 그린란드에도 어려운 벽이 있습니다. 쿠르티카 씨가 지금 가장 관심 있는 산은 어디입니까?

쿠르티카   가까운 미래에 자신의 등반이 어떻게 발전해나갈지는 나 자신도 알 수 없지만, 어쨌든 내 머릿속은 산 생각으로 가득합니다. 몇 가지 계획이 있지만 오르는 방식은 전과 비슷한 등반을 답습해나갈 거라고 봅니다. 결국 그렇게 크지 않은 산에서 기술적으로 어려운 피크, 또 하나는 높은 산을 향한 도전

조만간 낭가파르바트의 마제노 피크Mazeno Peak에 가보고 싶습니다. 매우 긴 루트이기도 하니 대단한 모험이 되겠죠?[184] 그런가 하면 자그마한 피크도 도전해보고 싶습니다. 궁극의 암벽등반을 펼칠 수 있는 창가방 Changabang, 바기라티Bhagirathi 연봉, 케다르나트Kedarnath라든지 시블링 Shivling 같은 산입니다. 이것은 히말라야에 있어서 암벽등반의 새로운 장르의 시작이 아닐까 하고 생각합니다.

그리고 또 하나, 비슷한 장르로서 히말라야의 빙벽. 아직 미개척인 대단히 크고 험한 빙벽이 있습니다. 그런 예로 창가방 북벽이라든지 난다 데비 북동벽에 도전해보고 싶습니다. 2,000미터나 되는 빙벽이 있는 새로운 히말라야의 독특하고 본질적인 성격으로서 생각할 수 있지 않겠어요?

『山と渓谷』741호_1997년 4월호

야마노이 야스시가 생각하는
앞으로의 궁극 과제

[편집 주] 갸충캉에서 하강 중에 입었던 동상 치료를 위해 입원해 있던 때 등반 전문지 『ROCK & SNOW』의 인터뷰에 응했던 기사. 많은 손가락을 잃어 클라이머로서 재기의 전망이 불투명한 상황인데도, 오히려 세계의 최첨단을 눈여겨보고 한계에 도전하는 등반 문화에 대한 생각을 이야기했다.

클라이머는 항상 새로운 과제에 도전하려는 마음을 잃지 않아야 한다고 생각합니다.

하지만 다음 과제를 어떤 식으로 결정해나가야 좋을까요? 자신이 가진 테크닉은 어느 정도일까. 자신이 등반에서 쓸 수 있는 돈과 시간은 어느 정도일까. 세계의 톱 클라이머들이 지금 목표로 하고 있는 과제는 어떤 것일까. 그런 것들을 종합해서 계획을 다듬어가는 사람이 많겠죠? 저는 여기서 위를 향해 자신을 밀어붙이는 클라이머에게 뭔가 힌트가 되는 것을 이야기하려고 합니다.

하지만 그건 어디까지나 제 생각이어서 절대적인 것은 아니고, 원래는 스스로 찾아가는 것이겠죠. 또한 지금부터 소개하는 지역 중에는 등반에 모든 열정을 쏟았던 사람만 할 수 있는 지역도 있을 것입니다.

덧붙여서 여기서 이야기하는 루트는 어디까지나 알파인 스타일 혹은 캡슐 스타일(몇 피치씩 픽스를 반복하면서 원 푸시로 벽을 오르는 등반 스타일)의 과제로 생각해주셨으면 합니다.

Big Wall Climbing

빅월 클라이밍의 세계에서는 최근 정말 활발하게 각국에서 새로운 루트 개척과 프리화, 스피드 클라이밍이 행해지고 있습니다. 엘 캐피탄에서 단련된 미국인 등은 파타고니아에서 많은 루트를 무서운 속도로 따내고 있습니다.

딘 포터Dean Potter의 피츠로이 주변에서의 솔로며, 스티브 슈나이더 Steve Schneider의 파이네Paine 트래버스.[185] 미국인은 아니지만 슬로베니아의 실보 카로Silvo Karo[186] 팀에 의한 피츠로이 서벽에서의 논스톱 클라이밍. 어느 것이나 너무 빠르다 싶을 정도의 속도입니다.

이 분야에선 일본인 클라이머와의 실력 차가 뚜렷하지만, 예를 들어 세로토레에서는 마에스트리Maestri 루트며 피츠로이 남서릉 등은 가능한 한 스피드를 의식해서 오르면 일본인도 하루에 가능하겠지요.

1,000미터급 벽이 많이 있는 배핀섬의 샘 포드 피오르Sam Ford Fiord[187] 등지에서는 정통 방식인 짐 올리기를 해가면서 새로운 루트를 개척하는 것이 아직도 기본입니다. 이 지역은 정보가 적기 때문에 스피드 클라이밍 기록은 조금밖에 없습니다. 그레이트 세일 피크Great Sail Peak 등은 이미 몇 개의 루트가 완등되었지만, 주변에는 브로드피크처럼 박력 있는 미등벽이 여럿 있어서 일본 클라이머가 오리지널 라인을 열 가능성이 많습니다. 어프로치에서는 스노모빌을 어디까지 쓸 수 있는지, 배가 어디까지 들어갈 수 있는지 등 여러 가지 부분을, 늘 다니고 있는 미국인조차 파악할 수 없기에 정보를 어떻게 모으느냐도 포인트가 됩니다.

좀 더 손쉬운 곳을 찾으려면 저도 최근에 찾았던 적이 있는 파키스탄의 후세Hushe 골짜기 주변을 들 수 있습니다. 실로 많은 암벽이 있어서 세계의 클라이머가 새로운 루트를 개척하고 스피드 클라이밍을 활발하게 실천하고 있습니다. 이들 암벽은 어프로치가 짧은 데다 날씨도 그리 나쁘지 않고 성가신 허가를 받을 필요도 없습니다. 규모 면에서는 요세미티의 하프돔 규모의 암벽부터 그레이트 트랑고 타워 규모의 것들이 있습니다. 특히 표고차가 1,500미터나 되는 아민브락Amin Brakk은 최근까지 알려지지 않아서 사진으로 소개되었을 때는 전 세계의 클라이머에게 충격을 주었습니다. 어프로치는 지프를 이용하고, 그 후에 이틀 정도 카라반으로 어느 BC든 도착할 수 있습니다. 전체 원정 비용도 그리 많이 들지 않아서 개인이 도전할 수 있는 범위의 암벽입니다.

같은 파키스탄 내에 '세상에서 가장 아름다운 BC가 있다.'고 이야기하는 발토로 빙하의 십턴 스파이어Shipton Spire도 매력적인 암벽입니다. 1995년에는 훌륭한 빅월 클라이머였던 다니구치 류지谷口龍二 씨가 단독으로 도전했습니다. 그 이후로 일본인에 의한 도전은 없습니다.

어떤 빅월 클라이머라도 가장 중요한 문제는 전략이라고 봅니다. 예를 들어 세 명 이상의 팀이 되면 방대한 짐과 씨름하는 것만 일이 되어버리는 멤버가 나오겠죠.

또한 같은 화강암에서도 크랙의 질에 따라 스타일이며 전략이 변해가기 때문에 사전에 사진 등으로 충분히 연구할 필요가 있습니다. 더구나 같은 캡슐 스타일이라고 해도 400미터나 500미터에서 픽스를 해버리면 게임으로서 흥미진진해지지 않습니다. 자신들 안에서 사전에 뭔가 룰을 정해서 도전하지 않으면 등반 내내 자꾸 편한 쪽으로 타협할 가능성이 높아집니다. 되도록 프리 클라이밍으로 '오르고 있구나.'라는 속도감을 느낄 정도의 빠르기로 심플한 스타일로 도전하고 싶은 곳입니다.

Ice Climbing

최근 페루 안데스를 찾는 클라이머가 여럿 있습니다. 유럽 알프스를 확대해서 크게 만든 것 같은 산과 마을에서 가까운 어프로치는 알파인 클라이머에게 있어서는 천국 같다고 생각합니다. 전진기지가 되는 와라스 주변의 산에서는 주로 빙설벽 등반을 하게 됩니다. 바위 루트도 있습니다만 대체로 취약하고 불쾌한 경우가 많습니다. 과거에 일본 팀이 완도이Huandoy며 차크라라후Chacraraju에서 힘든 라인도 개척했지만 아쉽게도 그 시대는 극지법으로 오를 수밖에 없었습니다. 현재는 알파마요Alpamayo 남서벽이며 아르테손라후Artesonraju 남벽 등 고전 루트에서의 재등이 많은 것 같습니다. 확실히 아름다운 산이기는 한데…. 하지만 실패를 두려워하지 말고 조금 더 높은 레벨의 산에 도전해보는 것은 어떨까요.

예를 들면 고전 루트의 연장선상으로 병풍 같은 차크라라후 남벽이며 옥샤팔카Ocshapalca 남벽에도 굉장한 루트가 줄지어 있습니다. 그들 벽의 플루트flute[188] 상부는 부드럽게 수직에 가까운 눈으로 이루어진 작은 록밴드가 나타나는 경우가 있어서 능선 바로 아래에서 어쩔 수 없이 물러서는 경우도 있습니다. 또한 등반 내내 확보물 설치 기술도 어렵고, 일본에서는 별로 경험해보지 못한 하강 테크닉도 큰 문제 중 하나입니다. 또 같은 남미 내에서 조금만 시점을 바꾸면 볼리비아에도 양질의 아이스 루트가 많이 있습니다.

안데스보다 2,000미터 고도를 높이면 히말라야 8,000미터가 됩니다. 다울라기리 동벽의 쿠르티카 팀에 의한 초등 루트며 시샤팡마 남서벽의 스위스·폴란드 루트는 히말라야의 고전적 빙설벽 과제입니다.

'8,000미터'라고 들으면 저항감이 있는 사람도 적지 않을 테지만 얼음과 눈의 테크닉을 몸에 익히고 그 위에 견실하게 지구력 트레이닝을 한 클라이머라면 도전할 자격은 있다고 생각합니다. 남미의 6천 미터 설벽을 흔들림 없이 오를 수 있는 사람이라면 확실히 도전할 수 있는 범위겠죠. 장비며 식료품을 어떤 방법으로든 줄여볼까를 생각하고 스피드를 올려 차갑고 희박한 공기를 감내하면서 올라가주었으면 합니다.

Mixed Climbing

드라이툴링dry-tooling을 구사한 스타일의 믹스 클라이밍이 캐나다와 알래스카 등지에서 적극적으로 개척되고 있습니다. 특히 헌터Hunter와 매킨리McKinley[189]의 벽은 스피드를 의식하며 게다가 대담하게 프리로 도전하고 있습니다. 하지만 해마다 꽤나 컨디션이 다른 모양이라서 지난 시즌은 얼음 상태가 나빠 그다지 좋은 기록이 나오지 않았던 것 같습니다.

고소의 믹스 루트에서는 극단적인 예지만 슬로베니아의 토마즈 휴마르Tomaž Humar 등이 네팔의 다울라기리 남벽에서 M6에 가까운 등반을 하고 있습니다. 안타깝게도 등정까지는 이르지 못했지만…[190] 또한 인도의 창가방이며 카란카Kalanka 북벽[191] 등에서도 강한 의지를 느끼게 하는 라인을 일주일 이상의 비참한 비박을 거듭하며 완등했습니다.

좀 더 표고를 낮추면 네팔 히말라야 쿰부 지역의 쿠숨캉구루, 콩데, 탐세르쿠Thamserku, 촐라체Cholatse 등의 1,000미터부터 1,500미터 규모의 북벽 루트가 각국 클라이머의 인기를 모으고 있습니다. 지난겨울은 나카가와 히로유키中川博之, 이토 코지伊藤仰二[192] 팀이 콩데 북벽 등반에 성공했습니다. 거기에는 여러 루트가 있지만 어느 것이나 굉장하다고 들었습니다. 하지만 쿰부 지역의 믹스 루트도 알래스카와 마찬가지로 날씨와 컨디션의 기회를 잡는 것이 어렵습니다.

그렇다고 하더라도 어프로치는 트레킹으로 유명한 '에베레스트 트레일'에서도 가깝고 히말라야의 벽으로 봐서는 발붙이기 쉬운 편입니다. 또 입산료도 트레킹 피크의 허가증만으로 오를 수 있는 봉우리가 많아서 학생부터 사회인 클라이머까지 커다란 가능성이 있는 등반 지역이라고 말할 수 있겠죠.

테크닉 면을 말하자면 쿰부 지역의 북벽은 M5 정도의 믹스 벽이 나옵니다. 일본에서 예를 들면 다니가와다케 에보시사와鳥帽子沢의 오쿠카베奥壁[193]를 단시간에 오를 수 있는 사람이라면 기술적으로는 충분하다고 봅니다. 히말라야의 벽은 1,000미터 이상이기 때문에 정신적으로 지치지 않는 부분이 중요해집니다.

하지만 더욱 고난도 루트의 경우는 박빙에 피크를 찍고 크램폰으로 미묘한 스탠스를 취하는 곳이 나옵니다. 거기서는 힘든 무브 테크닉이 필요해집니다. 창가방을 오르는 수준의 톱 클라이머는 확보물을 설치할 수 없을 것 같은 암벽을 프리 클라이밍의 무브로 확실하게 올라갑니다.

믹스 루트에서는 설질의 판단이며 피켈 기술 등 여러 가지 요소가 얽히기 때문에 어떤 식의 트레이닝이 유효할지 일괄적으로 말할 수는 없습니다. 하지만 높은 수준의 루트를 목표로 하는 것이라면 프리 클라이밍의 기초가 필요하게 되는 것은 말할 것도 없겠죠.

이상과 같은 과제에 도전하기 전에 국내에서도 그런 조건에 맞춘 트레이닝을 해야겠지요. 생각하기에 따라서는 상당히 합리적으로 할 수 있을 겁니다. 옛날이야기이긴 합니다만 제가 토르 서벽으로 갔던 때는 겨울에 가이코마가다케의 A, B플랑케Flanke[194], 오쿠카베奥壁[195]를 계속 등반해서 솔로 시스템을 연습했습니다. 또한 겨울 피츠로이로 출발 직전에는 미즈가키 쥬이치멘十一面의 「하루이치방春一番[196]」이며 「베르쥬에르ベルジュエール[197]」 등 화강암 크랙 루트를 플라스틱 부츠로 몇 개씩이나 올랐습니다. K2 때에는 북 알프스의 아라사와 오쿠카베荒沢奥壁[199] 등 다루기 까다로운 설벽 등에 맞서 트레이닝을 했습니다.

그런 트레이닝 후에 이번에 소개했던 해외의 산으로 향한다면 다양한 것들을 얻을 수 있다고 봅니다. 등반 기술만이 아니라 아마 원정 환경을 배울 수 있겠죠. 남미로 말하면 매사에 느릿느릿한 라틴계 문화가 원정의 크럭스가 되는 사람도 있을 것이고, 파키스탄으로 말하면 현지의 카레가 몸에 안 맞는 사람도 있겠죠. 알래스카에서는 백야에 맥을 못 추는 사람도 있을지 모릅니다.

걷잡을 수 없는 해설이 되어버렸습니다만, 어떤 큰 루트로 향하는 경우라도 흥미와 동경을 가지고 계획을 세워주었으면 합니다.

최고의 난제

마지막으로 제가 생각하는 가장 어려운 클라이밍 프로젝트를 소개하겠습니다. 오늘날에는 한마디로 등반이라고 말해도 몇 가지 장르로 분류되어 있기 때문에 모든 분야를 다하기는 대단히 어렵습니다. 하지만 군이 지금까지의 과제를 종합하고 다시 다양한 요소를 레벨업 한 프로젝트를 들자면 그것은 라톡 I봉 북벽, 마칼루 서벽, 그리고 자누 북벽이 되겠죠.

거기의 헤드월은 아직 아무도 오르지 못했습니다. 현재의 톱 클라이머에게 궁극의 과제라고 확신하고 있습니다. 하지만 거기까지 하려면 클라이머는 다른 모든 것을 버리고 인생을 걸어야 한다고 봅니다.

가까운 미래에 그런 극한의 큰 루트를 알파인 스타일로 완등하는 일본 클라이머가 나타나기를 기대하고 있습니다.

『ROCK & SNOW』019_2003년 3월

야마노이 야스시의 미학

인터뷰어 : 이케다 쓰네미치池田常道

[편집 주] 월간지『山と渓谷』에서 다뤘던 「야마노이 야스시」 특집에서 이케다 쓰네미치 씨와 나눈 대담. 이케다 씨는 일본의 등반 상황을 지표로 만들어왔던『岩と雪』의 명편집자. 야마노이 씨의 주요한 기록 대다수는『岩と雪』에 발표되었다.

- 저는 평범한 산행 전이라도 잠이 안 와요, 평소 생활과 조금이라도 다르면 긴장해서. 오늘도 평소와는 다르잖아요. 시내로 나와서 이케다[200] 씨와 이야기한다고 생각하니까 어젯밤도 잠이 잘 안 와서.

- 진지하게 이렇게 마주보고 이야기하는 일은 없었죠. 만날 때는 사진을 빌려 달라, 원고 좀 부탁한다는 식이라.『岩と雪』에는 맨 처음에 CHRONICLE에[201] 투고했죠?

- 죠가사키인지 어딘지에서 5.10 정도의 프리 솔로를 했다는 것이 실렸던 것 같네요.

- 내가 기억하기론 117호[202] 표지였던 죠가사키의 마리오네트.

- 그래도『岩と雪』표지 중에서는 묘하게 추레한 사진이죠. "생선 비늘에 소금 친 것 같은 바위에서 후줄근한 추리닝을 입고…"라고 모두들 이야기하더라고요. 그래도 저는 그저 뿌듯했어요.

● 본문으로 제대로 쓴 것은 125호의 「빅월이 기다리고 있다」였죠?

▬ 지금 읽으면 부끄럽죠. 조금 더 고쳐줬더라면 좋았을 텐데. 스물두세 살 나이에 '나', '내가'라고 말하고 있는 게 부끄러워서.[203]

● 그래도 그건 꽤나 생기 있는 글이었죠. 요세미티에 가고, 알프스에 가고, 그리고 토르 서벽 솔로.

▬ "어떤 등반이 마음에 들었습니까?"라고 자주 물어보지만, 우열을 가리기 힘든 가운데에서도 토르는 역시 다섯 손가락 안에 듭니다. 어느 정도는 엉뚱한 짓을 했다는 기분도 들고, 그때까지 엘 캐피탄이랑 드류에서 쉬운 곳 두 군데 올라갔을 뿐이잖아요. '극지에서 혼자 저런 곳을 용케 갔구나.'라는 생각은 듭니다. 장비도 구멍투성이 비옷에다, 장갑도 양말도 여벌 따위는 없었죠. 바라클라바도 없었어요. 대단하죠.
솔로 시스템 자체도 엄청나게 위험했죠. 저는 그 당시에 실제로는 솔로 시스템을 잘 몰랐습니다. 주마로 로프를 내보냈으니까요. 지금 생각해보면 '크게 추락했더라면 산산조각 났겠구나.' 하고.

● 솔로에는 여러 가지 방식이 있었겠죠. 그렇게까지 장비도 없었고.

▬ 그래서 그야말로 『岩と雪』에서 냈던 단독등반 특집을 내내 보고 있었죠.

● 「일본에서의 주요 단독등반 연표」죠? 58호.[204]

▬ 나 때가 아니라서 누군가가 줬어요. 지금까지도 가지고 있는데, 그 당시는 빨간 줄을 긋곤 했습니다. 그야말로 크로니클에 실리고 싶어서. 저의 첫 솔로는 고등학교 2학년 때 올랐던 묘죠산明星山[205]의 쉬운 루트였는데, 그 이전에 등반되었던 유명한 루트를 '이것도, 이것도 등반되었구나.' 하는 식으로 표시를 했어요. 이 중에서 등반되지 않은 암장은 어딘가 하고 체크하고 있었던 걸로 기억합니다.

● 왜 솔로를 생각했던 겁니까? 생각하기 시작했던 것은 일본 등반 클럽에 입회하기 전인가요?

■ 하세가와 쓰네오長谷川恒男[206] 씨가 아니라도 단독초등이라는 글자가 멋있었어요. '뭔가 있어 보이네.'라는 느낌이라. 그 무렵에는 그 정도까지 혼자서 한다는 것에 연연하지는 않았을 겁니다. 다만 저의 등산 이력 중에 '그게 있는 게 좋겠네.' 하고 단순하게 생각했던 걸로 기억합니다.

● 그래도 말이지, 국내 암장에서 단독 초등반과 느닷없이 토르 솔로라는 것에는 꽤나 갭이 있잖아요. 요세미티에서 그만큼 올랐으니까 다음은 그런 곳으로라는 심경이었다?

■ 『岩と雪』의 독자라면 흐름상으로는 그럴 수도 있죠. 요세미티를 하고 유럽을 했다면 더 외진 곳밖에 없잖아요, 빅월이라면요. 지금도 요세미티를 솔로로 오르는 일본인은 많을 테지만 배핀까지는 이어지지 않잖아요.

● 아마 엘캡의 루트를 따내는 쪽으로 가버린 게 아닐까요? 옆쪽으로 가서 그레이드를 올린다든지 하겠지만.

■ 당시에 외국의 클라이머라도 오지에서 저런 빅월을 솔로로 하는 사람은 별로 없었어요. 찰리 포터는[207] 엄청나게 빠른 시대에 혼자 했기 때문에 저건 엉뚱하고 엄청난 일이라고 생각했지만. 냉정하게 생각해보면 제 기록은 시대로 보아도 나쁘지 않았구나 싶습니다.

● 시대의 첨단을 알아차리는 능력이 있는 거잖아요. 혹시 토르에 가기 전인지 된지 트랑고 같은 데는 관심 없냐고 물었던 적이 있었죠? '저런 것은 엘 캐피탄의 연장선으로 가능하기 때문에.'라고. 그것 참 대단한 말이라고 생각했어요.

- 이야기가 건너뛰지만, 최근 히말라야의 믹스 루트에서도 포타레지를 쓰잖아요. 그걸 쓰면 패셔너블해서 멋지단 말이죠, 그림은요. 하지만 포타레지에 들어가면 좀 더 산에서 멀어져요, 산의 감각에서. 참 안전한 장소거든요, 이건 이미 쉘터라서. 텐트에서 하는 어색한 비박과는 다르거든요. 지금 미국과 유럽인들도 종종 저렇게 하는 사람이 있지만, '뭔가 좀 인공등반 같잖아.'라는 생각이 요즘 듭니다.

  산이란 게 오르기 시작하면 마지막까지 안심할 수 없잖아요. 부자연스러운 상태가 중요할 텐데, 안에서 책을 읽어가며 까딱하면 라디오를 들을 수도 있습니다. 그건 어쩌면….

- 바로 그래서 엘 캐피탄의 연장선?

- 네, 맞아요. 그야말로 산에서 어떻게 하길 요구하는 건 아니지만, 저걸 쓰지 않겠다고 자신의 룰로 정한다면 알파인 클라이밍도 좀 더 재미있어질 거라고 보는데.

- 목표는 어떤 계기로 고르는지?

- 그야말로 저는 내 나름대로이긴 하지만 등산사를 염두에 둡니다. 시대의 흐름은 어떻게 되고 있을까. 그래서 『岩と雪』을 숙독하고….

- 라인홀드 메스너Reinhold Messner가 말했죠. "새로운 것을 하려면 등산사를 알아야 한다."라고.

- 마칼루 서벽을 알게 된 것도 『岩と雪』에서 「동서양의 거벽 등반가東西絶壁仲間」라는 기사를 읽고 나서입니다.

- 90호[208]에 쿠르티카가 반다카Bandaka(6,812m)[209] 동벽부터 마칼루 서벽까지의 일을 쓴 기사.[210]

▪ 그건 저도 몇 번이나 읽었어요. 동서 유럽의 엄청난 사람들이 두 번이나 가고도 오르지 못했다고. 거기서 감이 왔어요.

● 그들도 처음은 로체 남벽이었어요. 그런데 유고슬라비아 팀이 픽스 로프를 빈틈없이 깔고도 실패했기 때문에 손때 묻은 벽은 그만두자고 해서 마칼루로 갔던 겁니다. 매킨타이어와 쿠르티카는 77년부터 함께 했지요. 82년에 매킨타이어가 죽었기 때문에, 짧은 시간이었지만 그들은 산을 고르는 법부터 무엇이든 한 걸음 앞서갔었어요.

▪ 앞서갔었군요. 쿠르티카에게 거기를 어떻게 골랐는지 물어본 적이 있어요. 그랬더니 예상대로 일 년 내내 등산사를 보고 있다고 이야기했어요.
그저 저는 안타깝게도 '산을 고르는 센스만은 재능이 없었나.' 하고 요즘 들어 생각합니다.

● 센스 없는 목표를 골랐던 적이 있다는 말?

▪ 그게 아니라 지금까지 제 자신의 등산사를 보아도 그건 이미 결정적입니다. 산을 고를 때는 자료를 보거나, 지금이라면 인터넷도 있지만, 여러 곳을 수소문해서 산을 알아내고 사진 한 장으로 판단했던 셈입니다. 저도 분명 그들과 같은 것을 봤을 텐데 못 찾았네요.

● 그것을 누군가가 했던 것도 있나?

▪ 예를 들면 타우체Tawoche 북동벽. 믹 파울러Mick Fowler가 올랐죠. 그리고 브로드피크의 남서벽은 다른 루트로 오른 뒤라도 가능성이 있구나 하고 생각했어요.[211] 확실히 거기는 초오유 남서벽보다는 쉽습니다.[212] 실제로 브로드피크는 만족스러운 등산이 아니었기도 해서.

● 야마노이 군 같은 경우는 혼자서 하고 있고, 일 년에 몇 번씩이나 가는
  건 아니니까.

▬ 핑계는 아니지만 저는 의논해줄 상대가 없습니다. 쿠르티카도 파울러
  도 믿을 만한 동료가 있고 정보도 가지고 있습니다. 하지만 '나 같으면
  꽤 확률이 낮겠네.'란 생각이 들면 이미 그 시점에서는 갈 수 없으니
  까, 결정하지 않았다는 사정도 있었겠지만.

● 등반에서는 고고한 사람이라도 등산계에서는 고고한 사람이 되고 싶
  지 않은 거군요.[213] 같은 수준의 이야기를 할 수 있는 사람을 바라겠죠?

▬ 네, 네. 그런 의미에서 이야기할 수 있는 사람이 없어요. 그건 좀 서글
  프네요. 오르는 건 혼자라도 좋은데.

● 그건 야마노이 군이 구하지 않아서?

▬ 음, 그야말로 이미지 면에서 혼자가 좋아요. 혼자만이 저 벽에 있다.
  둘보다는 혼자가 좋습니다. 다만 2001년에 라톡을 실패하고 나서 북
  벽을 보고 그때 처음으로 누군가와 함께 가고 싶다고 생각했어요. 혼
  자서는 도저히 무리라서.

● 솔로로 하는 건 어떤 한계에 갇혀버리죠.

▬ 맞아요. 레벨을 올리려면 막다른 상태에 있는 느낌은 있습니다. '역시
  솔로구나.' 하고 어느 정도 산이 제한되어 버립니다.
  그래서 라톡으로 가기 전에 스즈키 겐죠鈴木謙造와 이야기했을 때, "좋
  은 게 있어."라고 내가 말했더니, 그는 이미 그걸 알고 있더군요. 그런
  대화가 가능했던 것은 일본인 중에는 그 친구밖에 아무도 없었어요.
  실제로 제가 쿠르티카와 오를 수 없었을 때, '이걸 겐죠와 할까?' 하고

바로 생각했죠. 그 친구는 확실히 제 마음을 알았고, 저도 그의 마음을 알았어요. 하지만 이슬라마바드로 되돌아갔을 때 샤모니에서 죽었다는 소식이 들어와 있어서 맥이 탁 풀렸어요. 유일하게 '파트너가 필요하구나.' 하고 생각했던 때였는데. 그때까지는 그렇게까지 생각하지 않았어요.

다만 어느 시대나 오르는 과제는 있지만 요새 십수 년은 클라이머 수가 줄어들고 있는 느낌입니다, 절대적으로. 구미의 잡지에서 그 나름대로 대단한 성과를 발표하고 있는 사람들도 있지만 80년대는 좀 더 많아서 일 년에 열 개, 스무 개나 놀라운 등반을 하고 있었잖아요. 지금은 겨우 한 줌의 사람들이 순서대로 좋은 등반을 하고 있을 뿐이라는 기분이 드네요.

● F1 라이선스를 가지고 있는 스무 몇 명의 카레이서 같은 느낌?

▬ 나머지는 카레이스에도 관심 없는, 자가용을 타고 있는 사람들에 가깝죠. 일본만이 아니라 세계 등산계를 보더라도.

● 맞네. 파타고니아도 딘 포터가 거의 혼자서 짭짤한 과제를 정리해버렸고, 더군다나 믹스를 제대로 하고 있냐고 치면… 없네.

▬ 종종 일본 등산계는 깔끔한 삼각형을 이루고 있지 않다고 말하지만, 그건 이미 세계적인 추세가 아닌가 합니다. 지금 알피니스트의 등반 방식은 스마트하고 멋져서 그 기록이 인터넷상에 단숨에 올라오기 때문에 아무래도 시대를 앞서가는 것처럼 보이지만, 등산사에서 보자면 올바르게 역사가 만들어지고 있는 것 같지는 같습니다. 어쩌면 이미 10년 이상 정체되어 있지 않았나 합니다.

- 나는 조만간 누군가 엉뚱한 사람이 나오겠지 하고 생각하고 있어요. 80년대는 확실히 눈부시게 진전했다고 해도, 반대로 죽은 사람도 많았고, 등산사 자체는 좀 더 완만하게 흘러왔으니까 말이죠.
- 어쩌면 80년대는 좀 이상했을지도 모르죠.

- 자기 등반의 시대성과 함께 기록으로서는 대단하지만, 실은 80프로 정도의 실력으로 할 수 있는 브로드피크의 데니스 우루브코Denis Urubko며 낭가파르바트의 스티브 하우스Steve House 루트랑 절망적으로 까다로운, 예를 들어 마칼루 서벽을 어떻게 우열을 비교하나요?[214]
- 80년대에서 90년대 당시 피에르 베긴Pierre Béghin[215] 등은 거의 불가능에 가까운 쪽을 한결같이 올라 한결같이 실패하고 있는 셈이지 않습니까. 클라이머로서는 미학이 느껴집니다만… 미묘한 지점 아닙니까. 역시 얼마쯤은 정상에 서는 것이 중요합니다.

  저는 사람들에게 보여주기 위해서가 아니라 자신의 등산 이력을 쓰고 멍하니 바라보는 것을 꽤나 좋아합니다. 그러나 계속 ○○시등, ○○시등, ○○시등…, 그러면 좀 괴롭습니다. '3년에 한 번 정도는 정상에 서고 싶은데.' 하는 마음이 있네요.

- 8,000미터라는 높이에는 연연하지 않겠죠? 그 정도 높이에서 감당하기 어려운 일을 한다는 점은 있다고 보지만.
- 없어요. 그 점을 말하자면 애초부터 없었어요. 곧잘 초오유를 갖고도 8,000미터에서 베리에이션 솔로라고 하지만 8,000미터가 아니어도 좋습니다. 거긴 때마침 하기 좋은 곳이라고 생각해서 올랐을 뿐이라.

- 산을 봐도 8,000미터 봉은 너무 거대하잖아요. 그런 느낌은 안 듭니까? 산도 엄청나게 크고 벽도 안정되어 있고.

- 그중에서도 유일하게 마칼루와 K2는 다릅니다. 정말 미안하지만 시사팡마에는 썩 관심이 가지 않아요.

● 마나슬루 남동벽[216] 쪽에 관심이 있군요.

- 있죠. 요는 피라미드에 가까운 모양의 리지를 가느냐, 그보다는 그 정면의 삼각형을 곧장 가는 것이 좋겠죠?[217] 자주 다이렉트 루트를 비판하는 경우가 있지만, 다이렉트에 익숙해지면 아름답습니다. 아래부터 곧바로 피라미드의 정점을 향해서.

● 곧장 치고 오른다는 것은 꽤나 중요하죠. 미학으로서 말이죠. 다이렉트가 비판받았던 것은 과거 돌로미테의 암봉에 볼트를 연속으로 박아서 직선을 그었기 때문이겠죠. 거기를 프리 클라이밍으로 직선으로 갈 수 있다면, 그건 굉장한 일이기도 하고.

- 보통 등반하는 사람의 인식은 어때요? 그런 느낌이 아니려나? 우리는 루트에 집착하지 정상 자체에는 연연하지 않아요.

● 뭐, 그렇긴 하죠. 루트의 마침표로서 정상이 있지. 올라가는 걸 생각해보면 역시 어느 정도 경사가 없을 수는 없고, 험하지 않을 수도 없으니 말이죠.

- 그 깎아지른 벽면에서 제가 이리저리 혼자서 열심히 오르고 있는 그림을 상상하면 정말 좋거든요. 그곳에 가 있고 싶습니다. 그 피라미드도 꽤나 예리한 피라미드이기도 하고.

● 지금 이야기는 왜 오르는가에 연결된다고 보는데.

- 실은 오늘 밤부터 또 아라카와데아이荒川出合[218] 1룬제에 가거든요. 오늘도 전철을 타고 여기 올 때 1룬제를 생각했는데. 거기 얼음이 잘 안 얼었을지도 모르는 곳에서 피켈을 걸면서 올라가면 긁혀서 찰카닥찰카

딱 소리가 나잖아요. 그때 저는 주위를 보고 '발 디디기 좋은 데가 없나' 하고 살펴보고 바위에 크램폰을 거는 겁니다. 그런 소리라든가 경치를 상상하면 정말 견딜 수 없이 그곳으로 가고 싶어집니다. 거기엔 이미 이유 같은 건 없죠.

● 시각, 청각…, 냄새도 있으려나…?

▬ 산에서 유일하게 냄새는 별로 상상할 수 없지만. 얼음에 푹 꽂아 넣고 꽂혔구나 하는 진동이 손에 전해지면 이리저리 두리번거리면서 발 디딜 곳을 찾습니다. 그리고 또 한 걸음 올라갑니다. 슬슬 '하켄을 치고 싶네.' 하는 마음이 들기 시작해도 '아직 멀었구나.' 하고 생각합니다. 그러니 바위를 만지는 것만으로도 좋습니다. 인공벽의 홀드는 잡고 싶은 생각이 들지 않지만, 석회암이든 규질암이든 뭐라도 좋으니 거기에 손을 대고 힘을 주는 것을 상상하는 것만으로도 너무 좋습니다.

● 그게 등반하는 이유죠. 볼더든, 암벽이든 그 연장선상에 무한한 동작이 겹겹이 쌓여서 긴 루트가 있는 거니까. 다만 엄청나게 큰 산의 경우 거기에 등반선을 긋는다는 것은 '그게 자신에게 가능할지 아닐지'라는 퍼즐 같은 요소도 나오겠죠? 이 산의 이 벽은 어떨까 하고 상상하는 그런 일을 몇 번이나 합니까?

▬ 몇 번이고 합니다. 그리고 역시 이건 객관적으로 위험하지 않을까 등을 계속 집중해서 한 달 정도 조사하고, 역시 아쉽게도 바위가 취약하다, 혹은 최종적으로 내 능력으로 부족하다, 그래서 제외. 그런 일의 반복이기도 합니다.

● 그런 걸 생각하는 시간은 즐거운지?

▬ 흥미 없는 일은 아니지만 즐겁지도 않아요. 그래도 그야말로 사진을

보고 제법 선이 그어져 갈 때는 즐거워요. 그래서 '루트를 그을 수 있다, 계획을 세우자.'라고 된 순간은 더 이상 즐겁지 않게 되죠. 불안이 점점 심해져 갑니다. 이미 할 장소가 정해져 있는 셈인지라.

● 스스로 결정한 일에서 달아날 순 없나요?

▬ 도망칠 수도 없고, 그때부터 어느 정도 리스크가 떠오릅니다. 베이스 캠프 출발 전 따위는 전혀 설레지 않고 진짜 오르기 시작했을 때부터 즐거워집니다. 그게 최고로 즐겁습니다. 그래도 선을 그을 수 있을 때가 가장 즐겁습니다.

그래서 일 년 내내 산 관련 자료에 파묻혀서 쭉 보고 있어요. 그야말로 열 살 때부터 산을 오르기 시작해서 잠잘 때 빼고 한 시간이라도 산에 대한 생각이 머리에서 떠난 적이 아마 30년 동안 한 번도 없을 겁니다. 다음은 어디로 갈까 라든지를 꿈속에서도 생각합니다. 다에코 얘기로는 "확보 완료!"라고 잠꼬대를 하는 것 같다고 하니 (웃음). 그야 어디를 목표로 할까뿐만 아니라 '이런 등산 인생이 맞는 건가.'라는 인생론 같은 것을 생각하는 적도 있지만 그야말로 '집안에서 산을 생각하고 있는 내가 있다.'라는 그 느낌이 좋잖아요. 그걸 상상할 수 있었을 때.

● 뭔가 눈앞에서 보는 것 같네요.

▬ 딱히 신들린 모습은 아니라도 제3자의 관점에서 저를 봐서 깔끔한 그림이 좋습니다. 요즘 사람들 앞에서 이야기한 적이 있는데, 어떤 때는 몇 백 명도 모인 적이 있었어요. 거기서 제가 혼자 잘난 듯이 이야기하는 거잖아요. 그걸 만약 저의 바깥에서 본다면 그건 아주 꼴사나운 그림 아닙니까. 그래서 이젠 그만두려고 합니다.

- 혹시 말이죠, 다에코 씨와 결혼해서 함께하는 산은 비교적 약속해서 갑니까?

- 등산 패턴으로서는 저는 솔로가 많아서 그냥 가지만 다에코는 누군가 파트너를 구해서 간다는 인상이랄까요. 하지만 그녀가 제 아내라서 하는 말이 아니라 클라이머로서는 세계 제일의 여성 알피니스트라고 생각해요. 그 정도로 능력이 뛰어난 사람도 없고 강인합니다. 그래서 자주 말합니다. 나는 쭉 생각하고 목숨 걸고 트레이닝을 해서 현상 유지를 하고 있을 뿐인데, 다에코는 그렇게까지 깊이 생각하지 않고 그렇게까지 트레이닝을 하지 않아도 강할까. 그래서 재능이 있다는 겁니다. 천부적인 자질 아닙니까.

  다만 아내의 결점은 스스로 산을 고르지 않아요. 고를 수 없는 걸까…, 모르겠네요. 13년 정도를 함께했는데도 지금껏 전부 제가 고른 곳만 갔어요. 그녀가 '여기 가고 싶다.'고 한 적은 별로 없었던 것 같아요. 저를 만나지 않았다면 아마 산은 다니고 있었겠지만 평범한 주부가 되었겠구나 하는 느낌이 있어요. 평소에 딴 생각을 하고 있으니까요. 텃밭에 채소는 제대로 나고 있으려나라든지.

- 둘이 있을 때 산 이야기는 합니까? 자신의 계획을 다에코 씨에게 이야기한다든지.

- 정해지면 말합니다. 이번에 푸탈라도 이제 한번 가볼까 해서 그런 것은 있지만 별로 많이 이야기하지는 않아요. 프리 클라이밍은 함께 하지만 그렇다고 해서 저 무브가 이러니저러니 하는 대화도 하지 않아요.

● 그래도 결혼해서 정신적으로 안정되었다는 인상은 있는데.

▬ 지금이 차분하게 산을 생각할 수 있는 때일지도 모르죠. 그야말로 다른 무엇이 있어서 차분하게 생각할 수 있는지도 모르겠네요. 어쩌면 혼자 생활하고 있었던 때가 생각을 하지 않았을 수도 있겠네요. 그냥 그대로 아파트에서 괴롭게 몸부림치며 생활하면서 거의 발광하는 상태로 등산을 쭉 생각하고 있었다면 어떻게 되었을까요.

● 젊어서 줄기차게 올랐던 시대와 어느 정도 이름이 알려진 시대, 그리고 지금은 부활을 기대하고 노력하고 있는 시대, 각각 심경의 변화가 있습니까?

▬ 이건 정말로 아무것도 없습니다. 어떻게 보이든 무슨 말을 듣든 간에 아무 느낌이 없어요. 젊었을 때는 있었어요. 토르며 피츠로이에 올랐던 무렵에는 좀 더 젊은 세대의 클라이머가 어찌 보고 있을까를 의식했던 적이 있습니다. 하지만 지금은 '유명하니까 어떻게 보일까.'라고 생각하고 있는 시간이 쓸데없다고 느껴집니다, 저에게는. 단순히 다음에 갈 곳을 찾고 어떻게 해서 오를까, 그것만을 생각하고 있습니다. 지금까지도 그랬고 지금도 말이죠.

● 푸탈라를 성공한 지금 기분은?

▬ 갸충캉이 끝나고 '푸탈라에서 성공하면 심적으로 조금 안정될까?' 하고 생각했어요. 푸탈라에서도 손발의 절반이 마비되고 동상기가 있어서 한 달 정도 고생했으려나. 그런데 한 달 후에 전혀 만족하지 못하고 있는 내가 있었던 겁니다. 이렇다 할 정도의 등반이 아니었구나 하고. 냉정하게 생각하면 그리 쉽지는 않았는데도 푸탈라에서는 만족이 안 되었어요.

역시 히말라야에서 빙설벽이건 뭐라도 좋으니까 그런 곳을 솔로로 달려 나가고 싶다고 다시 한 번 생각했습니다. 그래서 지금 눈이든지 얼음이든지 부지런히 다니고 있어요. 그래도 늘지 않는달까, 레벨이 올라가지 않는달까… 히말라야의 빙벽은 너무 멀다는 것을 최근 2주 동안 실감하고 있어서 괴롭습니다.

클라이머는 의욕이 떨어지는 쪽이 편안합니다. 하지만 저는 의욕이 떨어지질 않네요.

역시 저는 수준이 향상되지 않으면 여전히 불만입니다. 평생 등산은 할 거고, 그야말로 '더그 스콧처럼 조그마한 설산의 초등도 멋지네.'라[220]는 생각도 들고, 장기적으로는 할아버지가 되어서도 오를 것이지만 지금은 여전히 수준이 향상되지 않으면 소용없습니다.

● 게다가 지금은 몸이 따라가지 않고?

▬ 괴롭네요, 아주. 단순히 근력이라든가 추위에 약하다든가 하는 것은 아닌데도, 갸충캉 이후 다시 산을 오르자고 생각하고부터 쭉 산을 오르고 있어요. 그래서 손발이 회복할 여유를 주지 못했어요. 그게 어쩌면 안 좋았을지도 모르죠. 발은 걱정 없어도 손은 꽤나 괴롭습니다.

● 그래도 그건 역시 누군가와 상의한다고 해서 해결될 문제는 아니니까. 스스로 이해하고 한 걸음 한 걸음 나아가는 수밖에 없지 않을까요?

▬ '어쩌면 내게 남은 시간은 그리 많지 않을걸.'이라고 막연하게 생각하고 있어요. 그야말로 강연을 하고 있을 여유 따위는 제겐 없습니다. 앞으로 이삼년밖에 없잖습니까. 지금 정말로 기술은 없고 스피드도 없겠죠. 결정적으로 약해진 것은 확실한데, 그래도 수준을 향상할 수 있

는 기회가 남아 있는 시간은 그리 길지 않을 거란 기분이 들거든요. 그러려면 쉴 수 없을 것 같아서. 올해 6,000미터 정도의 산에서 믹스 벽을 오르고 내년, 내후년에 그레이드를 올린다면 '야마노이 야스시, 좀 만족하지 않냐.' 하는 생각인데. 거기까지 거뜬히 견뎌나갈 수도 없고 어떻게 되는 건가 하는 기분입니다.

● 그래도 너무 심각하게 생각해서 의기소침해진다든지, 그런 타입은 아니잖아요?

■ 그런 건 전혀 아니죠. '빌어먹을, 어째서 이렇게 늘지 않는 거야?' 하고 맥이 탁 풀리지는 않아요.
그야말로 고민하고 있는 내 자신도 있다는 것이 인생으로서는 재미인가 해서. 그리고 나 또한 반드시 해결된다는 것을 알고 있거든요. 그건 꼭 나중에 해결될 거라는 것을 알고 있으니까, 그 정도로 괴롭지는 않네요.

● 산에서도 절망이 없나요? 마나슬루에서 묻혔던[221] 때는 과연….

■ 그것도 절망하지 않았어요. 절망하지 않았으니까 무서운 겁니다. 묻혀 있는 거 아닙니까. 보통 사람이었다면 체념했을지도 모르지만 저는 어떻게든 빠져나오려고 생각하면서도 움직일 수가 없으니까 그게 공포였습니다. 그래도 마지막까지 포기한 적이 없어요. 그래서 지금까지 절망이란 것은 한 번도 안 했어요. 한 순간이라도 '안 되는 건가?' 하고 생각했던 적은 없어요. 갸충캉에서도 한 순간도 떠오르지 않았어요. 다만 내려갈 방법을 생각할밖에.

● 오히려 그런 기술적인 측면으로 재충전하고 있다?

■ 네, 맞아요. 침착해질 수 있어요. '여기서는 하켄은 보통 세 개지.'라든

가, '여기서는 피켈 두 자루로 내려가는 게 좋지.'라든지. 다에코도 그럴 겁니다. 숨이 끊어질 때까지 그런 상태로 있을 수 있는 것은 확실하다고 봅니다. 에너지가 마지막, 정말 없어질 때까지 계산한달까, 정확히 판단해가면서 산을 오르내릴 수 있다는 건 확실합니다.

● 그거 좋은 이야기네요. 생각 속에서 뭔가를 셧다운 해서 어떤 정보만 추려낼 수 있다는 것 아닌가요?

▬ 그럴지도 모르죠. 그리고 축적된 게 있으니까 바로 판단할 수 있겠죠. 망설이는 일이 없어서 기분이 좋죠. 자신의 경험으로 저장되어 있는 것이 어딘가에서 바로 꺼내져서 행동으로 옮겨진다는 것은.

그래서 갸충캉에서 마지막으로 비박할 때 다에코가 "자도 될까?"라고 물어서 "자도 돼."라고 말했던 겁니다. 이미 거의 죽음이 문턱에 있는 다에코의 표정을 보고 그래도 아직 뭔가 에너지가 보여서 자더라도 죽지는 않을 것 같다고 생각했어요. 그것은 심정적이라든지 하는 게 아니고 항상 객관적으로 보고 있는 겁니다. 어쩌면 저는 그런 판단력이 제일 자신 있는지도 모르겠습니다.

● 셀 수 없이 해왔던 거네요. 그렇게 해서 죽을 곳에서 살아남아 온 거고, 그만큼 등산을 하면서. 뭐랄까, 살려고 해왔으니까 살아 있는 것이려나?

▬ 음…. 등산이 아니라도 옛날부터 많은 추억을 만들고 싶었거든요. 앨범 만들기가 아니래도. 오래 살아서 추억이 생기는 것보다 추억을 만들고 싶어서 오래 사는 것 같은 느낌이 있습니다. 물론 많은 산에 오르고 싶으니까 오래 살고 싶은 것도 있겠지만요.

● 그래도 말이지, 남은 시간이 3년이라는 건, 어째서 그렇게 느끼는 거죠? 회복이 늦어서?

▬ 그렇게 말해서 스스로 몰아넣는 것 아니겠습니까 (웃음). 실은 아직 쌩쌩하다고 생각하고 있어요. 이미 시간 여유가 없다고는 말해놓고. 그래도 앞으로 3년간 순조롭게 향상되면 앨범이 완성되려나….

● 역시 부족하다고 생각하지 않을까요?

▬ 역시 부족하다고 생각하겠죠. 아쉽지만.

『山と渓谷』850호_2006년 3월호

V

Chronicle

가이코마가다케,
미나미보즈이와南坊主岩 등반 후.
1989년 3월

등반 연보

1965		4월 21일	탄생
1977	12세	여름	오제尾瀬 하이킹 (가족과)
		여름	기타다케北岳 (친척 아저씨와)
1978	13세	겨울	오쿠타마奧多摩 다카노스야마鷹ノ巣山
		봄	다이보사쓰토게大菩薩峠
		여름	오제 시부쓰산至仏山
		겨울	오쿠치치부奧秩父 구모토리야마雲取山
1979	14세	여름	단자와丹沢 미즈나시가와혼다니水無川本谷
		여름	단자와 간시치노사와勘七ノ沢 (다섯 번째 15미터 큰 폭포(F5)는 우회)
1980	15세	여름	다니가와다케谷川岳 니시쿠로오네西黒尾根
		여름	시라네白根 삼산 종주 [기타다케〜아이노다케間ノ岳〜노토리다케農鳥岳]
		10월	지바千葉 노코기리야마鋸山 (프리 솔로로 8미터 추락)
		겨울	일본 등반 클럽 입회
1981	16세	5월	단자와 하코네야사와箱根屋沢
		7월 19일	다니가와다케 이치노쿠라자와一ノ倉沢 남릉
		8월 15일〜16일	기타다케 버트레스 C걸리, 제4오네尾根
		9월 6일	다니가와다케 유노사와幽ノ沢 중앙벽 우측 페이스
		9월 23일	다니가와다케 이치노쿠라자와 요상凹状 암벽
		11월 1일	다니가와다케 이치노쿠라자와 남릉 플랑케Flanke 다이렉트
		12월 30일	야쓰가다케八ヶ岳 세키손료石尊稜 (첫 동계 베리에이션)

구마모토 성無本城의 축벽, 3세

간시치노사와

다니가와다케 니노사와 미기마타 우벽

1982	17세	6월 6일	다니가와다케 유노사와 V자 우측 루트
		6월 20일	다니가와다케 이치노쿠라자와 중앙 칸테
		8월 13일~14일	쓰루기다케劒岳 야쓰미네ハッ峰 6봉 C페이스 검릉회劒稜会 루트, D페이스 도야마대학富山大 루트
		9월 15일	다니가와다케 유노사와 중앙 룬제
		10월 10일	마에호타카다케前穂高岳 기타오네北尾根 4봉 정면벽 마쓰타카松高 루트 (모두 프리 클라이밍)
		10월	죠가사키城ヶ崎 가도와키門脇 구역 (파트너의 추락에 휩쓸려 왼손 골절)
		12월 5일	다니가와다케 이치노쿠라자와 중앙릉 (첫 동계등반)
		12월 31일	가이코마가다케甲斐駒ヶ岳 도다이가와혼다니戸台川本谷 (첫 아이스 루트)
1983	18세	2월 6일	죠가사키 「오타쓰おたつ 크랙」(5.9, Flash), 「앙쿠르アンクル 크랙」(5.8, Flash)
		2월	야쓰가다케 다이도신 오오타키大同心大滝
		3월 25일~29일	오가와야마小川山 「오가와야마 레이백レイバック」(5.9, Flash), 「가마슬랩ガマスラブ」(5.8, Flash)
		4월 24일	묘죠산明星山 P5 남릉 말단벽 「사랑의 스카이라인愛のスカイライン」 (첫 단독)
		5월 29일	아시오足尾 마쓰기자와松木沢 「과일 바구니フルーツバスケット・체리チェリー」(5.9, 초등), 「복숭아ピーチ」(5.8, 초등)
		6월 2일	아시오 마쓰기자와 대 슬랩 말단 「몽키 댄서モンキーダンサー」 (5.10, 초등)
		6월 12일	오가와야마 「블랙앤화이트ブラックアンドホワイト」(5.10a, Flash)
		6월	야쓰가다케 다이도신 정면벽 Y자 행Hang (파트너의 추락에 휩쓸려 허공에 매달리고 앞니 4개가 부러짐)
		6월	다니가와다케 니노사와二ノ沢 미기마타右俣 우측 벽
		7월 28일~ 8월 8일	마에호타카다케 뵤부이와屏風岩 동벽 룬제, 운료雲稜 루트, 기타호타카다케北穂高岳 다키타니滝谷 쓰루무ツルム(역자 주: 등산에서 직등 등의 의미를 가지고 있는 일본 등산용어이나, 여기에서는 다키타니에서 제4오네 중간을 가로막고 있는 암벽에 붙인 명칭이다.) 정면벽, 제4오네, 제1오네, 돔 Dome 서벽, 돔 북벽
		8월 27일~28일	다니가와다케 이치노쿠라자와 남릉, 중앙릉
		9월 4일	다니가와다케 이치노쿠라자와 중앙 칸테(40분)~남릉(15분) (단독)
		9월 18일	다니가와다케 이치노쿠라자와 요상 암벽 (빗속에서 단독)
		10월 30일	죠가사키 「기분은 최고気分は最高」(5.10b, Flash)
		12월 17일~18일	죠가사키 「술집순례ハシゴ酒」(5.10c, 프리 솔로)

1984	19세	1월 22일	야쓰가다케 미나미사와 오오타키南沢大滝
		3월 30일	죠가사키「킹콩キングコング」(5.11a, 마스터*, 첫 5.11a) 「죠스업ジョーズアップ」(5.11a, 마스터*) (*주) 27 참조)
		5월 3일~8일	오가와야마「피닉스フェニックス」(5.11a, Flash) 「가장 높은 루프最高ルーフ」(5.10d, Flash)
		6월 8일~ 10월 10일	요세미티 엘 캐피탄「Salathé Wall」(단독, 실패)
			요세미티 하프돔 북서벽 레귤러 루트 (첫 빅월)
			요세미티「Separate Reality」(5.11d, 마스터), 「Butterballs」(5.11c, Flash), 「Crack-a-Go-Go」(5.11c)
		12월 18일	다니가와다케 이치노쿠라자와 중앙릉
1985	20세	1월 5일~8일	죠가사키「프레셔プレッシャー」(5.11b, Flash)
		2월 10일	죠가사키「빅 마운틴 다이렉트ビッグマウンテンダイレクト」 (5.12a, 초등)
		2월 16일	죠가사키「스콜피온スコーピオン」(5.12a, 초등)
		5월 1일~4일	오가와야마「임진가와イムジン河」(5.11d)
		5월 10일~ 6월 21일	요세미티「Tales of Power」(5.12b)
			콜로라도「Blues Power」(5.12b)
			콜로라도에서 낙석에 맞아 왼쪽 발목 골절로 입원. 퇴원 후, 아키마 미에코秋間美江子 씨 댁에서 7주간 요양(역자 주: 야마노이 야스시의 아버지 야마노이 다카유키山野井孝有 씨는 아키마 씨 오빠가 태평양전쟁 전에 선고받은 간첩죄 누명을 풀어주기 위해 활동했고, 아키마 씨는 1965년부터 콜로라도주 볼더로 이주해 살고 있었다.)
1986	21세	1월 20일	죠가사키「마리오네트マリオネット」(5.12a, 초등)
		5월 20일~	와이오밍 비더부Vedauwoo 「Max Factor」(5.12a, Flash), 「Moonsault」(5.12a, Flash)
			요세미티「Cosmic Debris」(5.13a, 첫 5.13)
		9월 1일~5일	요세미티 엘 캐피탄「Zodiac」
		겨울	LA에서 강도에게 칼에 찔려 중상을 입음
1987	22세	4월 1일	콜로라도 사우스 플랫South Platte「Sphynx Crack」(5.13b/c)
		4월 26일~5월 1일	요세미티 엘 캐피탄「Lurking Fear」(단독3등, 첫 빅월 솔로)
		5월	알프스 미디 플랑Midi-Plan 종주 (단독)
		6월	알프스 페르세베랑스Aiguille de la Perseverance 남릉 (단독)
		6월	알프스 몽블랑 브렌바 아레트L'arête de la Brenva (단독)
		7월 2일~5일	알프스 드류Dru(3,733m) 서벽 French Direttissima (단독초등, 첫 본게임에서 10미터 추락)
		7월	알프스 미디Aiguille du Midi 남벽 콩타민느 루트Voie Contamine, 렘Aiguille de I'M 쿠지 루트Voie Couzy, 랭덱스 남동릉Aiguille de l'Index, Southeast Arête

1987	22세	8월 8일~9일	돌로미테 치베타Monte Civetta 북서벽 졸레더 루트Direttissima Solleder-Lettenbauer
		12월 21일~23일	미야자키현宮崎県 무카바키야마行縢山 메다케雌岳 서벽 하부 「내일이 없는 폭주明日なき暴走」(단독초등)
1988	23세	1월 2일	가이코마가다케 A플랑케 동지회同志会 우측 페이스 (동계 단독초등)
		1월 13일	다니가와다케 이치노쿠라자와 남릉 플랑케 다이렉트 (단독)
		1월 31일	야쓰가다케 죠우고사와ジョウゴ沢
		2월 7일	야쓰가다케 우라도신裏同心 룬제
		3월 1일~6일	가이코마가다케 A플랑케 「아카구모赤蜘蛛」~B플랑케 「아카구모」~ 오쿠카베奥壁 룬제 (단독)
		6월 20일~28일	배핀섬 토르 서벽 아메리카 루트 (단독초등, 통산3등, 34피치 중 11피치가 새로운 라인)
		12월 30일~ 1월 1일	가이코마가다케 나나다케바쿠七丈瀑~오우렌다니黄蓮谷 히다리마 타左俣
1989	24세	3월 12일~17일	가이코마가다케 미나미보즈이와南坊主岩 동지회 루트 (동계 2등), 「No Problem」(동계 2등)
		4월	기타호타카다케 다키타니 제4오네
		5월	오가와야마 「크레이지 잼クレイジージャム」(5.10c), 「러브 이즈 이지ラブ・イズ・イージー」(5.11b), 「가장 높은 루프最高ルーフ」(5.10d) (세 곳 모두 프리 솔로)
		6월~7월	파타고니아 피츠로이(3,405m) 남서릉 아메리칸 루트 (단독, 실패)
		7월	리우데자네이루의 암탑 코르코바두Corcovado (단독초등), Sugarloaf Mountain(Pão de Açúcar) (단독)
		8월	아르헨티나 바제시토스Vallecitos(5,770m) (단독)
1990	25세	1월	마에호타카다케 뵤부이와 동벽 「스페이스 마운틴スペースマウンテン」 (단독, 1피치 실패)
		1월	다니가와다케 이치노쿠라자와 쓰이타테이와衝立岩 「오버 타임オーバータイム」(단독, 실패)
		2월 23일	죠가사키 「서머타임 블루스サマータイムブルース」(5.12a)~후지산~ 야쓰가다케 다이도신 오오타키 (단독, 23시간)
		3월 22일~23일	가시마야리가다케鹿島槍ヶ岳 북벽 동릉 눈서, 정면 눈서 (단독)
		4월 28일~29일	기타호타카다케 다키타니 다이아몬드 페이스~돔 중앙릉
		5월 26일	미즈가키야마瑞牆山 쥬이치멘이와十一面岩 「하루이치방春一番」(단독)
		6월 3일~4일	마에호타카다케 뵤부이와 동벽 「스페이스 마운틴」(단독 제2등)~ 「마니악マニアック」(단독초등)
		7월 26일~28일	파타고니아 피츠로이 아메리카 루트 (동계 단독초등)
		9월 22일	다니가와다케 이치노쿠라자와 중앙릉~요상 암벽~중앙 칸테~ 남릉~본봉本峰 (단독)

1990	25세	9월 23일~24일	다니가와다케 이치노쿠라자와 에보시사와烏帽子沢 오쿠카베奥壁 다이렉트, 디레티시마
		10월 14일	야쓰가다케 무기쿠사토게麦草峠~덴구다케天狗岳~아카다케赤岳~곤겐다케権現岳~고부치사와小淵沢 (10시간)
		11월 3일	오쿠치치부 전산 종주 미즈가키산소瑞牆山荘~긴푸산金峰山~구모토리야마雲取山~가모자와鴨沢 (22시간)
		12월 14일~15일	야쓰가다케 미나미사와 오오타키(프리 솔로)~다이도신 오오타키(프리 솔로)~산샤호우三叉峰 룬제~우라도신 룬제 (단독)
		12월 22일	다니가와다케 이치노쿠라자와 남릉 (단독, 4시간 30분)
		12월 23일~25일	기타다케 이케야마池山 쓰리오네吊尾根 (단독)
		12월 31일	마에호타카다케 뵤부이와 1룬제~마에호타카 4봉 정면벽 고난甲南 루트~마에호타카다케~기타오네北尾根 하강 (단독, 22시간 30분)
1991	26세	2월 13일	한국 토왕성 빙폭
		3월 2일	다니가와다케 이치노쿠라자와 좌방左方 룬제 (단독, 1시간 반)
		3월 10일	다니가와다케 이치노쿠라자와 좌방 룬제
		3월 17일	다니가와다케 이치노쿠라자와 다키사와滝沢 3슬랩 (단독, 2시간 반)
		3월 26일~28일	가시마야리가다케 덴구오네天狗尾根
		5월 1일~3일	시로우마다케白馬岳 주릉
		6월~7월	카라코람 브로드피크(8,047m) 서릉
		8월 26일~28일	카라코람 캐시드럴(5,828m) 남벽 (실패)
		12월	후지산 (낙석 사고로 왼발 골절. 100일간 입원)

토왕성 빙폭

1992	27세	3월	퇴원. 재활 시작
		7월 15일~17일	마루야마丸山 동벽 남동벽 다이렉트, 좌측 암릉 플랑케/「어펜딕스 アペンディクス」(실패), 중앙벽 미도리緑 루트
		7월 23일	다니가와다케 간고신도巖剛新道
		7월 29일~31일	묘죠산 P6 남벽 「퀸즈웨이クイーンズウェイ」(단독초등), 좌측 페이스 (단독)
		8월 11일	오쿠가네야마奥鐘山 서벽 자악회紫岳会 직상 루트 (단독)
		8월 21일	히카와氷川 뵤부이와 「이쿠이노시시イクイノシシ」(5.11d)
		8월 23일~24일	다니가와다케 이치노쿠라자와 디레티시마 단독초등, 쓰이타테이와 A자 행Hang
		9월 6일~7일	묘죠산 P6 남벽 「마니페스토マニフェスト, Manifesto」(단독초등), 「프리 스피릿츠フリースピリッツ」(단독 제2등)
		9월 16일	오쿠가네야마 서벽 OCC 루트 (단독, 실패)
		9월 24일	시로타에하시白妙橋 「워ウォー」(5.12a)
		11월 6일~7일	네팔 메라피크(6,476m) 노멀 루트
		11월 15일~19일	네팔 메라피크 서벽 다이렉트 (단독, 실패, 5,700미터까지)
		12월 5일~7일	네팔 아마다블람(6,812m) 서벽 신 루트 (동계 단독초등)
1993	28세	3월 5일~6일	다니가와다케 이치노쿠라자와 6룬제 히다리마타, 니노사와 우측 벽
		3월 21일	가시마야리가다케 북벽 주릉 (동계 단독 제2등)
		4월 25일~28일	기타호타카다케 다키타니 돔 북벽
		7월	카라코람 가셔브룸 Ⅳ봉(7,925m) 동벽 (단독, 악천후로 7,000미터에서 실패)
		7월 29일~31일	카라코람 가셔브룸 Ⅱ봉(8,035m) 노멀 루트
		10월 3일~5일	요세미티 엘 캐피탄 「The Nose」
		10월 19일~21일	요세미티 엘 캐피탄 「Iron Hawk」(단독, 실패)
1994	29세	1월 2일	다니가와다케 이치노쿠라자와 요상 암벽
		1월 8일	가라사와다케唐沢岳 마쿠이와幕岩 대요각大凹角 루트
		2월 15일	가라사와다케 마쿠이와 좌방左方 룬제 (동계 단독초등, 1시간 40분)
		2월 19일	미사카御坂 센나미노타키千波ノ滝
		3월 7일	다니가와다케 이치노쿠라자와 · 니노사와 중간릉~히가시오네東尾根
		3월 23일	다니가와다케 유노사와 3룬제
		4월 23일	가이코마가다케 A플랑케 동지회 왼쪽 루트
		5월 2일	묘죠산 P6 남벽 정면벽 루트
		5월 13일~14일	묘죠산 P6 남벽 정면벽 루트 (프리화, 5.12a), 「콰트로クワトロ」
		5월 20일	묘죠산 P6 남벽 「캡쳐드キャプチュード」(단독초등)
		7월 3일	알프스 베르트Aiguille Verte 북벽 윔퍼 쿨르와르Whymper Couloir

1994	29세	7월 6일	알프스 몽블랑 뒤 타퀼Mont Blanc du Tacul, 제르바수티Gervasutti 쿨르와르
		7월 10일	알프스 블레티에르Aiguille de Blaitière 서벽 브라운 크랙Brown and Whillans (단독)
		7월 13일~14일	알프스 마터호른 북벽 슈미트Schmid 루트
		7월 26일	기타다케 버트레스 피라미드 페이스~제4오네
		9월 21일~23일	티베트 초오유(8,201m) 남서벽 신 루트 (단독초등)
		12월 23일~24일	다니가와다케 이치노쿠라자와 중앙 칸테
			몽벨 모험상 수상
1995	30세	1월 28일~29일	야쓰가다케 오우이와 빙주王岩の氷柱, 아카이와 빙주赤岩の氷柱
		2월	야쓰가다케 미노토 빙주美濃戸の氷柱, 미나미사와 오오타키
		3월 20일	다니가와다케 이치노쿠라자와 6룬제 히다리마타 (동계 단독초등)
		겨울	다니가와다케 이치노쿠라자와 에보시사와 오쿠카베 다이렉트 (실패)
		4월 17일~18일	우미콘고海金剛 「시라나미白波」 루트
		4월 29일~5월 1일	묘죠산 P6 남벽 ACC-J 직등 (일부 프리화)
		6월 21일~28일	요세미티 엘 캐피탄 「Lost in America」(A5)
		7월 5일~9일	요세미티 엘 캐피탄 「Salathé Wall」(전 구간 프리 클라이밍 시도)
		8월 13일~24일	카라코람 부블리 모틴(6,000m) 남서벽 (초등, 표고차 650m, 5.10c, A3)
		10월 1일	네팔 추쿵Chukhung의 무명봉(약 6,100m) 남서벽 (단독초등, 표고차 1,000미터 빙벽, 3시간)
		12월 9일~10일	야쓰가다케 다이도신 정면벽 우측 페이스~오우이와 빙주
		12월 16일	야쓰가다케 죠우고사와~우라도신 룬제~아카다케 서벽 주릉 (단독, 12시간)
		12월 23일	가이코마가다케 아카이시자와 오쿠카베赤石沢奥壁 중앙릉 (단독)
1996	31세	1월 4일~6일	가이코마가다케 구로토오네黒戸尾根~센죠가다케千丈ヶ岳~센시오오네仙塩尾根시오미다케塩見岳~가시오塩
		1월 27일	니시죠슈西上州 아이자와 빙주相沢の氷柱
		2월 10일~12일	아라카와데아이荒川出合 빙폭 3룬제 우측 나메滑(역자 주: 매끄러운 바위 위로 물이 흐르는 구간), 3룬제, 네루통 폴ネルトンフォール
		2월 25일	아라카와데아이 빙폭 네루통 폴 (단독초등, 프리 솔로)
		3월 10일	가이코마가다케 아카이시자와 오쿠카베 좌측 룬제
		3월 19일	가이코마가다케 마리시텐摩利支天 사데노오오이와サデの大岩 YCC 루트 (실패, 80미터 추락)
		4월 28일	기타호타카다케 다키타니 크랙 오네 (단독)
		5월 18일~20일	쓰루기다케 겐지로오네源次郎尾根~본봉~쓰루기오네劔尾根 R4 (단독)

1996	31세	7월 6일	미즈가키야마 쥬이치멘이와 「베르쥬에르ベルジュエール」 (단독)
		9월 24일~25일	네팔 마칼루(8,463m) 서벽 (단독, 낙석에 맞아 7,300미터에서 실패)
1997	32세	1월 13일	다니가와다케 이치노쿠라자와 쓰이타테이와 「오버 타임」 (동계 단독초등)
		1월 26일	가이코마가다케 오지로가와尾白川 강가노자와ガンガノ沢
		2월 14일~15일	가라사와다케 마쿠이와 하타케야마畠山 루트
		3월 3일~6일	리시리잔利尻山 서벽 아오이青い 암벽 (시작 지점에서 실패)~ 센보시仙法志 능선
		4월 15일~17일	시로우마야리가다케白馬鑓ヶ岳 동면 중앙 룬제~ 가라마쓰다케唐松岳~고류다케五竜岳 동면 C자와沢 오쿠카베 (단독)
		6월 5일~7월 5일	애리조나 잭스 캐니언Jacks Canyon 「Ground Zero」(5.13a)
			요세미티 미들 캐시드럴Middle Cathedral Rock 이스트 버트레스, 하이어 캐시드럴Higher Cathedral Spire 이스트 페이스·레귤러 루트
		7월 11일~12일	페루 안데스 피스코Nevado Pisco(5,750m) 남벽
		7월 14일~15일	페루 안데스 완도이Huandoy(5,900m) 동벽
		9월	티베트 가우리샹카르Gauri Shankar(7,134m) 북동릉 실패
		12월 2일	우미콘고 「네이비블루ネービーブルー」 (단독)
		12월 14일	야쓰가다케 히로가와라사와広河原沢 3룬제~오쿠카베 (단독)
		12월 28일~31일	리시리잔 서벽 우측 룬제 (아오이 암벽을 노린 것도 단념)
1998	33세	1월 3일	우미콘고 「노벰버 레인ノベンバーレイン」
		1월 18일	야쓰가다케 미나미사와 오오타키, 미노토 빙주
		1월 22일	센죠가다케 시오자와塩沢 미기마타
		1월 31일	아라카와데아이 빙폭 1룬제
		2월 19일	다니가와다케 유노사와 좌방左方 룬제
		3월 22일	야쓰가다케 아카다케 서벽 좌측 룬제
		4월 22일	네팔 쿠숨캉구루Kusum Kanguru(6,367m) 동벽 (단독초등, 5.9, 85도, 22시간)
		7월 19일~20일	샤쿠죠다케錫杖岳 좌방 칸테, 1룬제
		7월 27일~28일	기타다케 버트레스 하부 플랑케~제4오네~d걸리~오쿠카베~ 기타다케~센죠가다케
		9월 14일	네팔 마나슬루(8,163m) 북서벽 (6,100미터에서 눈사태에 묻혀 실패)
		11월 20일	마루야마 나오키丸山直樹 저 「솔로—단독등반자 야마노이 야스시」 간행
		12월 9일~10일	야쓰가다케 미나미자와 오오타키, 마리시텐 오오타키
		12월 28일~29일	센죠가다케 다케사와岳沢

1999	34세	1월 1일~3일	가이코마가다케 아카이시자와 오쿠카베 S상状 룬제
		2월 8일	니시죠슈 아라후네야마荒船山 쇼텐 빙주昇天の氷柱
		2월 14일	가이코마가다케 이와마岩間 룬제
		2월 21일	가이코마가다케 마이히메노타키舞姫の滝
		3월 7일	다니가와다케 유노사와 중앙벽 우측 페이스
		5월 30일	페루 안데스 바유나라후Vallunaraju(5,686m) 남벽
		6월 4일~6일	페루 안데스 아르테손라후Artesonraju(6,028m) 남벽
		6월 12일~13일	페루 안데스 알파마요Alpamayo(5,947m) 남서벽
		7월 26일~27일	카라코람 소스분Sosbun 무명봉(6,000m) (5.7, A1, 70도)
2000	35세	1월 9일~12일	야리가다케槍ヶ岳 이오오네硫黄尾根
		2월 12일	센죠가다케 시오자와 히다리마타
		2월	니시죠슈 아이자와 빙주
		2월	니시죠슈 다테이와立岩 3룬제
		2월	미타케御岳 「클라이머 가에시クライマー返し」 (초단(V7))
		3월 8일	시라게몬白毛門
		3월 12일	죠야마城山 「HIT」 (5.12c, On Sight)
		4월	가와마타河又 「매머드의 목マンモスケイブ」 (5.13a, Red Point)
		7월 28일~30일	카라코람 K2(8,611m) 남남동 립 (단독초등, 48시간)

알파마요 남서벽

롱스피크

아르테손라후

2001	36세	5월 2일~4일	기타호타카다케 다키타니 제1오네
		7월 2일	마루야마 동벽 좌암릉 플랑케/「어펜딕스」
		7월	카라코람 라톡 I 봉(7,145m) 북벽 (중단, 쿠르티카와)
		8월 9일~14일	카라코람 비아체라히 타워Biacherahi Tower(5,900m) 남벽 (초등, 5.10, A2, 450m, 쿠르티카와)
		9월	카라코람 K7 주변 트레킹
		10월	다니가와다케 이치노쿠라자와 쓰이타테이와 다이렉트 칸테
		10월	문부과학성文部科学省 장관 스포츠 공로상 수상
2002	37세	1월 2일~3일	가이코마가다케 고마쓰자와駒津沢
		2월 10일	니시죠슈 다테이와 3룬제
		2월 16일	니시죠슈 오오이와자와大岩沢
		3월 5일	스코틀랜드 로크너가Lochnagar 패럴렐 버트레스Parallel Buttress
		3월 7일	스코틀랜드 벤네비스Ben Nevis 마이너스 원 걸리Minus One Gully
		4월 15일	호켄다케宝剣岳 동벽 중앙릉
		4월 28일	가시마야리가다케 쓰메타자와冷沢 다이렉트 오네 (단독)
		5월 4일	기타호타카다케 다키타니 제3오네
		7월 7일	콜로라도 롱스피크Longs Peak(4,346m) 다이아몬드 월The Diamond 캐주얼 루트Casual Route
		7월 11일	같은 다이아몬드 월 D7
		7월 13일	같은 다이아몬드 월 키너스 루트Kiener's Route (단독)
		7월 22일	와이오밍 그랜드 티턴Grand Teton(4,199m) 엑섬 루트Upper Exum Ridge Route
		8월 13일	기타다케 버트레스 하부 플랑케~제4오네~d걸리-오쿠카베
		9월 5일~13일	티베트 갸충캉(7,952m) 북벽 (제2등. 심한 동상으로 오른쪽 발가락 5개, 손가락 5개 절단. 5개월 입원)
			아사히朝日 스포츠상 수상
			우에무라 나오미植村直己 모험상을 부부가 수상

2003	38세	2월	퇴원, 재활 시작
		3월	죠가사키 주변 산책
		5월 26일	오쿠타마 고센야마御前山
		8월 11일~13일	야쿠시마屋久島 미야노우라다케宮之浦岳
		8월	미타케 볼더 (10급(V0에도 못 미치는 등급))
		8월 23일	오가와야마 「단풍もみじ」 (5.10a, 톱 로핑)
		9월	이이데飯豊 연봉 종주
		10월 21일~ 11월 5일	중국 쓰촨성四川省 푸탈라布达拉 주변 트레킹
2004	39세	3월 7일	다니가와다케 이치노쿠라자와 4룬제
		4월 1일	야쓰가다케 아미다다케阿弥陀岳 북서릉
		4월 15일	야마노이 야스시 저 『수직의 기억』 간행
		4월 22일	미즈가키야마 쥬이치멘이와 「베르쥬에르」 (단독)
		5월 23일	우미콘고 「슈퍼 레인スーパーレイン」 (단독)
		6월 1일	오가와야마 「저먼 수플렉스ジャーマンスープレックス, German Suplex」 (5.10b, Red Point)
		6월	샤쿠죠다케 「주문 많은 음식점注文の多い料理店」 (단독)
		8월	중국 쓰촨성 푸탈라(5,428m) 북벽 (실패, 800미터의 벽, 3분의 1까지)
		9월	네팔 안나푸르나 트레킹 (투어 게스트로서)
		9월	티베트 갸충캉 BC 재방문 (데포 회수)
		10월 24일	가와마타 「다이고로大五郎」 (5.11a, Red Point)
2005	40세	2월 3일	야쓰가다케 미나미사와 오오타키 (리드)
		2월 11일~13일	홋카이도 소운쿄層雲峽 긴가노타키銀河の滝, 구모이노타키雲井の滝, 파라구 폴パラグーフォール
		3월 10일	야쓰가다케 다이도신 오오타키 (리드)
		3월 19일	시로타에하시 「딤플ディンプル, Dimple」 (5.11b, Red Point)
		3월 20일~21일	야쓰가다케 마리시텐 오오타키 (리드), 미나미자와 오오타키
		4월 19일	미즈가키야마 다이야스리이와大ヤスリ岩 하이피크ハイピーク 루트
		5월 17일~18일	마에호타카다케 뵤부이와 동벽 「파라노이아パラノイア, Paranoia」
		5월 27일	미즈가키야마 「아라히토가미現人神」 (5.12c, Red Point, 7일간 시도)
		7월 13일~19일	중국 쓰촨성 푸탈라 북벽 (단독초등)
		9월 30일	사와키 코타로沢木耕太郎 저 『동凍』 간행
		12월 22일~23일	가이코마가다케 마이히메노타키, 고마쓰자와 오오타키
		12월 29일~31일	가라사와다케 마쿠이와 하타케야마 루트 (2피치에서 실패)

2006	41세	1월 12일	아라카와데아이 빙폭 2룬제 정면폭포
		1월 17일	시로타에하시 「바디 머신ボディマシーン」(5.12a, Red Point, 20회 시도)
		1월 21일~22일	샤쿠죠다케 1룬제, 2룬제 3피치에서 실패
		2월 8일~10일	스코틀랜드 벤네비스 「Good Friday Climb」, 아오나크 모어Aonach Mòr의 「Gondola With The Wind」(125m Ⅳ 5), 크레크 메키Creag Mèagaidh
		3월	네팔 임자체Imja Tse(AKA Island Peak, 6,183m) 노멀 루트
		7월 1일	오쿠타마 우나자와海沢
		7월 5일	오쿠타마 다카노스타니鷹ノ巣谷
		8월 11일~12일	샤쿠죠다케 「주문 많은 음식점注文の多い料理店」, 「지야의 대모험じーやの大冒険」
		9월	유타Utah의 암탑, 와이오밍 윈드 리버Wind River Range, 콜로라도 블랙 캐니언Black Canyon of the Gunnison
		10월	네팔 파리랍체Pharilapche(6,017m) 북벽 (실패)
2007	42세	2월 16일	가이코마가다케 우에니고리사와上ニゴリ沢 (단독)
		2월 22일	샤쿠죠다케 3룬제
		5월	그린란드 동쪽 밀른Milne섬 (정찰)
		7월~8월	그린란드 동쪽 밀른섬 오르카オルカ (초등, 1,200m, 5.10, A2, 17일간)
		11월	니시죠슈 잇폰이와一本岩 (초등, 높이 100미터)
2008	43세	1월	NHK 취재팀 「백야의 대암벽에 도전하다—클라이머 야마노이 야스시 부부」 간행
		2월 5일	샤쿠죠다케 2룬제 다이렉트 (실패)
		2월 9일	우미다니 고마가다케海谷駒ヶ岳 남서벽 「가네 코롱カネコロン」 (실패)
		2월 13일	니시죠슈 교쟈카에시노타키行者返しの滝

◀ 니시죠슈 잇폰이와　▲ 한텡그리

2008	43세	2월 19일	다니가와다케 이치노쿠라자와 에보시烏帽子 대빙주
		2월 25일~26일	기타호타카다케 다키타니 (실패)
		2월 27일~29일	기타다케 버트레스 제4오네 (성냥갑 콜マッチ箱のコル에서 실패)
		3월 10일	다니가와다케 유노사와 V자 좌측
		5월 12일	야쓰가다케 아카다케~요코다케横岳~이오다케硫黄岳
		6월 27일	후타고야마二子山 중앙릉
		7월	키르기스스탄 한텡그리Khan Tengri(7,010m)
		8월	키르기스스탄 악수Ak Suu 계곡 러시아 정교 천주년 기념봉(4,250m) 북동릉 (38피치, 5.10, 이틀 동안)
		9월 17일	오쿠타마 구라도야마倉戸山 (곰에게 습격당해 오른팔 20바늘, 얼굴 70바늘 꿰맴)
		11월 하순~ 12월 상순	호주 애러파일스Arapiles, 그램피언스Grampians, 마운트 버팔로Mount Buffalo
2009	44세	3월	묘진다케明神岳 주릉, 동릉 (단독)
		3월 31일	야쓰가다케 아미다다케 남릉~아카다케 서벽 남봉 리지~ 아미다다케 남릉 하강 (단독)
		5월	전년에 곰에게 습격당했을 때 생긴 코의 상처 수술, 10일간 입원
		7월	오쿠타마 오오구모토리타니大雲取谷
		7월 13일	다치오카야마太刀岡山 「헬터 스켈터ヘルタースケルター, Helter Skelter」 (5.12c)
		9월	티베트 쿠라캉리Kula Kangri(7,528m) 북벽 (눈雪 상태가 나빠 중지)
		9월	티베트 카르쟝Karejiang(7,200m) 남서벽 (단독. 6,300미터에서 실패, 코로 숨쉬기가 잘 안 되어서)
		12월	야쓰가다케 미나미자와 오오타키
		12월 31일	노코기리다케鋸岳
2010	45세	1월 8일~10일	호켄다케 동벽 중앙릉
		1월 25일~26일	요나코후도米子不動 빙폭 「아나콘다アナコンダ」, 「후도모도시不動戻し」
		2월 3일	가이코마가다케 도다이가와戸台川 나나다케노타키七丈ノ滝
		2월 25일	죠에쓰上越 아라사와야마荒沢山~아시보시다케足拍子岳
		3월 13일~14일	야쓰가다케 아사히다케旭岳 동릉
		4월 7일~8일	가시마야리가다케 아라사와오쿠카베荒沢奥壁 다이렉트 룬제
		4월 10일	호켄다케 동벽 중앙 룬제의 우측
		7월 9일~8월 6일	요세미티 투올러미 메도우즈Tuolumne Meadows 「Lord of the Apes」(5.12b), 캐시드럴, 아이콘 피너클Eichorn Pinnacle
		11월 5일	미야케지마三宅島 「보물섬宝島」(5.11d, 초등)
		12월 17일	야쓰가다케 히로가와라사와 히다리마타

2011	46세	1월 2일~3일	가이코마가다케 하와타리사와刃渡り沢, 이와마 룬제
		2월 3일	오오타니후도大谷不動 좌측 암벽 루트
		2월 20일	야쓰가다케 세키손료
		2월 25일	샤쿠죠다케 3룬제~「그래스호퍼グラスホッパー, Grasshopper」
		3월 22일~25일	오오도카이간大堂海岸「큰 루프大ルーフ」 (5.11c)
		4월 7일	야쓰가다케 아미다다케 북릉~요코다케 서벽 중앙 오네 (단독)
		4월 30일	아카자와야마赤沢山 침봉 플랑케 중앙 침니 (단독)
		5월 17일	아시오 마쓰기자와 중앙 암봉 정면벽 (단독)
		7월~8월	카라코람 타후라툼(6,651m) 북서릉 (단독, 5,700미터에서 실패, 이후 고소 솔로 클라이밍 단념)
		9월~10월	네팔 안나푸르나 산군 트레킹 (가이드)
		11월	아시아 황금피켈 평생 공로상 수상
		11월 3일	한국 인수봉 취나드 A
		12월 30일	죠가사키「낙지 춤タコダンス」(5.12c/d, Red Point)
2012	47세	1월 6일~8일	산노사와다케三ノ沢岳 산노사와 히다리마타
		1월 21일	기류쓰지桐生辻「수사슴이 울면 비가 올 거야雄鹿が鳴くと雨ずらよ」 (5.12a, On Sight)
		1월 26일	미사카 센나미노타키
		2월 1일	니시죠슈 아이자와 빙주
		2월 7일	닛코日光 운류케이코쿠雲竜渓谷 빙폭
		2월	아라카와데아이 빙폭「꿈같은 신부의 면사포夢のブライダルベール」
		3월 7일	다테가사키楯ヶ崎 우미콘고「스탠바이 미スタンドバイミー」
		4월 18일~20일	이즈오오시마伊豆大島「아스피린アスピリン」(5.12a)
		4월 26일	미즈가키야마 쥬이치멘이와「화창한 봄春うらら」
		5월	가고시마 현鹿児島県 고시키지마甑島 (볼더링)
		6월 6일	요세미티「Heaven」(5.12d, 5일간 시도)
		8월 3일~5일	캐나다 부가부Bugaboo 산군 하우저 타워스Howser Towers의 카탈로니언 루트Catalonian Route (5.10, A2, 20피치)
		8월 16일	캐나다 스쾨미시Squamish「Zombie Roof」(5.13a, Red Point)
		9월 22일~23일	고부시가다케甲武信ヶ岳 가마노사와釜ノ沢 니시마타西俣
		10월 6일~7일	샤쿠죠다케 1룬제 좌방 칸테
		11월 3일	미즈가키야마 쥬이치멘이와「산하미소山河微笑」
		11월 13일~16일	미야케지마「아일랜더アイランダー」(5.11a, 초등), 「크랙 클럽クラッククラブ」(5.11a, 초등)

2013	48세	1월 3일~4일	가이코마가다케 마이히메노타키, 고마쓰자와 F1
		1월 8일	묘진다케 남서면 빙폭 (실패, 40미터 추락)
		1월 28일~30일	홋카이도 라이덴카이간雷電海岸 3룬제, 4룬제, 2룬제, 나일강ナイル川
		2월 9일~10일	묘진다케 남벽 룬제, 동벽 (동계 클라이머들 미팅)
		2월	호키다이센伯耆大山
		4월	유타 자이언Zion, 인디언 크릭Indian Creek
		6월 5일	페루 안데스 피라미데Pirámide(5,885m) 남서벽
		6월 15일~16일	페루 안데스 푸스칸투르파 동봉Puscanturpa(5,410m) 남동릉 (초등)
		6월 23일~24일	페루 안데스 트라페시오Trapecio(5,653m) 남벽
		8월	아카이시다케赤石岳 아카이시자와赤石沢
		8월	오쿠타마 마나이지와真名井沢
		8월	오쿠치치부 류바미다니竜喰谷
		11월 30일	죠가사키 「마리오네트」 재등
2014	49세	1월 22일	죠가사키 「잇카쿠 댄서ィッカクダンサー」 (5.12+, Red Point)
		3월 2일~26일	유타 자이언, 「Master Blaster」(5.13+, 시도), 네바다 레드 락스Red Rocks
		4월 5일	야쓰가다케 우라도신 룬제~쇼도신小同心 크랙
		4월 26일~27일	다니가와다케~요모기토게蓬峠~시라게몬
		5월 3일~5일	야리가다케 기타카마오네北鎌尾根
		7월 13일	오쿠치치부 오오쓰네기다니大常木谷
		7월 16일	미즈가키야마 「트래블러ㅏㄹㅏ베ラ-」(5.11b, 초등)
		7월 21일~23일	쓰루기다케 쓰루기오네~친네 중앙 침니
		7월 29일	죠가사키 「오션 트래버스ォーシャントラバース」 (5.9, 초등)

◀ 자이언 ▲ 오야시라즈

2014	49세	8월 27일~ 9월 8일	북 알프스 대종주. 가미코치上高地~기타호타카다케 다키타니 돔 북서 칸테 (일부 신 루트)~야리가다케 서릉~야쿠시다케薬師岳~류오우다케龍王岳 남벽 3봉~쓰루기다케 겐지로오네 1봉 죠지로단長次郎谷 쪽 슬랩~게야키다이라欅平~시로우마다케~이누가다케犬ヶ岳~오야시라즈親不知 (단독)
		10월 10일~11일	묘죠산 P6 남벽 「JADE」, 「할시온ハルシオン」
		11월 5일	야마노이 야스시 저 『알피니즘과 죽음 ―내가 계속 오를 수 있었던 이유』 간행
		11월 28일	오쿠타마 「옛날 크랙むかしクラック」 (5.10c, 초등)
		12월 12일	야쓰가다케 히로가와라사와 2룬제
		12월 28일	센죠가다케 시오자와 히다리마타
2015	50세	1월 2일	죠가사키 니치렌사키日蓮崎 「와이드ワイド」 (5.11)
		1월 13일~14일	센죠가다케 시오자와 미기마타
		2월 3일	죠가사키 「두더지 인간もぐら人」 (5.11a, 초등)
		2월 5일~6일	가이코마가다케
		2월 13일	도가쿠시戸隠 연봉 니시다케西岳 P1릉 (실패)
		2월 26일	겐토쿠산乾徳山 중앙릉
		3월 4일	샤쿠죠다케 3룬제
		3월 16일	샤쿠죠다케 기타자와 오오타키北沢大滝~본봉 정면 룬제
		3월 18일	오쿠타마 「오오타바 크랙大丹波クラック」 (프리 솔로)
		3월	고즈시마神津島 (볼더링)
		4월 17일~19일	기타호타카다케 다키타니 북산릉 측벽~제2오네
		5월 3일~5일	오쿠호타카다케奥穂高岳 고부오네コブ尾根
		9월 23일	고즈시마 센료이케千両池 「젠신 페이스ぜんしんフェース」 (5.7, 초등)
		10월 5일	가이코마가다케 A플랑케 「슈퍼 아카구모」
		12월 30일~ 1월 2일	가이코마가다케 오우렌다니 미기마타~기타자와토게北沢峠~센죠가다케~쓰루히메鶴姫 룬제~도다이戸台
2016	51세	1월 21일~25일	소운쿄 긴시노타키錦糸の滝, 파라구 폴, 다이세쓰잔大雪山 아사히다케旭岳, 가미호로카멧토쿠야마上ホロカメットク山 북서릉 (실패), 바케모노이와化物岩 (실패)
		2월 23일~24일	다이겐타산大源太山
		5월 1일~3일	야리가다케 동면~아카자와야마 침봉 플랑케 중앙 침니 루트 (1피치에서 실패)
		7월 4일~5일	아이노다케 아라카와 호소자와荒川細沢~기타다케 버트레스 제5오네 (1피치에서 실패)~히로가와라広河原 (볼더링)
		8월 12일	기소코마가다케木曽駒ヶ岳 「에보시 크랙烏帽子クラック」 (5.11a, 초등)

2017	51세	9월 18일	쇼센쿄昇仙峡 「어메지스트 라이트アメジストライト, Amethyst Light」 (5.12+, 초등)
		10월 18일~ 11월 11일	네팔 아비(6,090m) 북벽 (5,650미터에서 실패)
		12월 12일~16일	미야케지마 (볼더링)
2018	52세	1월 9일~10일	호켄다케 동면 우측 암봉
		1월 31일	야쓰가다케 마리시텐 오오타키
		3월 1일	샤쿠죠다케 북동벽 좌측 룬제
		5월 9일	후지산 화구의 빙폭
		7월 31일~8월 1일	인도 잔스카르Zanskar 루초Rucho(6,000m) 동벽 (초등)
		10월 26일	미즈가키야마 「오오하시 루프 크랙大橋ルーフクラック」 (3단(V10))
		11월 13일	다테가사키 「쓰리시 루프크랙釣り師ルーフクラック」 (3단)
2018	53세	2월 3일	묘진다케 S자상字状 룬제
		3월 6일~7일	가미호로카멧토쿠야마 북서면 바케모노이와, 정면벽 중앙 쿨르와르
		3월 26일	기타야마北山 공원 「미호토みほと」 (초단(V7))
		6월	이탈리아 오르코Orco Valley 「Greenspit」 (5.14a/13d) 시등
		10월 13일	오쿠호타카다케 남릉
2019	54세	1월	야쓰가다케 히로가와라사와 미기마타 (단독)
		1월	야쓰가다케 히로가와라사와 히다리마타
		1월 25일~26일	고자이쇼다케御在所岳 도나이헤키藤内壁 1룬제, 3룬제, 마에오네前尾根
		2월 25일	다니가와다케 이치노쿠라자와 3룬제
		5월 11일	쇼센쿄 「조용한 오버행静かなハング」 (5.12+, 초등)
		6월	이탈리아 오르코 「Greenspit」 시등

다니가와다케
이치노쿠라자와
3룬제

2020	55세	8월 7일~8일	야쓰가다케 다쓰바가와혼다니立場川本谷
		9월 8일~9일	우쓰기다케空木岳 오오타기리가와혼다니大田切川本谷
		11월 2일	죠가사키 「와이드 볼더ワイドボルダー」 (초단, 초등)
		12월 27일	죠가사키 「앵클 크랙アンクルクラック」~산악자전거~ 아마기산天城山~산악자전거~자택
2021	56세	1월 5일~6일	시라네 삼산 종주 (노토리다케~아이노다케~기타다케 이케야마 쓰리오네)
		5월 5일	죠가사키 「불꽃의 도화선炎の導火線」 (2단(V8), 초등)
		6월 18일	죠가사키 「크레이지 트레인クレイジートレイン」 (2단, 초등)
		9월 14일~15일	자루가다케笊ヶ岳 오쿠사와타니奥沢谷
		9월 29일~30일	가와우치산카이川内山塊 야하즈다케矢筈岳 이마하야데사와今早出沢~간가라시바나ガンガラシバナ (초등, IV, 350m)
		11월	제13회 피올레 도르 평생 공로상 수상
		12월 28일~30일	죠가사키 볼더링~산악자전거~죠야마 남벽 남서 칸테~산악자전거~후지산 고텐바御殿場 입구 욘고메四合目
2022	57세	1월 28일	미나미이즈南伊豆 「등산의 모든 것登山のすべて」 (10피치, 초등)

다나카 미키야田中幹也 편집

주석·역자 후기·찾아보기

주석

1   대개 이곳에 차를 대고 암장으로 향한다.

2   난이도 체계는 지역별로 무척 다양하다. 야마노이는 여러 대륙에 걸쳐 등반하고 있기 때문에 본서에서는 한 가지 난이도 체계를 언급하고 있지 않다. 다양한 체계가 있지만 단순히 로마 숫자나 아라비아 숫자가 높을수록 그리고 알파벳 a, b, c, d로 갈수록, +가 붙을수록 어려워진다는 의미이다.

3   1977년 레이 자딘Ray Jardine이 요세미티의 피닉스Phoenix(5.13a)를 초등했다. 사상 최초의 5.13급 등반이었지만, 문제는 쪼아낸chipping 홀드를 써서 올랐다는 것이다. 마찬가지로 더 노즈The Nose 자유등반 때에도 같은 방식을 시도해서 지금은 이곳을 자딘 트래버스Jardine Traverse로 부른다.

4   일본 등산용어로 95도에서 110도 정도의 오버행을 말한다. 사진은 코스믹 데브리의 크랙

5   「몽블랑 만가モンブランへの挽歌」이고 원제가 「가이드의 죽음La Mort d'un guide」이다. 1975년에 방영된 프랑스 TV영화로 드류 서벽 등반 이야기가 나온다.

6   시즈오카현静岡県 이즈伊豆 국립공원 내에 있다. 1981년부터 개척되기 시작한 해안의 암장이다. 다른 곳과 다른 점은 처음부터 프리 클라이밍 암장으로 취급된 점이다. 하지만 안전사고 발생, 무분별한 볼트나 슬링 등으로 인한 환경문제, 국립공원 지역 내의 사유지라는 점 때문에 언제든지 '전면 등반 금지'가 될 수도 있는 곳이다.

7   야마나시현山梨県 우에노하라시上野原市 시오쓰 역 배후에 있었던 암장이다. 80년대 요세미티 볼더링의 초창기였을 때, 요세미티 스타일을 흉내 낸 일본 클라이머가 모였던 곳이다. 80년대 말에 이 지역을 택지로 개발하면서 사라졌다.

8   군마현群馬県과 니이가타현新潟県에 걸쳐 있는 다니가와다케谷川岳는 도쿄에서 가까워 매우 인기 있는 산이지만, 일본 내에서 가장 많은 조난이 발생한 산으로 악명 높으며, 조난의 대부분이 이곳의 암벽에서 일어나서 '마의 산魔の山'이라고 불리고 있다.

9   나가노현長野県과 기후현岐阜県에 걸쳐 있는 호타카다케穂高岳는 일본 북 알프스를 대표 하는 상징적인 산이다.

10   대개 요세미티 십진 등급 체계인 YDC(Yosemite Decimal Grade)를 말한다.

11   15미터 오버행의 고전적 핑거 크랙 루트이다. 1980년에 빌 프라이스Bill Price가 초등했 으며 프랭크 자파Frank Zappa의 1974년도 앨범 어포스트로피Apostrophe에 수록된 곡에 서 이름을 따왔다.

12   1958년에 창립한 산악회로 야마노이는 15살이던 1980년에 입회했다.

13   손가락을 열쇠처럼 크랙이나 포켓 홀드에 걸어, 비틀어 고정하는 것

14   등반에서 스태틱 무브static move로 이동하기 힘든 홀드에 도달하는 테크닉을 다이내 믹 무브dynamic move라고 한다. 다이내믹 무브 중에는 런지lunge와 대단히 동적인 동작 highly dynamic move을 뜻하는 다이노dyno가 있다. 런지와 다이노의 차이를 명확히 나누 지는 않지만, 대개 다음 홀드를 잡기 위해 두 손이 동시에 벽에서 떨어지는 것을 다이노 라고 하고 한 손만 떼는 것을 런지라고 한다.

15   바위 턱을 넘기 위해 턱걸이 하듯이 몸통을 일으키고 바위 턱에 발을 걸치고 손바닥으로 짚는 동작. 다른 말로 선반 오르기라고도 한다.

16   등반에서 몸의 움직임

17   클라이머가 로프에 체중을 싣기를 원할 때 빌레이어가 로프를 최대한 팽팽하게 당겨주 는 것

18   비활성 회수가능 확보물passive removable protection의 일종으로 비활성 쐐기류passive wedging chocks를 말한다. 크랙에 넣어 건다.

19   활성 회수가능 확보물active removable protection의 일종으로 용수철 장착 편심 장치 Spring Loaded Camming Device(SLCD)를 말한다. 앞서 언급한 레이 자딘은 최초로 SLCD 를 고안했고 프렌즈Friends라는 이름으로 팔았다. 이를 자딘의 등반 파트너였던 영국의 마크 발렌스Mark Vallance가 세운 와일드 컨트리Wild Country에서 1978년 상품명 테크 니컬 프렌드Technical Friend로 출시해서 프렌드란 명칭이 대중화되었다. 요즘은 그냥 줄 여서 캠이라고 부른다.

20   캠이나 너트 등의 와이어wire나 웨빙슬링webbing sling과 연결된 카라비너, 또는 퀵드로 quickdraw에 로프를 거는 일

21   545미터 16피치의 루트이다. 찰리 포터Charlie Porter가 1972년에 열었다. C는 클린 에 이드clean aid를 말하며 피톤piton을 쓰지 않는 등반을 뜻한다. 뒤에 나오는 숫자는 난이 도이다.

22   빅월 등반에서는 주마가 생맥주잔 손잡이같이 생긴 모습 때문에 저깅jugging으로도 부른 다. 이 작업에 이용되는 어센더는 프루지크Prusik 매듭을 이용한 어센딩ascending을 기 계적으로 구현한 장비이다. 스위스 정부의 요청으로 수리eagle를 연구하던 가이드 아돌

프 쥐시Adolph Jüsi는 수리 둥지 위로 올라가는 작업을 위해 로프 어센더가 필요했고, 이를 엔지니어 발터 마르티Walter Marti가 그를 위해 개발했다. 그리고 두 사람의 성을 따서 주마Jumar라는 이름의 제품이 1958년에 출시되었다. 오랫동안 주마로 불리다가 이제는 어센더라는 말에 자리를 내주었다. 요세미티로 건너온 주마는 빅월에서 주로 장비를 끌어올리기 위한 로프 홀링 시스템rope hauling system에 사용되었다. 34페이지 사진에서 후기 색상인 노란색 주마를 야마노이가 들고 있는 모습이 보인다.

23 (F) 피톤, (E) 미국은 핀pin, 영국은 팩peg, (D) 하켄Haken으로 불리는 확보물이다. 과거 고전 등산에서 해머와 함께 등반을 상징하던 물건이었지만 바위에 손상을 입히고 회수가 불가능한 경우도 있어서 이제는 되도록 잘 쓰지 않는다. 그러나 알파인 루트에서는 여전히 중요한 금속 장비이다.

24 전통적으로 볼더링 및 톱 로핑 구역이다. 로열 로빈슨Royal Robbins, 이본 취나드Yvon Chouinard, 봅 캠프스Bob Kamps, 론 카우크Ron Kauk, 존 롱John Long, 존 바처John Bachar 등 미국의 등반사를 빛냈던 클라이머들의 수련장이었던 곳으로 역사성이 있다.

25 볼더boulder에서 로프, 하네스, 헬멧 없이 하는 등반을 말한다. 볼더란 표석:漂石을 가리키는데, 풍화작용으로 떨어져나가 물을 따라 하류까지 운반된 암석의 조각이나 빙하와 함께 섞여 운반되었다가 빙하가 녹은 뒤에 그대로 남아 있는 바윗돌巨礫을 말한다. 대개 추락해도 심각한 부상이 없는 높이에서 크래시 패드를 깔아놓고 등반한다.

26 5.15b를 오른 네 번째 미국인으로 기록된 매티 홍Matty Hong의 아버지 스티브 홍Steve Hong이 1981년 4월에 처음으로 프리 클라이밍으로 열었다.

27 빌레이어가 등반자를 로프에 매단 채 내려주는 것. 로워링lowering이라고도 한다. 다만 본문의 로워 다운은 프로젝트 클라이밍을 할 때의 스타일로서 일본식 용어로 보이며, 로프, 캠, 너트 등을 남겨놓은 채 다시 오르는 로워 다운 스타일을 가리킨다. 루트 중간에서 로프에 매달려 쉬고 다시 오르는 행도깅hangdogging을 금기시하던 때의 이야기이다. 이에 반해 부록의 등반 연보에 등장하는 마스터master란 용어는 로프, 퀵드로, 기타 확보물 등을 철거한 상태에서 다시 오르는 것을 말한다. 트레드 클라이밍에서는 마스터 스타일이 온 사이트나 레드 포인트의 조건이기 때문에 사라졌고, 현재 스포츠 루트에 마스터란 말이 남아 있다.

28 1,400미터의 이 루트는 1983년 7월 26일부터 30일까지 샤모니의 가이드 르네 길리니René Ghilini와 스위스의 미셸 피올라Michel Piola가 열었다. 이곳의 그레이드는 주로 알프스 지역에서 알파인 등반과 빙벽등반에 사용되는 국제 프랑스어 형용사 등급 체계 IFAS(The International French Adjectival System) 기준 ED3/4(Extrêmement difficile, 최상위의 어려움이 길게 지속되는 지극히 어려운 루트)이다.

29 종이에 고무(접착제)를 발라 만든 테이프. 박스 포장재로 쓴다.

30 848m 28피치의 5.9 A3+ R 루트이다. 1975년 짐 브리드웰Jim Bridwell 등이 열었다.

31 758m 18피치의 5.9 C3+ 루트이다. 1973년 찰리 포터Charlie Porter 등이 열었다.

32 606m 19피치의 5.7 C2 루트이다. 1976년 데이브 버체프Dave Bircheff 등이 열었다. 오늘날 이 루트의 YDS 난이도는 5.7로 그레이드 다운되었다. 미국식 NCCS(The National Climbing Classification System) 등급은 VI급으로 같고 A3도 C2로 하향되었다.

33 긴 러너runner로 고리 모양으로 만들어 양 어깨에 걸쳐 장비를 건다.

34 등반용 줄사다리를 말한다. 주로 한쌍으로 쓴다. 프랑스어 명칭인 에트리에étrier로도 불린다.

35 요세미티 캠프4의 당시 이름이다. 1971년에 기존에 캠프4라고 불리던 야영 구역을 정비하고 공식적으로 서니사이드Sunnyside Walk-in Campground로 이름을 바꾸었다. 1999년까지 이 이름을 썼지만, 역사성을 인정받아 다시 캠프4란 이름을 되찾았다.

36 포타레지 등장 이전에 빅월 등반은 해먹을 주로 썼다. 16페이지 사진에서 신고 있는 암벽화이다.

37 주로 등반 중에 대개는 텐트 없이 지형지물을 이용해 하룻밤을 지내는 것. (D) 비박 Biwak (F) 비부악bivouac, 비박bivac (E) 비비bivvy, 비비bivy

38 909미터 31피치의 5.9 C2 루트이다. 1958년 워런 하딩Warren Harding 등이 열었고, 1993년 린 힐Lynn Hill이 최초로 자유등반으로 올랐다.

39 스페인의 등산화 제조사 보레알Boreal에서 만든 발목이 높은 하이 톱high top 암벽화의 상품명이다. 스페인 우에스카Huesca시 리글로스Riglos에 있는 마요 피레Mallo Firé 첨탑 rock spire에서 따온 이름이다. 이 암벽화는 요세미티와 깊은 인연이 있다. 스페인의 가예고Gallego 형제는 1982년에 엘캡 노즈 좌측에 최초로 비 미국인 루트 메디트라니오 Mediterráneo(5.10 A5)를 열었다. 그들의 소식은 요세미티 캠프4에 퍼졌고, 캠프4로 돌아온 그들은 유명한 클래식 볼더 미드나잇 라이팅Midnight Lightning(V8)에서 뒷날 이 신발의 신봉자가 되는 존 바차John Bachar 등 클라이머들에게 피레를 신어보게 했는데 모두 피레의 혁명적인 접지력에 놀랐다. 이를 계기로 1983년 봄에, 앞서 언급한 마운틴 숍에서 265켤레를 수입 판매했는데 판매 첫날 두 시간 만에 매진되었다.

40 스카이훅은 주로 크롬몰리브덴강으로 만드는 갈고리 모양의 금속 장비이다. 용도나 생김새에 따라 여러 종류가 있으며, 낚싯바늘 모양의 피시훅은 큰 스카이훅의 일종으로 곡면이 커서 큰 덧바위나 바위 턱에 사용했다. 모두 빅월에서 주로 몸무게를 지탱하기 위한 임시 확보물로 쓴다.

41 뒤에 매달고 가는 로프, 예를 들어 위험하고 긴 트래버스 구간 등을 지날 때 확보물을 설치할 수 없는 경우 트래버스 시작점의 확보물이 불안하다면 후등자의 팬듈럼 추락을 대비해 선등자는 먼저 메인 로프 외의 로프를 하네스의 홀루프haul loop 등에 매달고 가고, 이를 후등자가 하네스의 타이인루프tie-in loops에 묶는 로프 등을 백 로프라고 부른다. 이때 트래버스 시작점의 확보물은 회수하지 않는다. 여기에서는 홀링을 위해 하네스 뒤에 매단 로프로 보인다.

42　여기서 드류는 몽블랑 산군의 레 드류Les Drus라고 불리는 산괴의 한 봉우리로, 에귀 뒤 드류Aiguille du Dru 또는 프티 드류Petit Dru로도 부른다. 서벽 루트는 1962년 7월 26일에 로열 로빈스Royal Robins와 게리 헤밍Gary Hemming이 이틀 반에 걸쳐 오른 ED급의 아메리켄 디렉트Américaine Directe가 유명하다. 야마노이가 언급한 등반은 이 아메리켄 디렉트 오른쪽으로 1965년 8월에 다시 로열 로빈스와 존 할린John Harlin이 열었던 아메리칸 디레티시마American Direttissima라고도 불리는 로빈스 할린 다이렉트Robbins-Harlin Direct와 보나티 필라Bonatti Pillar 사이의 루트를 말한다. 드류에서 가장 큰 붕괴를 일으켰던 2005년 6월 29일과 30일의 낙석은 로빈스 할린 다이렉트, 프렌치 디레티시마, 보나티 필라를 쓸고 갔다.

43　지명으로서 보나티 쿨르와르는 이탈리아의 쿠르마예에서 접근하는 프티 몽블랑Petit Mont Blanc 북동쪽의 쿨르와르를 말한다. 야마노이는 지금 프티 드류를 등반하려고 하는데 남동쪽으로 멀리 떨어진 이곳으로 갔다는 것이 아니라 당시 『바위와 눈岩と雪』에 기사로 실렸던 야마노이가 작성한 등반 토포를 보면 보나티 필라Bonatti Pillar가 있는 곳 아래의 쿨르와르를 보나티 쿨르와르로 적고 있다.

44　원래 군사용어로 필요한 물자(장비, 식량)를 특정 장소에 두는 것. (F) 데포dépôt, (E) 디포 depot

45　1979년에 소니가 발매한 휴대용 카세트 재생장치

46　1975년 토마스 그로스가 열었던 루트를 말한다. 보나티 필라 바로 좌측의 루트였는데, 이 루트 역시 붕괴로 사라졌다.

47　A1~A2 구간이 반복되는 7피치의 크랙 구간

48　오가와야마는 오쿠치치부奧秩父라고 불리는 나가노현長野県과 야마나시현山梨県에 걸쳐 있는 산이다. 일본의 요세미티라고 불리며, 주로 볼더링과 스포츠 클라이밍 암상이 많다. 임진가와는 오도노사마이와お殿様岩의 5.11c/d의 핑거 크랙 루트이다. 임진가와, 즉 임진강臨津江은 일본에서 60년대에 유행했던 북한의 노래 제목이다.

49　붐박스Boombox를 말한다.

50　존 배글리John Bagley, 톰 베플러Tom Bepler, 에릭 브랜드Eric Brand, 얼 레드펀Earl Redfern이 1985년 5월 19일부터 6월 21일까지 올랐던 다이렉트 웨스트 페이스Direct West Face를 말한다.

51　빙하나 설원의 바닥에서 솟은 눈과 얼음이 붙은 권곡벽Karwand, 또는 암벽의 상부가 극적으로 가파른 부분을 말한다.

52　이 일대에 있는 산 이름인 오딘, 토르, 아스가드 등은 북유럽 전설의 신이나 지명에 의한 것이다.

53　토르가 속해 있는 아유이턱국립공원Auyuittuq National Park의 사무실을 말한다.

54 피오르의 시작점, 또는 피오르의 맨 윗부분을 말한다. 토르를 끼고 이 협만峽灣으로 흐르는 강의 이름이 위즐 리버Weasel River이고 이 강을 언색한 빙하호들이 글레이셔 레이크, 윈디 레이크 등이다.

55 뱃사람이나 어부들 사이에 전해지는, 해상에 나타난다는 삭발 차림의 커다란 도깨비

56 바위의 얕은 홈에 껌처럼 짓이겨 설치하는 금속 장비이다. 구리 또는 알루미늄으로 만든다. 일반적으로 겨우 체중 정도를 버틴다.

57 지금은 사어가 된 독일식 등산용어로 이제 모두 아이스 툴ice tool이라고 한다. 표준 피켈ice axe보다 샤프트가 짧은 빙벽 등반용 아이스 툴이다. 스크루 등을 박는 해머헤드hammerhead와 얼음 표면을 타격하는 피크, 손잡이 부분인 샤프트로 구성되어 있다.

58 역시 독일 등산용어로, 아이스 툴의 해머헤드 대신에 애쯔adze를 단 것을 말한다. 애쯔로는 스텝 커팅을 하거나, 표면의 얼음을 걷어내거나, 스크루를 박을 자리를 만들고, 빌레이 지점에 풋 홀드를 만드는 데 쓴다. 자귀adze를 독일어로 바일이라고 한다.

59 일본에서 고무창 신발rubber soled shoes을 줄여서 부르는 말로 가죽창leather sole과 구별해 부르던 말이다.

60 휴대용 가스통gas canister을 말한다. 우리는 과거에 썼었고 일본에서는 아직까지 산소봄베, 가스봄베라는 말을 쓴다. 지금 우리가 쓰는 아웃도어용 가스 저장 시스템은 1973년에 영국의 EPI(Euro Pleasure International)에서 최초로 자가 밀폐 안전 가스 밸브self sealing safety gas valve를 개발했다.

61 산을 가로질러 그 위와 아래에 있는 다른 종류의 지질을 분리하는 바위 띠인 록밴드rockband를 가리킨다.

62 인공등반에서 볼트의 간격을 좁게 해서 이전 볼트에 부착된 보조 장비에 서서 다음 볼트에 걸 수 있게 만든 것을 말한다. 래더는 사다리를 말하는 것이 아니라 단지 바위에 박힌 일련의 볼트 라인을 가리키는 말이다. 우리나라 등반에서 흔히 '볼트 따기 구간'으로 말한다.

63 암벽의 주면main face에 덧붙어 있는 얇은 슬랩slab

64 본문에서는 에이드 클라이밍을 할 때 신는 어프로치 슈즈spproach shoes와 클라이밍 슈즈가 결합된 암벽화rock shoes를 가리키는 것으로 보인다. 야마노이는 크램폰을 가져갔기에 크램폰을 부착할 수 있는 등산화를 신고 있었다면 비브람Vibram이라고 불렀을 것이다. 따라서 에이드 클라이밍을 하고 있던 토 캡toe cap이 그다지 단단하지 않은 러버 솔 슈즈를 신은 상태로 스텝 키킹을 한 것으로 보인다.

65 책을 펼친 듯 벌어져 있는 요각凹角의 암벽으로 (F) 디에드르dièdre, (E) 오픈북open-book, 또는 다이히드럴dihedral

66 걸리gully나 쿨르와르의 다른 말. (D) 람페Rampe (E) 램프ramp. 덧붙여 쿨르와르couloir, 걸리gully, 룬제Runse, 램프ramp도 지역에 따라 정해서 부르기도 하고 규모별로 차이를 두기도 하지만 지형학에서는 모두 우곡雨谷을 의미하는 동의어로 보는 경향이 있다.

67 건포도 등 말린 과실이 섞인 시리얼

68 등반 루트상의 쿨르와르나 디에드르 등에 붙은 눈과 얼음조각이 소낙눈처럼 쏟아지는 것

69 웻지 피톤wedge piton의 한 종류로 나이프 블레이드와 비슷하지만 핀pin 끝에 하나의 수직 구멍이 있다. 이본 취나드가 1963년부터 수작업 단조 방식으로 만들어 요세미티에서 팔던 상품명이다. 이후 블랙다이아몬드(BD)에서 계속 생산하고 있다.

70 심설이나 신설을 헤치고 나가는 것을 말한다. 영어식 표현으로는 길 열기breaking trail라고 한다. 제설차 제작사인 러셀Russell Car & Snow Plow Co.에서 생산한 제설용 차량에서 따온 일본식 등산용어이다. 일본이 20세기 초에 미국에서 제설용 기차 머리wedge plow를 러셀사의 것을 수입한 것에서 이런 용어가 만들어졌다.

71 굴뚝처럼 사람 몸이 들어갈 만한 넓은 세로 크랙

72 북극권이라 일출 시간이 빠르다. 저 때가 6월 26일이고 배핀 지역의 2022년 6월 1일의 일출 시간은 02시 7분, 7월 1일의 일출 시간은 01시 46분이었다.

73 브릿징bridging으로도 부르는 벌려 딛기이다. 침니나 디에드르를 등반하는 고전적인 방법이다.

74 빙하성 퇴적 지형을 가리킨다. 빙퇴석이 만들어낸 기복이 있는 능선을 형성하며 보통 너비에 비해 길이가 더 길다.

75 롤랜드 폴릭Roland Pauligk이 30년 이상 수작업으로 만들었던 황동 너트. 그의 이름을 따서 RP 너트로 불렀다. 야마노이가 썼던 너트는 0번에서 5번까지 한 세트인 RP 마이크로 너트를 말한다.

76 Realized Ultimate Reality Piton의 약자로 1960년에 이본 취나드가 개발해 지금도 블랙다이아몬드에서 생산하고 있다. 우표 크기의 가장 작은 피톤 중 하나로 미세한 크랙에 설치해 체중 정도의 중량을 버텨낸다.

77 이치노쿠라자와ー/倉沢를 말한다. 다니가와다케谷川岳에 있는 유명한 암벽 등반지다.

78 로마 숫자로 6급이 등장하는 난이도 체계는 몇 가지가 있는데, 대표적으로 독일 등산가 빌로 벨첸바흐Willo Welzenbach가 정리한 체계가 있고, 이를 발전시킨 UIAA 방식, 미국에서 개발한 전국 등반 분류 체계NCCS(National Climbing Classification System, 또는 Commitment grade) 등이 있다. 대개 유럽과 한국, 일본에서 당시 등산가들이 인식하던 난이도 체계는 벨첸바흐의 것이었으며, 가장 쉬운 Ⅰ급에서 가장 어려운 Ⅵ급까지 있었다. A0~A5까지의 폐쇄형 체계를 가진 인공등반의 경우도 있지만, 다른 등반 난이도 체계는 테크닉의 발전으로 개방형 체계를 가지게 되었듯이 6급 체계도 1977년 Ⅶ급이 승인된 이후 1979년부터는 제한을 두지 않게 되었다.

79 프랑스어로 반짝이는 서리 또는 유리 얼음을 뜻한다. 빗물 또는 눈으로 생긴 물이 바위에 얼어붙은 얇고 투명한 얼음층이다. 대단히 미끄러운 표면을 가지고 있다.

80 빙하호 라구나 수시아Laguna Sucia를 수원으로 하는 강이다. 여기서는 베이스캠프로 삼고 있던 곳을 말한다. 현재 캠핑 리오 블랑코Camping Río Blanco.

81 이 루트는 1968년에 열었던 캘리포니아 루트California route 또는 이 루트를 열었던 이본 취나드와 그 일행의 팀 이름을 따서 펀 혹스 루트Fun Hogs route로도 불린다.

82 1965년에 열었던 수퍼카날레타Supercanaleta를 말한다. 아메리칸, 아르헨티나 루트에 대한 정확한 명칭 정보는 루초 등반에 리에종 오피서였던 사르타지 구만Sartaj Ghuman의 2018년 7월 6일자 알피니스트Alpinist 기사와 파타고니아 등반 정보를 다루는 pataclimb.com에서 확인했다.

83 푼타 베유다Punta Velluda 옆에 있는 안부이다. 이곳에서 서쪽으로 피츠로이 동면과 왼쪽에 이탈리안 콜이 보인다.

84 (D) 베르그슈른트, 슈른트, (F) 리마이으rimaye. 크레바스의 일종으로 만년설의 빙원 사이에 생긴 큰 얼음 균열이다. 대개 산에 붙은 빙하 가장자리에서 생겨, 산의 기반암까지 뻗어 있으면서 매우 깊다.

85 다니가와다케谷川岳 이치노쿠라자와一ノ倉沢에 있는 유명한 암벽등반 대상지

86 대개 아이스 케이브ice cave라고 부른다. 연중 많은 양의 얼음을 포함하고 있는 자연 동굴을 말하지만, 여기서는 비박 용도로 썼던 설동의 일종으로 보인다.

87 오프 위드 크랙off width cracks을 말한다. 손이나 주먹을 넣기엔 너무 넓고, 침니 자세로 오르기엔 너무 좁은, 어깨 너비의 어렵고 거북한 크랙이다.

88 독일어로 텐트를 말하는데, 일본 등산용품으로는 두 사람 정도 대피할 수 있고, 텐트 폴이 없는 싱글 월로 된 간이 텐트 또는 쉘터를 말한다.

89 빙벽과 암벽이 혼합되어 있는 상태

90 토모 체센의 로체 남벽 단독 등정 주장은 1990년 4월 24일이었다. 이 인터뷰가 1990년 12월이니 그때까지만 해도 토모 체센의 등정에 의혹이 들끓던 때가 아니었다. 본격적인 의혹이 제기되기 시작했을 때 당사자는 등정 증거를 내놓지 못한 데다 다른 원정대가 제시한 합리적 미등의 증거로 인해 이 등정은 사기극으로 결론 나고 말았다. 또한 토모 체센은 1989년에 자누 북벽을 단독 등정했다고 주장했는데, 그곳에 박아놓은 피톤 하나를 그 증거로 내세웠다. 등정 의혹에 관해 훗날(2020년) 야마노이는 누구라고 지칭하지는 않았지만 이렇게 말했다. "그는 오르지 않았다. 왜냐하면 그로부터 몇 년이 지났어도 뒤이어서 아무도 오르지 않고 있기 때문에. 우리가 알고 있듯이 오를 수 있다고 판단되는 루트라는 건, 간단하게 말해 오를 수 있다는 것이지 않나. 뒤따르지 않았다는 것은 아무도 올라갈 수 없다는 것이다."

91 역사적으로 오래된 직업이다. 원래 종교등산에서 수도자의 짐을 지고 따라다니던 종복이나 안내자를 가리키는데, 실질적으로 인부 역할을 하는 사람을 말한다. 이들은 근대등산 여명기에 샤쿤, 삼림 관리인 등과 더불어 등산가의 짐을 지고 안내하거나 산장이나 시설물에 필요한 무거운 자재를 나르기도 했다. 야마노이처럼 후지산 정상에 있는 기상관측 시설에 짐을 나르던 고리키인 고미야마 다다시小見山正가 1941년 8월에 설계가 있는 3,000미터에 가까운 시로우마다케白馬岳 정상에 전망도 지시반展望図指示盤을 놓기 위해 화강암으로 만든 약 50관(약 187kg)짜리 돌을 혼자 져 날랐던 일이 있었다. 이와 비슷한 역할을 했던 봇카步荷가 있는데, 지금은 주로 야마고야에서 쓸 물건을 져 나르는 일을 하는 사람을 말한다.

92 이치고메一合目는 전체 행정에서 산기슭부터 첫—번째目 행정까지 오른 곳이란 뜻이다. 고메合目는 산기슭부터 정상에 이르는 등산의 행정단위行程單位이다. 종교등산에서 비롯된 것으로 실제 거리나 산의 표고 같은 절대적인 기준과 관계없이, 체력이나 지형 등을 고려해 등산하는 어려움의 정도를 상대적인 기준으로 삼아, 전 행정을 대부분의 산에서 대략 열로 나누고 있다. 또한 한 고메를 다시 샤쿠勺로 나눠 후지산에는 삼합오작三合五勺, 팔합오작八合五勺 등으로 한 구간의 고메의 절반쯤의 위치에 붙여 말하기도 한다. 물론 홉合과 작勺을 썼다고 해서 작홉되말섬勺合升斗石에 따른 용적단위로 산을 계산한 것은 아니고, 더더욱 몇 부 능선과 같은 의미도 아니다.

93 1996년 서울시립대원정대(대장 이동훈)의 김창호가 동벽을 시도했으나 7,250미터까지 진출했다. 이 등반은 야마노이의 당시 등반 자료를 연구해서 실행한 것이다.

94 일본 등반용어로 '프리화フリ一化 하다'란 에이드 클라이밍으로 처음 열었던 루트를 프리 클라이밍으로 처음 등반했을 때를 말한다. 영어 표기로는 FFA(First Free Ascent)이다.

95 살라테 월을 말하며 로열 로빈스 등이 1961년에 연 루트를 1988년에 토드 스키너 등이 첫 프리 클라이밍으로 올랐다.

96 기술적 어려움이 높은 루트에 사용되는 알파인 스타일의 변형으로, 빅월 등반에 사용되는 기술을 기반으로 한다. 몇 피치씩 픽스를 반복하면서 원 푸시로 벽을 오르는 등반 스타일

97 야마나시현梨県県과 나가노현長野県에 걸쳐 있는 가이코마가다케를 오르는 능선이다. 일본 3대 가파른 오르막三大急登 중 하나이다.

98 나가노현 오오지카무라大鹿村 일대의 지명

99 가미코치上高地의 요코오 산소横尾山荘가 있는 요코오타니横尾谷 일대를 말한다.

100 마라톤 같은 경기 전에 에너지원인 글리코겐을 축적할 목적으로 탄수화물 중심의 식사를 하는 전분 축적 식사 요법을 말한다.

101 보부이와의 제1룬제Runse를 말한다.

102 마에호타카다케前穂高岳를 I봉으로 해서 북동쪽으로 뻗어 있는 능선 위의 봉우리를 차례대로 VIII봉까지 숫자를 붙여 부른다. 그중에서 가장 독립봉의 성격이 강한 IV봉의 정면벽前穂四峰正面壁을 말한다.

103 도쿄 도東京都 북서부 다마가와多摩川 상류 지역. 야마노이는 2008년 9월에 집 근처를 달리다가 곰에게 습격 받아 얼굴과 팔에 중상을 입었다. 특히 코는 재건 수술을 받아야 할 정도로 심각했는데, 이후 등반할 때 호흡에 영향을 줄 정도였다.

104 높이 80미터, 폭 70미터로 오쿠타마를 대표하는 암장이다.

105 오쿠타마 역에서 가깝고, 일대에 여러 루트를 가지고 있는 예전부터 이름난 암장이다.

106 1995년에 출판된 스티븐 베너블스Stephen Venables와 앤디 팬쇼Andy Fanshawe의 공저 『Himalaya Alpine-style』을 말한다. 1992년 로크너가Lochnagar에서 사망한 팬쇼의 사후에 발간되었다. 이를 산과계곡사에서 1996년에 번역 발행했다.

107 (F) 탑상빙괴塔狀氷塊, 빙탑. 빙하의 균열이 교차하여 형성되는 빙하의 블록 또는 기둥이다. 일반적으로 집 크기 또는 그 이상이며 조짐 없이 붕괴될 수 있기 때문에 위험하다.

108 1986년 1월 18일 진주 마차푸차레산악회 최한조가 남서릉으로 동계 초등했다.

109 아메리칸 포크 캐니언American Fork Canyon을 말한다. 유타주에 있는 매우 큰 석회암 암장이다.

110 오스트리아의 요제프 로젠탈 금속 제조 공장MJR(Metallwarenfabrik Josef Rosenthal)이 1920년 경부터 1992년까지 생산했던 캠핑 스토브와 랜턴의 브랜드명이다. 황동 몸체에 연료는 노즐을 바꿔가며 화이트 가솔린 및 등유를 사용한다. 특히 1960년대 초에 출시되어 1990년대 초에 단종될 때까지 생산했던 Phoebus no.625는 역사상 가장 우수한 스토브라는 평가를 받았고 일본에서도 대단히 인기 있어서 '대학 산악부에 포에부스 스토브 같은 것도 없이'라는 표현이 등장할 정도로 많은 산악부에서 사용했다.

111 집안에 신부神符를 모셔놓은 감실龕室을 올려놓는 선반

112 방풍재킷의 독일어

113 프랑스어 굴레goulet가 일본식 등산용어로 굳어진 말로, 돌이며 바위가 쌓여 있어 걷기 힘든 경사면을 말한다. 대개 가레바ガレ場로 부른다.

114 네팔의 가정 음식이다. 달Dal은 주로 렌틸콩 등을 말하고 밧Bhat은 밥을 말한다. 탈리 Thali라는 큰 쟁반 가운데 밥을 얹고 여기에 타카리Tarkari라는 채소류와 어차르Achar라는 엽채소 볶음, 기호에 따라 닭고기 등 육류를 곁들인다.

115 1983년까지 Peak43으로 불리던 캬샤르Kyashar(6,769m)를 말한다. 네팔 당국이 서양식 이름을 지도에서 없애기 위해 캬샤르로 붙였으나, 관습적으로 P43으로 부르고 있었던 것으로 보인다. 다른 이름으로 탕낙체Thangnaktse가 있다. 쿠숨캉구루 북동쪽으로 바라보인다.

116 2000년에 AAJ. Vol. 42. Nos. 74에 보고한 야마노이의 기사에 정상 약 15미터 아래에서 어둠과 소스분 타워 등반에 따른 여파 등으로 하산한 것으로 나와 있다.

117 야마노이의 다른 개인 기록에서 밝힌 바로는 쿠르티카와 노렸던 6,500미터 봉우리의 정식 이름은 알 수 없었고, 도끼로 잘라낸 것 같은 날카로운 산의 형태에서 임의로 네팔의 도끼라고 부르기로 했다고 한다. 당시 지도에도 잘 나와 있지 않았던 이 봉우리의 이름은 말랑푸탕Malangphutang(6,573m)이다.

118 군터 세이퍼트Günter Seyfferth가 himalaya-info.org에서 제공하는 지도 정보에 따르면 비아체라히 타워는 북봉(N) 5,885미터, 중앙봉(C) 5,685미터, 남봉(N) 5,610미터로 표시되어 있고, 쿠르티카가 제공한 지도에서는 북봉 약 5,800미터, 중앙봉 약 5,700미터, 남봉 약 5,700미터로 표기되어 있어서 오차를 감안하면 중앙봉을 등반했지만 북봉의 표고를 적은 것으로 보인다.

119 정식 루트명은 버티컬 피크닉Vertical Picnic이다.

120 히말라야 14 자이언트들이 모두 초등된 후, 1970년대를 배경으로 '최후의 과제The Last Great Problems'라는 네이밍이 이후로도 유행했다. 예를 들면 당시에는 에베레스트 남서벽, 다울라기리 동벽, 마칼루 서벽, K2 서릉 등을 말했다. 문자 그대로 매우 어려운 대상지를 가리키는 말이다.

121 상처를 말리지 않고 적당한 습윤 환경을 유지함으로써 조기에 치유한다는 이론에서 나온 치료법이다. 알루미늄 포일로 손가락 크기의 주머니를 만들고 결손 부위에 약물을 바른 후 다시 포일을 씌우는 방법이다.

122 1946년생. 정형외과 전문의로 하세가와 쓰네오長谷川恒男가 참가했던 1973년 2차 RCC 에베레스트 원정대의 팀 닥터였다. RCC 팀의 가토 야스오加藤保男는 등정 후 구조되었는데, 이때 입은 동상을 치료한 것을 계기로 이후 수백 명을 치료한 동상전문의다. 그러나 정작 본인의 관심사는 집단재난의료 분야로, 소련군 철군 이후 아프가니스탄 야전병원에서 지뢰 등으로 부상당한 어린이의 치료에 20년 가까이 봉사했다. 저서인 『감사받지 못하는 의사—어느 동상의사의 독백感謝されない医者—ある凍傷Dr.のモノローグ』에도 야마노이 부부의 에피소드가 있다.

123 농기구를 만들던 대장장이 그리벨 가족이 1818년에 세운 장비 회사. 1909년 엔리 그리벨Henry Grivel이 영국의 오스카 에켄슈타인Oscar Eckenstein의 의뢰를 받아 크램폰을 만든 것을 시작으로 독창적인 빙설 장비를 만들기 시작했다.

124 7,200미터 70도의 빙설벽에서 10센티미터 폭의 턱을 깎아 비박하다가 눈사태 이후 추락, 6,950미터에서는 테라스 없이 아이스 피톤 하나에 로프 두 줄을 통과시켜 그네처럼 만들어 비박했다.

125 눈사태의 충격으로 장갑과 고글을 잃어버리고 실명 상태에서 결정적으로 스토브를 켤 라이터를 떨어트리는 일까지 겪었다. 야마노이 야스시가 슬랩 특성을 가진 약 7,000미터 지점의 페이스에서 피톤을 박을 크랙을 찾느라 희생시켜도 될 손가락부터 차례로 맨손으로 더듬어 피톤을 박은 결과였다.

126 푸탈라샨布达拉山이라고도 부르는 것으로 보인다. Putala Shan은 2006에 AAJ. Vol. 48. Nos. 80에 보고한 야마노이의 기록에 따른 것이다.

127 북 알프스라고 부르는 기후현岐阜県 히다산맥飛騨山脈에 있는 2,168미터의 산이다.

128 샤쿠죠다케 앞의 전위gendarme 벽face을 말한다. 룬제 등이 발달해 있고 믹스 클라이밍이 가능한 멀티피치 암장이다.

129 시즈오카현静岡県 니시이즈에 있는 해안 암장이다.

130 나가노현長野県 동부에서 야마나시현山梨県 북부에 걸쳐 있는 화산군이다. 최고봉은 아카다케赤岳(2,899m)이며 여러 암장이 있고 아이스 클라이밍을 할 수 있어 전통적으로 알파인 클라이밍 훈련의 대상지이다.

131 야마나시현에 있는 산. 루트가 500개 정도로, 인접한 오가와야마小川山보다 규모가 커서 고전 등반과 볼더링 대상지이다.

132 야마노이는 30년 가까이 오쿠타마奥多摩에서 생활했는데, 이 글을 쓸 당시에 오쿠타마의 구라도야마倉戸山 기슭에 살고 있었다. 거기서 조금 내려오면 찻길이 있고 계곡의 도쇼바시道所橋라는 다리 인근이다.

133 도쇼 근처에 있는 버스 정류장 이름이다.

134 Alpinism is the art of suffering. 야마노이가 존경하는 보이테크 쿠르티카의 말이다.

135 일본어로 후리스フリ一ス라고 읽는 이 섬유는 원래 양모를 말하는데, 오늘날에는 주로 아웃도어 의류에서 많이 쓰는 합성섬유로 양모를 흉내 낸 보온 소재를 말한다. 1979년에 폴라텍으로 유명한 몰든Malden Mills이 파일 섬유pile fabric를 개량해서 이를 폴라 플리스Polar fleece라고 구분해서 부른 것이 시초이다. 몰든은 1981년에 폴라 플리스Polar Fleece를 특허 등록하고 몰든과 소재를 공동 개발하던 파타고니아Patagonia가 1985년에 신칠라Chinchilla라는 제품명으로 내놓기 시작한 것이 1세대 플리스다.

136 첨탑尖塔처럼 뾰족한 바위나 봉우리를 말한다. 또는 봉우리라고 부르기는 애매한 것, 또는 암릉 위의 뾰족한 돌기를 말한다. 하강 확보물로 쓰는 이런 형태의 바위는 대개 록 혼rock horn이라고 부른다.

137 성城 등 건축물의 축벽築壁도 가리킨다. 등반 연보의 첫 번째 사진이 그런 예이다.

138 그린란드 동부에 있는 큰 섬이다. 2020년 현재 인구 345닝의 이토코토미잇 마을에서 만을 따라 서쪽으로 들어간다. Milne Island라는 표기보다 Milne Land라는 표기가 더 많다.

139 센트럴 피라미드는 Peak 3850 또는 오르토튜벡Ortotyubek(3,850m)으로도 불린다.

140 또한 이 지역에서 사용되는 모든 등급 체계는 루트의 난이도, 길이, 피치의 수, 고도 등을 고려한 러시안 알파인 등급Russian Alpine Grades을 사용한다.

141 이 사건은 2017년 토미 콜드웰의 다큐멘터리 영화「The Dawn Wall」에도 자세한 전말이 나온다.

142 군마현群馬県 서쪽 지방

143 다카다테 잇폰이와高立の一本岩라고 부르는 독립 암탑이다. 2007년에 야마노이, 오오우치 나오키가 초등한 것으로 보인다. 수직의 너덜너덜한 자갈 같은 바위 상태라 이전의 볼트 흔적이 있긴 했지만 등반을 포기한 루트로 판단했다. 루트명을 「니시키기錦木」라고 붙였다.

144 슬레소바 봉Peak Slessova(4,240m)

145 캐시드럴 피크Cathedral Peak(3,327m)를 말하며 투올러미 메도우즈Tuolumne Meadows 남쪽에 있다.

146 1980년 러시아 정교 1,000주년을 맞아 기념하는 봉이며 러시아 정교 1,000주년1000 Years of Russian Christianity 또는 크르크칠타Kirkchilta로 불린다. 현재 일반적으로 기록된 표고는 4,510미터이다.

147 오디씨Odessy

148 러시안 타워의 버트레스인 파미르 피라미드Pamir Pyramid(3,700m) 오른쪽 벽에 있는 트레드 클라이밍 루트, 600m, 16피치, 6b+

149 오가와야마 오야유비이와親指岩에 있는 그레이드 5.9+의 일본에서 가장 유명한 크랙이라고 불리는 화강암 코너 크랙 루트이다. 총 2피치인데 대개 크랙으로 되어 있는 1피치까지만 오른다.

150 철형凸型으로 생긴 암각岩角을 말한다. 암릉 등에서 건물의 모서리처럼 대개 90도 정도를 이룬 아웃사이드 코너outside corner에 해당하며 독일어로 칸테Kante, 불어로 아레트arête라고 한다.

151 바깥으로 기운 홀드, 흐르는 홀드라고도 부른다.

152 800m, 7a/b.

153 1983년에 초등된 루트이다. V 5.10 A2, 762m. 유명한 베키-취나드 루트Beckey-Chouinard Route가 있는 이곳은 사우스 하우저 타워와 연결되어 있지만 별도의 피너클로 간주해서 사우스 하우저 미너렛South Howser Minaret이라고 부른다.

154 정상을 밟거나 올라서서 주변의 지형을 살피기 위해 맨틀링 한 후에 꼭대기에 올라서는 마지막 동작을 말한다. 야외 볼더링에서는 문제를 다 풀고 꼭대기에 서는 것을 말한다.

155 이 푸스칸투르파 등반으로 『사람과 산』이 수여하는 제8회 아시아 황금피켈상을 야마노이와 수상하기도 했던 그는 2014년 3월 27일 가시마야리가다케鹿島槍ヶ岳 북벽 등반 후 하산 중 미끄러져 사망했다.

156 야마노이는 이때 48세였다.

157 2012년에 완공된 송신탑인 도쿄 스카이트리(높이 634미터)를 가리키는 것으로 보이며, 기존 송신탑으로 쓰던 도쿄 타워를 대체할 용도로 건설했다.

158 미하일 칼라시니코프가 설계한 전설적인 자동소총 칼라시니코프Avtomat Kalashnikov를 말한다. 개발한 해가 1947년이라서 47이란 숫자가 붙어 있다.

159 정식 산명이 네바도 트라페시오Nevado Trapecio(5,664m)인 이 산에서 트라페시오는 스페인어로 사다리꼴을 말한다. 다만 야마노이가 언급한 남면에서 보면 피라미드 형태로 보인다.

160 이때 제프 로우는 1985년 이 남동벽 중앙을 크럭스를 넘어 정상에서 250미터쯤 남기고 돌아섰다. 그는 ED+, 700m의 그레이드를 매겼다.

161 파블레 코즈예크Pavle Kozjek 등 세 명의 슬로베니아 사람과 페루에 사는 한 명의 바스크 사람이 이룬 팀이다. 이들이 매긴 로우 루트Lowe route의 그레이드는 ED+, AI6 M5 A2, 800m이다.

162 결과적으로 야마노이와 노다는 2006년에 스페인 팀인 호세 페르난데스Jose Manuel Fernández와 미구엘 피타Miguel Ángel Pita가 오른 남동면 루트(V/4+ 750m)인 '늙은 클라이머는 죽지 않는다Los Viejos Roqueros Nunca Mueren'를 제2등으로 올랐다고 2014년 AAJ에 보고하고 있다. 루트 초등인 페르난데스는 네 번째 하강 중 스노 스테이크snow stake가 분설에서 빠져 추락사했고, 피타는 12시간 비박 후 북면으로 하강했다.

163 상대적으로 쉬운 지형을 로프를 묶은 채로 확보물을 설치하며 이동하는 것을 말한다. 러닝 빌레이running belay 또는 시뮬 클라이밍simul-climbing이라고 한다.

164 눈 위에서 쓰는 스노 앵커를 말한다. 막대기 모양의 금속 장비로 대개 스노 스테이크snow stake, 스노 피켓snow picket, 데드맨deadman, 스노 플루크snow fluke 등을 말한다.

165 현역에 대한 대단한 집념을 보여 많은 제약에도 불구하고 은퇴와 복귀를 반복하며 열정을 거두지 않는 선수로 유명하다.

166 조지 포먼은 무하마드 알리에게 뼈아픈 첫 패배를 당한 일이 있다. 은퇴 후 복귀해 45세인 1994년 당시 26세의 무패 헤비급 챔피언 마이클 무어러Michael Moorer를 상대로 챔피언에 재등극했던 전설적인 경기를 말한다.

167 우치야마 다카시에게 2011년의 TKO패 이후 미우라 다카시는 2017년에야 현역에서 은퇴한다.

168 같은 일본 등반 클럽日本登攀クラブ의 후루하타 다카아키古畑隆明와 도오먀마 마나부遠山 拳이다.

169 캉충눕Kangchung Nup, 촐로 피크Cholo Peak 등의 이름을 가지고 있는 표고 6,043미터의 산이다.

170 이전까지 무명봉으로 PK6000이라는 식별 번호를 가지고 있었다. 루초의 공개 위치 코드Open Location Code는 8J5RJCW2+CM이다.

171 일본의 볼더링 등급은 바둑이나 무도처럼 단급段級 체계로 세분한다. 3단은 V10, V11의 수준이며 초단初段은 V7 정도의 수준이다.

172 볼더링에서는 한 번 시도로 끝나지 않는 어려운 루트에 시도 횟수를 잰다. 이것을 트라이라고 한다. 예를 들어 야마노이는 오오하시의 루프에서 완등까지 20회 시도했고 이것을 볼더링 속어로 20T로 적기도 한다.

173 손등과 손바닥을 펴서 크랙에 재밍 하고 손가락으로 누르는 것

174 천연기념물인 명승지이며 주상절리로 이루어져 있는 볼더링 암장

175 암장 이름이기도 하다.

176 도쿄도東京都 오우메시青梅市에 있는 산이다. 나가노현長野県과 기후현岐阜県에 있는 기소온타케木曽御嶽와 구별하기 위해 부슈미타케武州御岳로도 부른다.

177 일본에서 험한 등산 구간에 교쟈카에시行者返し라고 이름 붙은 곳이 많다. 일본 고유의 산악종교인 슈겐도修験道 행자들의 수행이 부족하면 이 자리에서 돌아갔다고 전해져 생긴 이름이다. 그런 유래에 빗대어 붙인 이름으로 보인다.

178 쿠르티카를 포함한 4명이 힌두쿠시의 아이거로 불리는 표고 7,017미터의 아케르 키오 북벽을 사흘에 걸쳐 올랐다. VI+ 1,800m

179 1993년 낭가파르바트의 마제노 리지를 시도하다가 더그 스콧이 눈사태로 400미터 정도 휩쓸려 내려갔고, 이때 크램폰에 관절과 인대를 다치고 살점이 떨어져나가는 부상을 입었다. 대개 중상이나 사망을 초래하는 고산 등산의 사고에 비하면 경상이라고 볼 수 있다.

180 마칼루 서벽 초등에 강한 의지가 있었지만 7,300미터 지점에서 물러났다. 야마노이는 40년 등산 이력에서 실패한 산을 포함해서 대체로 선명하게 기억한다고 했는데 마칼루만 기억이 잘 안 난다고 한다. "어쩌면 1996년에 도전했을 때 이제 평생 자신이 당해낼 수 없다고 생각했기 때문에 기억에 없는 것일까. 마칼루 서벽 원정만이 기억이 확실하지 않다."라고 술회한다.

181 로체 남벽에 대한 구상은 1962년부터 슬로베니아(구 유고슬라비아 연방)의 알레시 쿠나베르 Aleš Kunaver(1935-1984)가 했고, 1981년에 그가 이끄는 원정대가 극지법으로 정상 능선 직전인 8,250미터 지점까지 도달했다. 권말의 이케다 쓰네미치와의 대담에서 유고슬라비아 팀으로 언급하고 있는 등반이다. 쿠르티카 팀도 원래 로체 남벽을 계획에 넣었다가 이곳을 포기하고 마칼루 서벽으로 향했다.

182 1981년 봄, 가을 두 차례의 등반을 말한다.

183 폴란드의 난다 데비란 폴란드 원정대가 1939년 7월 2일에 초등한, 정확히는 난다 데비 동봉인 수난다 데비Sunanda Devi(7,434m)를 말한다. 난다 데비(7,816m)는 1936년에 영미 합동대가 초등했다.

184 쿠르티카는 이 대담을 했던 1997년에 마제노 리지에 갔다. 이에 앞서 1993년과 1995년에도 마제노 리지를 시도한 적이 있다. 낭가파르바트 대산괴의 일부인 이 능선은 길이가 13킬로미터로 히말라야의 8,000미터 봉우리에 있는 모든 능선 중 가장 길다. 일련의

8개의 부속 봉이 능선을 형성하며 가장 높은 봉우리가 마제노 피크Mazeno Peak(7,120m)이다.

185 스티브 슈나이더가 2002년 2월 16일부터 17일에 걸쳐 파이네 타워Towers of Paine의 북쪽 탑, 중앙 탑, 남쪽 탑을 51시간 만에 단독 횡단한 것을 말한다.

186 야마노이에 이어 2022년에 피올레 도르Les Piolets d'Or 평생공로상을 수상했다.

187 지도상의 명칭은 원주민 언어로 캉유스왈럭 우쿡티Kangiqtualuk Uqquqti로 표기된다.

188 주름 설벽flutings을 말한다. 아이스 플루트ice-flute, 또는 스노 플루트snow-flute를 가리킨다.

189 2015년 8월에 미국 정부는 이 산의 공식 명칭을 데날리Denali로 복원했다.

190 1999년에 행했던 이 등반에 관한 논란과 평가는 2020년 하루재클럽에서 출판한 『산의 전사들』 17장에서 다루고 있다.

191 카란카 북벽은 1977년 체코슬로바키아 팀에 의해 창가방과 카란카 사이의 안부를 통해 등정된 적이 있고, 다이렉트 루트는 2008년에야 일본의 기리기리 보이즈ギリギリボーイズ 팀에 의해 알파인 스타일로 초등되었다. 이 등반으로 2009년 피올레 도르를 받았다.

192 쓰루기다케劍岳 골든 필라Golden Pillar를 동계 등반해 2016년 제11회 아시아 황금피켈 수상자로 한국에 왔다.

193 다니가와다케의 이치노쿠라자와一ノ倉沢의 암벽 중 하나이다. 큰 얼음 기둥大氷柱이 형성되는 특징이 있는 벽이다.

194 (D) 암릉 등의 측벽側壁 (E) 플랭크flank

195 모두 가이코마가다케에 있는 암벽이다. 가이코마가다테 정상으로부터 우측으로 아카이시자와 오쿠카베赤石沢奥壁, 다이아몬드 B플랑케, 다이아몬드 A플랑케의 순으로 이어져 있다.

196 미즈가키야마에 있는 십일면암十一面岩 정면벽正面壁에 있는 5.11b 10피치의 루트 이름이다. 하루이치방은 겨울이 끝날 무렵에 최초로 부는 강한 남풍이란 뜻이다.

197 마찬가지로 정면벽에 있는 5.11b 9피치의 루트이다.

198 플라스틱 외피를 가진 2중화인 등산화를 말한다. 오스트리아제 코플라흐Koflach가 많았다.

199 가시마야리가다케鹿島槍ヶ岳에 있는 벽이다.

200 1944년생으로 1969년에 산과계곡사 입사 이후 1972년부터 『岩と雪』의 편집부를 시작으로 1977년부터 1995년 휴간 때까지 편집장을 지냈다. 야마노이가 가우리샹카르 등반을 가게 한 계기인 『히말라야 알파인 스타일』의 일본어판 번역자이기도 하다.

201 크로니클은 『岩と雪』의 연재 란으로 일본의 작은 바위에서 히말라야의 등반까지 망라하고 있다.

202 1986년 8월호

203 일본어에서 남성들이 보통 일인칭으로 쓰는 '나'라는 말은 와타시私, 보쿠僕, 오레俺 등이 있다. 이 중에서 야마노이가 말하는 '오레'는 보통 동년배나 손아래에 쓰는 거친 느낌의 말이다. 따라서 공식적인 자리에서는 실례로 비칠 수도 있는 말이다.

204 1977년 2월호, 특집기사 「단독등반의 모든 것單独登攀のすべて」을 말한다.

205 묘지산明星山이라고도 부르는 니이가타현新潟県의 히다산맥飛騨山脈 북부의 이토이가와시糸魚川市에 있는 1,188미터의 산이다. 석회암으로 이루어진 산이며 400미터 규모의 암장이 있다.

206 일본에서 전설적인 등산가 중 하나이다. 1973년 제2차 RCC 에베레스트 원정대 내에서의 갈등이 단독등반으로 나서게 한 영향을 준 것으로 알려져 있다. 알프스 3대 북벽을 동계에 단독 초등한 것으로 유명하다. 저서로 3대 북벽 중 마지막으로 오른 그랑드조라스를 등반한 기록인 『북벽에서 춤추다北壁に舞う』 등이 있다.

207 기후학자이며 등산가였던 찰리 포터Charlie Porter(1950-2014)는 1972년에 엘 캡의 조디악을 시작으로 요세미티의 많은 루트를 초등했으며, 이미 1975년에 배핀섬의 토르와 인접한 아스가드Asgard에서 사상 최초로 VII급 루트를 솔로로 해냈다.

208 1982년 8월호

209 1976년에 폴란드등산연합회PZA가 영국등산위원회BMC에 등반 교환을 제안한 것이 계기가 되어 합동 등반했다. '알라의 주먹'이라는 별명이 있다.

210 아프가니스탄 힌두쿠시 산맥의 최고봉 중 하나이다. 반다카는 1977년에 쿠르티카가 알렉스 매킨타이어Alex MacIntyre, 존 포터John Porter와 알파인 스타일로 올랐다. 이 등반 이후 1981년에 쿠르티카는 알렉스 매킨타이어, 예지 쿠쿠츠카Jerzy Kukuczka와 마칼루 서벽에 도전했지만 실패했다. 며칠 후 예지 쿠쿠츠카는 혼자 북동릉을 통해서 마칼루 정상에 닿았다. 이때 쿠쿠츠카가 등정 기념으로 정상에 아들의 무당벌레 장난감을 묻어두었는데 이듬해 한국 팀의 허영호가 이를 발견하여 등정을 확인해주었다.

211 데니스 우루브코가 올랐다.

212 브로드피크의 1957년 오리지널 라인 좌우로 서북면 쪽에서 여러 루트가 있다. 오리지널 루트의 우단 부분이 남서벽이다.

213 단독행자單獨行者를 말한다. 산악 소설로 유명한 닛타 지로新田次郎가 『山と渓谷』에서 연재했고 1969년에 출간한 가토 분타로加藤文太郎를 모델로 삼은 소설 『고고한 사람孤高の人』을 염두에 둔 말이다. 가토 분타로의 유고집으로 『단독행単独行』이 있는데, 대부분 자신의 단독등산을 기록한 책이다. 본문 후반부 「단독행에 대하여」라는 단락에서 그의 등산관을 펼쳐놓았다. 여기서 단독행을 구체적으로 알라인갱어Alleingänger라고 지칭하는 표현이 등장하며 이후 소설 제목으로 쓰인 '고고한 사람'은 단독행자를 상징하는 말이 되었다.

214 이 인터뷰 직전인 데니스 우루브코의 2005년 브로드피크 남서벽(5.10d A2 M6+ 70도 2,546m) 초등과 스티브 하우스의 2005년 루팔Rupal벽 중앙 필라(5.9, M5 X WI4 4,100m) 등반을 말한다.

215 야마노이는 2021년 피올레 도르 평생공로상을 수상할 때 기자회견에서, "영향을 받은 클라이머는 누군가?"라는 질문에 보이테크 쿠르티카와 마칼루 남벽 단독등반 등으로 알려진 피에르 베긴 두 사람을 들었다.

216 1956년에 일본이 초등했던 마나슬루는 재패니즈 마운틴Japanese mountain으로 알려질 만큼 일본과 인연이 깊다. 본문의 대담자인 이케다 쓰네미치가 1996년에 일본산악회 기관지인 『산악』 제91년 2호에 실은 기사 「마나슬루 등정 40주년 특집—마나슬루 등산 크로니클(1950-1996)」에 따르면 '정상에서 풍겐Pung Gyen 빙하로 떨어져 내리는 남동벽은 눈사태 위험에 처한 데다 빙설이 섞인 록밴드가 버티고 있다. 마나슬루의 마지막 과제로 불린다. 이 방면의 최고 도달 기록은 1974년 유고슬라비아 팀이 7,400미터까지 진출했던 것이다.'라고 기술하고 있다.

217 마나슬루 남동벽은 좌우로 아레트arête가 있다. 남동벽에서 봤을 때 봉우리는 두 개의 뿔처럼 서 있고 왼쪽이 메인 서밋Main Summit(8,163m), 오른쪽이 이스트 피너클East Pinnacle(7,992m)로 불린다. 따라서 리지 사이의 삼각형의 정면을 말한다.

218 아라카와의 합류점을 가리킨다. 남 알프스 노로가와野呂川의 지류이지만 상당히 커서 주변의 큰 산을 유역으로 하고 있다. 아이스 클라이밍 대상지로 유명하다.

219 주로 학생, 저소득자 등이 거주하는 원룸 규모의 공동주택을 말한다. 대부분 2층으로 짓고 방음이 잘 안 되는 곳이 많다. 이에 비해 맨션은 우리나라의 아파트에 해당하는 주택이다.

220 영국인으로서 에베레스트에 처음 오르기도 한 인물인 더그 스콧이 등산가로서 이뤘던 위대한 등반을 제외하고라도 평생 약 30곳의 초등을 이룬 기록을 말한다.

221 1998년 마나슬루 북서벽 등반 중 6,100미터 지점에서 새벽에 다에코와 함께 눈사태를 맞아 묻혔던 일을 말한다. 야스시가 매몰된 곳에서 다에코를 부르는 소리를 듣고 구조했다.

그의 크로니클은 아직 끝나지 않았다

역자 후기

개인적으로는 야마노이 야스시보다 핫토리 분쇼服部文祥를 먼저 알게 되었다. 한 10년 전쯤에 일본의 한 서점에서 『백 년 전의 산을 여행하다百年前の山を旅する』라는 흥미롭고 유쾌한 발상의 책을 발견했던 일로부터였다. 100년 전의 의류와 장비, 식량 등을 재현해 갖추고 일본 등산의 비조들이 걸었던 오쿠타마, 지치부, 북 알프스의 산들을 돌아다니는 이른바 산려山旅를 했던 내용인데, 20세기 초 일본의 등산에 관심이 많았던 터라 바로 집어 들었다.

　이후 재작년 11월쯤 우연히 그 핫토리 분쇼를 유튜브에서 다시 만났다. 썸네일에는 낚싯대를 들고 배낭을 멘 사람 앞으로 봉우리가 펼쳐져 있다. 일본의 전통 등산인 사와노보리沢登リ를 하는 영상이겠거니 했다. 물장난을 치면서 계곡을 거슬러 오르는 놀이 같은 이 등산은 시원하고 수려한 계곡도 볼 수 있어서 플레이 버튼을 눌렀다.

　수수한 차림의 초로의 두 남자가 쌀과 된장 따위를 제외하고 반찬으로 쓸 곤들매기를 틈틈이 계류낚시로 잡고, 연료로는 나뭇가지를 쓰면서 배낭 옆주머니에 부식으로 꽂아 둔 파를 꺼내 음식을 해 먹으며 계곡을 거슬러 올라간다. 그리고 이런 사흘에 걸친 어프로치의 마지막 목표는 계류의 원류에 있는 간가라시바나ガンガラシバナ라는 미답의 봉우리를 등반하는

376

CHRONICLE

일이었다. 그리 커 보이지도 않는 배낭에서 무슨 장비가 그렇게 많이 나올 수 있는지 신기했다. 기어 랙이 통째로 나오는 것은 그렇다 치더라도 록 해머까지 나오는 것을 보고 정말 준비가 철저한 사람들이다 싶었다.

결과적으로는 여행을 포함한 등반 영상이었던 셈이다. 산에서 모닥불을 피워 밥을 짓고 날것을 먹으며 함께 오른 파트너와 정상에서 악수를 나누고 초등의 흔적으로 케른을 쌓는 그들의 모습에서 사라졌던 등산의 낭만이 묻어남을 느꼈다. 인적 없는 산에서 펼쳐지는 그 여유롭고 모험적인 영상 속에서 두 사람의 눈빛이나 움직임에서 보이는 관록은 만만치 않았다. 그런데 그 영상 설명란에 '야마노이 씨, 피올레 도르Les Piolets d'Or 평생공로상 축하드립니다.'라고 적혀 있었다. 산 중의 산이라는 K2를 올랐던 핫토리 분죠가 '야마노이 야스시에 비하면 나는 일반인'이라며 자신의 에세이에 밝힌 내용을 떠올리면서 이 야마노이라는 사람은 세간의 표현을 빌리자면 연예인의 연예인이며 구름 위의 존재인 셈이라고 여겼다.

작년 가을 어느 날 하루재클럽의 변기태 대표께서 전화를 주셨다. 야마노이 야스시의 책이 새로 나왔는데, 번역 한번 해보라는 말씀이었다. 책을 받아 보니 발행일로부터 두 달밖에 안 된 그야말로 신간이었다. 그러고 보니 야마노이, 야마노이? 낯설지 않은 이름이라고 생각하긴 했는데, 혹시나 하고 고레에다 히로카즈是枝裕和 감독의 2015년도 영화 『바닷마을 다이어리』를 다시 돌려 보았다. 이 감독도 좋아하지만 만화 원작의 이 영화는 특히 좋아해서 네댓 번 이상은 보았을 것이다. 이 영화에서는 등산과 관련해서 스쳐가듯 짧은 에피소드가 나온다. 명랑한 셋째 딸과 잘 어울리는 사람 좋아 보이는 푸근한 남자 친구는 취미로 뒷산 정도를 다녔다는 분위기로 이야기를 하는데, 사실은 마나슬루도 올랐고, 에베레스트에서 조난해서 발가락을 6개 잃었다고 했다. 이 친구는 이후 등산을 접고 운동구점에서 일하고 있는 모양이다. 그래 봬도 실력 있는 등산가였는지 친구들이 거길 찾아와서 "그래도 말이야, 야마노이 씨 같은 사람은 손가락을 열 개나 잃고도 산에 갔는데."라며 합류를 권하는데, 이 친구는 "아니야, 아무리 그래도 그건 아무나 그렇게 할 수 있는 건 아니잖아."라고 잘라 말한다.

등산을 좋아하기에 그 대목이 예사로는 보이지 않았지만, 야마노이라는 등산가는 그때까지 가공의 인물쯤으로 여기고 있었다. 물론 자막이야 번역 사정이 있겠지만 유비指가 손발가락을 모두 가리키는 말인데, 그저 손가락 열 개라고만 나와 있어서, 손가락 열 개를 잃고서? 라는 생각이 들어서였다. 그런데 다시 보니 그 야마노이였던 것이다. 또한 별로 재미없어서 대충 읽고 덮었던 만화책 『고고한 사람』도 야마노이 야스시가 모델이었다고 해서 다시 보니, 첫 장면이 K2 동벽이니 그럴 만도 했다. 만화는 이것 외에도 피츠로이 등반을 다룬 『암벽왕岩壁王』이나 2022년의 『알파인 클라이머—단독 등산자 야마노이 야스시의 궤적THE ALPINE CLIMBER 単独登攀者・山野井泰史の軌跡』이 있고, 『고독한 미식가』 『신들의 봉우리』를 그린 다니구치 지로谷ロジロ─ 화백도 야마노이 야스시의 이야기를 그리고 싶다고 했으나 안타깝게 그가 2017년에 세상을 떠나면서 뜻을 이루지 못했다. 하긴 야마노이 야스시 스스로도 "히말라야에서 좋은 등반을 해도 신문 같은 데서 전혀 다루지 않더니, 집 뒤에서 곰이 덮치니까 마지막 면에 큼지막하게 나오더라."라고 했듯이 이렇게 일본 등산계뿐만 아니라 대중적으로도 유명한 사람을 잘 몰랐다는 것도 신기했고, 세상에 이렇게 우연한 인연이 생기는 것도 신기했다. 유튜브를 보고 나서 1년 후에 그의 책을 번역하게 되었으니 말이다.

이 책은 문자 그대로 연대기이고 그 등산 연보의 꼼꼼함이 남다르다. 또한 20대 초반의 자신감 가득한 조금 거친 말투와 나이에 따라 차분해져 가는 말투의 변화를 보는 사실감도 좋다. 아마 야마노이 야스시의 팬이라면 깔끔하게 정리되어 있다는 느낌을 받겠지만, 권두의 설명에서『수직의 기억』에 실리지 않은 수기를 연대순으로 편집했다고 밝히고 있듯이 성장과정 등에 대한 자세한 이야기는 없다. 토왕폭과 인수봉을 등반했고 수상식과 강연회도 있었을 정도로 우리나라에 여러 차례 왔던 인연이 있는데도 야마노이 야스시의 책이 우리나라에서 처음 소개되는 만큼 그냥 접하면 조금 딱딱할 수도 있을 것이란 생각은 들었다.

　　야마노이라는 클라이머에게 육체적으로 가장 큰 절망을 준 사건인 갸충캉의 일은 이미 야마노이의 전작인『수직의 기억』에서 에세이 형식으로, 또한 베스트셀러가 된 사와키 코타로沢木耕太郎의『동凍』이라는 논픽션 소설 등에서 자세하고 많은 에피소드를 다루고 있기 때문에 갸충캉에 대한 자세한 것은 이 책에서 크게 다루고 있지는 않지만, 182페이지와 183페이지의 사진은 갸충캉 등반 전반에 대한 함축성이 있다고 보아서 조금 설명을 보탠다. 첫 번째와 두 번째의 어색한 사진은 이것이 살아 있는 마지막 모습이 될지도 모른다는 절박한 상황에서 서로를 찍어준 사진이다. 동상 치료를 받는 장면에서 등장하는 가네다 마사키라는 의사에 대해서는 역자 주에서 언급했다. 그리고 지인이 만들어준 볶음밥을 왹째로 들고 먹는 사진에는 그를 위해『슬램덩크』전집, 왹과 식재료, 등산용 스토브를 병원으로 들고 가서 볶음밥을 만들어준 핫토리 분죠가 있다.

가장 훌륭한 등산가는 늙은 등산가라는 말이 있다. 살아남았다는 점에서 야마노이 야스시는 충분한 자격이 있다. 야마노이 야스시 이전의 일본 등산사에서 전설적인 인물을 떠올리면 오오시마 료키치大島亮吉(1899-1928), 가토 분타로加藤文太郎(1905-1936), 마쓰나미 아키라松濤明(1922-1949), 우에무라 나오미植村直己(1941-1984), 하세가와 쓰네오長谷川恒男(1947-1991), 가토 야스오加藤保男(1949-1982) 등이 있다. 공통점으로는 모두 천재적인 등산가였고

젊어서 산에서 죽었다. 그중에서 가토 분타로, 우에무라 나오미, 하세가와 쓰네오 등이 홀로 기성 등산계에서 뛰쳐나갔던 것은 등산계의 집단주의, 정확히는 종적위계에 환멸을 느꼈던 영향이 컸다. 등산이 지극히 개인적인 놀이이며 산을 통한 자유의 추구가 중요하다고 한다면 이런 집단주의는 등산과 맞지 않는다. 그리고 이제 단독행으로 상징되는 인물은 야마노이 야스시 정도만 남았다. 일본의 등산 마니아들이 솔로 클라이머에게 보였던 존경과 찬사를 알기에 가토 분타로 이후 단독행자 또는 알라인갱어는 이들에게 내면의 우상 또는 동경 같은 말로 들린다. 이런 그가 그의 성과를 세속적인 성공과 연결하려고 하지 않는 점은 독특해 보였다. 아울러 이 책에서는 드러나지 않는 야마노이의 검소한 일상생활과 소박한 등반 스타일을 보고 있자면, 스스로에게 지독한 면이 있으면서도 참 솔직하고 순박한 사람이라는 것을 알 수 있었다.

원문에는 여러 번 등장했지만 번역 과정에서 등반 여행으로 바꾼 말이 있다. 무샤슈교武者修行이다. 그의 수련은 무사수행에 비유했다. 대중매체에서 다루는 외톨이 무사가 전국을 유랑하는 그림은 낭만적이다. 전국을 떠돌며 실력을 확인하는 일. 에도시대에는 무단으로 속한 지역을 벗어나는 탈번脱藩은 낭인이 되는 것을 의미하고 중대한 범죄였다. 다만, 에도 말기의 무사수행은 합법적인 탈번으로 엘리트를 뽑아 실력을 쌓게 만들었던 제도였다. 실제로는 도장깨기道場破り 같은 험악한 방식이 아니라 각 번의 유파들이 서로 상대해보는 기회이자 친교의 성격이 강했다. 이른바 제국을 편력하는 그런 외톨이 무사의 이미지와 각국 각지의 곤란한 산을 상대로 실력을 겨루는 솔로 클라이머를 겹쳐보는 것은 정서적으로 어렵지 않다. 한간비이키判官贔屓 또한 헤이안 말기의 미나모토노 요시쓰네源義経로부터 비롯된 오래된 일본식 언더독 효과이다. 결국 사회의 성격이 집단주의, 종적위계가 강했던 일본에서 자의건 타의건 조직의 바깥에 놓인다는 것은 혼자 남아서 죽거나 결국은 언더독이 된다는 의미로 여겼다고 본다. 따라서 주군을 잃은 낭인 같은 상상 속의 사무라이는 언제나 빛나는 용기를 지닌 의리를 아는 인물로 여겨 지켜주고 싶은 인간이었기에 이를 편들고 싶은 심정을 반영한다.

이렇듯 엄격한 소속과 규율을 강요하는 사회와 조직이라는 울타리이자 감옥을 과감히 벗어나 스스로 비주류가 되어 국경을 넘나들며 자유롭게 지낼 수 있는 용기와 자신만의 세계를 이루어가는 외톨이 사무라이의 여정을 통해 자신의 처지에 비춰 응원하고 용기를 얻는 것은 일종의 대리만족이며 동경이라고 본다. 일본의 다른 클라이머의 경우도 비슷한 정서인지 그들이 개척한 루트에 사무라이 다이렉트, 부시도武士道라는 이름을 붙이고 있다. 더불어 고독, 외로움이란 수식어는 사무라이에게서 떨어질 수 없는 정서로 보인다. 단편적인 예이기는 하지만 대체로 서양에서 바라보는 사무라이에 대한 시각은 일찍이 알랭 드롱이 주연했던 『고독Le Samouraï』이라는 영화의 첫 장면 자막이 『부시도』라는 책에서 인용한 '사무라이보다 더 고독한 자는 없다. 정글의 호랑이만 예외일 것이다.'라고 한 데서 드러나 보인다. 이런 인식이 작용했는지 그가 존경하는 보이테크 쿠르티카가 야마노이 야스시를 현대의 사무라이 같은 사람이라고 비유하고 있다.

번역 중에 가장 고민했던 것은 권말의 쿠르티카와의 대담이었는데, 중간에 통역을 거쳤기 때문에 다소 화제의 연결성이 떨어지거나 심하게는 쿠르티카의 말이 비문이 되어버린 경우도 있었다. 여기서 대담을 활자화하는 것에 대한 일본 측 편집부의 철학을 엿볼 수 있었는데, 상황을 예측하거나 앞뒤를 맞추는 주관을 개입해 내용을 왜곡하지 않고, 나누었던 이야기 그대로를 실음으로써 판단은 독자에게 맡기려는 태도로 보인다. 그러나 우리 말로 번역하는 과정에서 그대로 옮긴다면 중역이 더해져서 더욱 난해해 질 것이기에 결국 어느 정도 상황을 맞추었다. 대담에서 야마노이는 등산 사를 주시한다고 했는데, 1989년 인터뷰에서 이미 1982년에 알렉스 매 킨타이어가 비극을 맞이했던 안나푸르나 남벽을 염두에 둔 점에서 미루어 볼 수 있듯이 이런 그가 드류 서벽과 K2를 마주하고 발터 보나티를, 브로 드피크에서는 헤르만 불을, 피츠로이와 마칼루에서 리오넬 테레이를 떠올 리지 않았을 리가 없다. 요세미티는 물론이거니와 알프스의 벽에서는 빅 월의 개척자들이 떠올랐을 것이다. 그가 본격적인 등반을 하던 무렵은 능 선이라는 선이 아니라 벽이라는 면으로 시선이 옮아갔던 때여서 8,000미 터 고봉의 노멀 루트를 택하기보다 거대한 산군에 있는 벽에서 꾸준히 어 려운 과제를 해결하는 등반에 주목하던 시기였다. 그런 그가 책에서 언급 하고 있듯이 당시 고산 거벽에서 동유럽 알파인 클라이머들의 시도와 업 적에 주목하지 않았을 리도 없다. 그가 등산사를 응시하면서 시대적 변화 를 유행으로 믿고 무조건 수용하는 수동성을 거부해야 하고, 아무리 전통 이라도 그것이 진부했다면 버릴 수 있어야 하고, 남들과 같은 것을 피하기 위해서라도 시대적 변화를 파악해야 한다는 태도가 있었던 것으로 보인 다. 그런 흔적들은 인터뷰·대담과 그의 등반 스타일에 묻어 있다. 그가 제1 선에 있었다고 자타가 공인하는 것도 이런 인식과 행동의 결과다.

동갑인 등산가가 있었나 싶을 정도였는데, 그는 공교롭게 역자와 동갑이어 서 왠지 반갑기도 했다. 그리고 아직 국내에 소개되지 않았던 야마노이의 책이 그의 한국 방문에 맞춰 나오게 되어 기쁘다. 그가 언급하는 사이먼 앤 가펑클이나 배핀섬에서 입고 있었던 IRON MAIDEN의 티셔츠에서 는 동년배의 향수가 느껴졌고, 그가 일찍 등반을 시작했던 탓인지 오래된 장비 이름에서는 우리 선배들의 산이 떠올라서 무척이나 반가웠다. 그래서 원문의 독일식 등산용어는 지금은 안 써도 그만이지만, 역자도 선배들께 들은 것이고, 옛 생각이 나서 선배들에 대한 오마주를 담아 싣고 싶었다.

한 사람이 명예라는 측면에서 최고의 시기를 맞는 것은 개인적으로도 기쁜 일일 것이고 주변에서도 축하해줄 만한 일이다. 야마노이 야스시는 2021년 피올레 도르 평생공로상 수상에 이어 2022년에는 그의 일대기인 본서가 나왔고, 동년 11월 25일에는 『인생 클라이머—야마노이 야스시와 수직의 세계 완전판』이 개봉되었다.

마음에서 우러나는 고마움을 이루 다 표현할 길이 없지만, 역자가 고민했던 표현을 처음부터 끝까지 꼼꼼하고 정확하게 검토하고 윤문까지 신경써주셨던 자상한 변기태 대표님, 언제나 부족한 후배에게 친절한 지적과 조언을 아끼지 않으셨던 사랑하는 김동수 형님, 그리고 번역에 꼭 필요한 책이었던 『마운티니어링』을 들출 때마다 떠올랐고 역자를 산서의 세계로 인도한 저 그리운 정광식 형님, 특히 처음 함께 작업하게 되었지만 갑자기 출판하게 되어 촉박한 편집 일정에 애를 태웠을 유난영 편집자님, 그리고 친구 같은 디자이너 장선숙 대표께 삼가 감사 인사를 올린다. 끝으로 책이 나올 때까지 '불러도 대답 없는 사람'이었던 역자를 지켜봐준 아내에게도 같은 마음을 전하고 싶다.

번역이 끝난 1월 말에 책의 내용 중에 궁금한 것이 있어서 출판사에 메일을 보냈는데, 그날 바로 담당 편집자로부터 연락이 왔다. 지금 야마노이 씨가 산에 있으니 다음 주에 답장 주겠다고 한다. 어느 산에 갔는지는 모르겠지만, 그래! 야마노이 야스시의 크로니클은 아직 끝난 게 아니야.

2023년 9월에, 강승혁

찾아보기

CHRONICLE

무상의 정복자

위대한 등반가 리오넬 테레이의 불꽃 같은 삶과 등반 이야기 • 그랑드조라스 워커릉, 아이거 북벽에 이어 안나푸르나, 마칼루, 피츠로이, 안데스, 자누, 북미 헌팅턴까지 위대한 등반을 해낸 리오넬 테레이의 삶과 등반 이야기가 펼쳐진다.

리오넬 테레이 지음 | 김영도 옮김 | 46,000원

마터호른의 그림자

마터호른 초등자 에드워드 윔퍼의 일생 • 걸출한 판각공이자 뛰어난 저술가이며 스물다섯 나이에 마터호른을 초등한 에드워드 윔퍼의 업적에 대한 새로운 평가와 더불어 탐험가가 되는 과정까지 그의 일생이 담겨 있다.

이언 스미스 지음 | 전정순 옮김 | 52,000원

나의 인생 나의 철학

세기의 철인 라인홀드 메스너의 인생과 철학 • 칠순을 맞은 라인홀드 메스너가 일찍이 극한의 자연에서 겪은 체험과 산에서 죽음과 맞서 싸웠던 일들을 돌아보며 다양한 주제로 자신의 인생과 철학에 대해 이야기한다.

라인홀드 메스너 지음 | 김영도 옮김 | 41,000원

ASCENT

알피니즘의 살아 있는 전설 크리스 보닝턴의 등반과 삶 • 영국의 위대한 산악인 크리스 보닝턴, 사선을 넘나들며 불굴의 정신으로 등반에 바쳐온 그의 삶과 놀라운 모험 이야기가 가족에 대한 사랑과 더불어 파노라마처럼 펼쳐진다.

크리스 보닝턴 지음 | 오세인 옮김 | 51,000원

엘리자베스 홀리

히말라야의 영원한 등반 기록가 • 에베레스트 초등부터 현재에 이르기까지 히말라야 등반의 방대한 역사를 알고 있는 엘리자베스 홀리의 비범한 삶과 세계 최고 산악인들의 이야기가 흥미롭게 펼쳐진다.

버나데트 맥도널드 지음 | 송은희 옮김 | 38,000원

프리솔로

엘 캐피탄을 장비 없이 홀로 오른 알렉스 호놀드의 등반과 삶 • 극한의 모험 등반인 프리솔로 업적으로 역사상 최고의 암벽등반가 지위를 획득한 호놀드의 등반경력 중 가장 놀라운 일곱 가지 성과와 그의 소박한 일상생활을 담았다.

알렉스 호놀드, 데이비드 로버츠 지음 | 조승빈 옮김 | 37,000원

RICCARDO CASSIN

등반의 역사를 새로 쓴 리카르도 캐신의 50년 등반 인생 • 초창기의 그라냐와 돌로미테 등반부터 피츠 바딜레, 워커 스퍼와 데날리 초등까지 상세한 이야기와 많은 사진이 들어 있는 이 책은 리카르도 캐신의 반세기 등반 활동을 총망라했다.

리카르도 캐신 지음 | 김영도 옮김 | 36,000원

산의 비밀

8000미터의 카메라맨 쿠르트 딤베르거와 알피니즘 • 역사상 8천 미터급 고봉 두 개를 초등한 유일한 생존자이자 세계 최고의 고산 전문 카메라맨인 쿠르트 딤베르거. 그의 등반과 여행 이야기가 흥미진진하게 펼쳐진다.

쿠르트 딤베르거 지음 | 김영도 옮김 | 45,000원

하루를 살아도 호랑이처럼

알렉스 매킨타이어와 경량·속공 등반의 탄생 • 알렉스 매킨타이어에게 벽은 야망이었고 스타일은 집착이었다. 이 책은 알렉스와 동시대 클라이머들의 이야기를 통해 삶의 본질을 치열하게 파헤쳐 들려준다.

존 포터 지음 | 전종주 옮김 | 45,000원

太陽의 한 조각

황금피켈상 클라이머 다니구치 케이의 빛나는 청춘 • 일본인 최초이자 여성 최초로 황금피켈상을 받았지만 뜻하지 않은 사고로 43세에 생을 마감한 다니구치 케이의 뛰어난 성취와 따뜻한 파트너십을 조명했다.

오이시 아키히로 지음 | 김영도 옮김 | 30,000원

카트린 데스티벨
암벽의 여왕 카트린 데스티벨 자서전 • 세계 최고의 전천후 클라이머로, 스포츠클라이밍, 암벽등반 그리고 알파인등반에서 발군의 실력을 발휘한 그녀의 솔직담백한 이야기가 잔잔한 감동으로 다가온다.
카트린 데스티벨 지음 | 김동수 옮김 | 30,000원

지옥은 나를 원하지 않았다
폴란드 얼음의 전사 비엘리츠키의 등반과 삶 • 히말라야 8천 미터급 고봉을 오르기 위한 불굴의 의지, 동료의 죽음과 그에 대한 정신적 딜레마, 사랑, 희생 등 비엘리츠키의 삶을 르포 형식으로 보여주고 있다.
다리우시 코르트코, 마르친 피에트라셰프스키 지음 | 서진석 옮김 | 51,000원

Art of Freedom
등반을 자유와 창조의 미학으로 승화시킨 보이테크 쿠르티카 • 산악 관련 전기 작가로 유명한 버나데트 맥도널드가 눈부시면서도 수수께끼 같은 천재 알피니스트 보이테크 쿠르티카의 전기를 장인의 솜씨로 빚어냈다.
버나데트 맥도널드 지음 | 김영도 옮김 | 36,000원

하루재클럽 | 등반기 시리즈

에베레스트 정복
에베레스트 전설적인 초등 당시의 오리지널 사진집〈흑백사진 101점 + 컬러사진 62점〉• 에베레스트 초등 60주년 기념 사진집. 초등 당시 등반가이자 사진가로 함께했던 조지 로우가 위대한 승리의 순간들을 찍은 뛰어난 독점 사진들과 개인 소장의 사진들을 모아 꾸몄다.
조지 로우, 휴 루이스 존스 지음 | 조금희 옮김 | 59,000원

캠프 식스
에베레스트 원정기의 고전 • 1933년 에베레스트 원정대에 대한 따뜻한 기록. 프랭크 스마이드가 마지막 캠프까지 가져가서 썼던 일기를 토대로, 등반의 극적인 상황과 산의 풍경에 대한 생생한 묘사를 담았다.
프랭크 스마이드 지음 | 김무제 옮김 | 33,000원

꽃의 계곡
아름다운 난다데비 산군에서의 등산과 식물 탐사의 기록 • 뛰어난 등산가이자 식물학자이며 저술가였던 프랭크 스마이드가 인도 난다데비 산군에서 등산과 식물 탐사를 하며 행복하게 지냈던 넉 달간의 이야기가 펼쳐진다.
프랭크 스마이드 지음 | 김무제 옮김 | 43,000원

하늘에서 추락하다
마터호른 초등에 얽힌 소설 같은 이야기 • 동반자이자 경쟁자였던 장 앙투안 카렐과 에드워드 윔퍼를 주인공으로 하여, 라인홀드 메스너가 마터호른 초등에 얽힌 이야기를 소설처럼 재미있고 생생하게 들려준다.
라인홀드 메스너 지음 | 김영도 옮김 | 40,000원

재미있는 성공률 30%

초판 1쇄 2023년 10월 17일

지은이   야마노이 야스시山野井泰史
옮긴이   강승혁

펴낸이   변기태
펴낸곳   하루재 클럽
주소   (우) 06524 서울특별시 서초구 나루터로 15길 6(잠원동) 신사 제2빌딩 702호
전화   02-521-0067
팩스   02-565-3586
이메일   haroojaeclub@naver.com
출판등록 제2011-000120호(2011년 4월 11일)

편집   유난영
디자인   장선숙

ISBN   979-11-90644-13-6 03990

* 책값은 뒤표지에 있습니다.